杭州市第三届重大教育科研成果

丛书主编｜沈建平

新时代学习：
小学生个性化学习的"绿城"探索

陈啸剑　曾水清／编著

中国出版集团

现代出版社

走向个性化学习

——读《新时代学习：小学生个性化学习的"绿城"探索》有感

联合国教科文组织近年来一直倡导"全民教育"，现在逐渐突出了"普惠学习"，以体现"不学习，焉有教"的匠心；经济合作组织将"面向2030教育与技能未来"项目命名为"学习罗盘设计"，以落实让学生学会自主导航，培育主体精神和变革能力，实现个人与集体的幸福生活的宗旨。杭州绿城育华小学的教育改革经历了10余年路程，从"绿城课程"改革，即"搭建育人架构"，到"绿城课堂"改革，即"满足成长需求"，目前进入了"绿城学习"改革，即"走向个性化学习"。

所谓个性化学习，不是个别化学习，不是特异化对待，不是为了培养天才和照顾学困。个性化学习有自己的追求和愿景。智能社会中培养人是为了"找寻长板"而不是"补齐短板"，个性化学习符合这样的宗旨，我们希望每一个学习者在学习中都能树立学而不厌的热诚，有独特而创新的见解，找到适合自己特色的学习方式。每一个学习者都能抬起头来走路，积极培育自己的优势、亮点与特色，能够在后续学习与成长中不断接受挑战，战胜挫折与困难，有创新的愿景，有实干的担当，有破解难题的毅力与勇气。

所谓能力导向或者素养导向，就是要求学习不是为了解题，不是为了作业，不是为了分数，不是为了升入高一年级。能力或者素养不是天生的东西，而是学习者后天养成的习惯。能力导向或者素养导向确保了学习能够沿着正确的轨道运行，即学习是生长，学习是生成，学习是生活；学习是交互，学习是参与，学习是表现。学以致用，这是学习的根本目的。

绿城学习是走向个性化的学习，是能力导向或者素养导向的学习。走向个性化学习，不是满足于造出新名词，提出新口号，而是提出新愿景，落实新行动,总结新经验,促进新发展,真正花力气打造优质教育、快乐学习的广阔天地。走向个性化的学习致力于实现学生"个个不一样,人人都成功"的全面发展图景,真正做到"一般发展"与"特殊发展"协调,"共同发展"与"差异发展"并举。

走向个性化学习,在主体精神力量的培育上提出了更加明确的要求。学生是学习的主人,也是学校和家庭的主体力量之一。在班级和学校教育中,通过家庭教育和社区教育的积极配合,贯通学习致力于培养学生的主体精神和主体品质,尤其是树立学无止境、不断进取的志向。

走向个性化学习,在学习空间上挖潜力、提增量,其中包括"教室"变为"学室",撤下讲台,抹平台阶,教师不再做讲台圣贤,而是致力于俯身指导、贴心陪伴;"专用教室"向"学习资源室"和"学习研究室"进化;"专用场馆"采用"项目俱乐部"制,学生的学习自己做主;"线下现场学习"与"线上翻转学习"相结合。

走向个性化学习,在学习时间上动脑筋、减负荷。具体做法有长短课结合,课内外学习任务互相兼顾,此消彼长,总量调控。同时,合理采用长作业、项目化的学习任务,锻炼学生综合解决问题的本领。

走向个性化学习,在学习内容上扶放有度,做到单元内有所打通和重组,"学习支持中心""互助学习中心""自主学习中心"和"在线学习中心"四种强力学习支架确保关注每一个学生的实际发展起点,帮助人人取得实际学习成效,将学生在学习中的注意力、针对性、自信心与满意感提升到新的层次。

走向个性化学习,在学习评估上多鼓励树信心,不搞排队分等,专注拓展学生成长空间和确立成长心态。具体做法包括免考制,开放性考试,项目学习考评,游戏通关竞赛,展示大会与擂台等。多做评估,少做评价,一字之差,反映了育人理念上有了蜕变。成功是进步阶梯,受挫是成长良药。平常心,吃得起亏,经受得住磨砺,不轻易言败,咬紧牙关不放弃,提升修复力,这些学习上自我调控、自我激励的品质已经成为学习评价重要的指标。

绿城育华实验学校自建校以来,一直通过课程与教学改革来推动质量提升与品牌创建工作,从绿城课程—绿城课堂—绿城学习,完成了三部曲,搭建了全面育人的新舞台，这是值得自豪和庆贺的事情。展现在读者面前的这本书，作为杭州市基础教育科研重大项目的成果，是绿城育华实验学校教师们对个性化学习探索的初步总结。我们相信，个性化学习是学校教育改革的重要价值取向和康庄大道，绿城育华实验学校不会停下脚步，将持续地探索进取，领先一步，永立潮头。

戚辉方

目 录

CONTENTS

第一章

绪　论

　　学习,原本是一种古老而永恒的现象,自人类产生之始便有了学习行为,并伴随人类社会的始终。人类的发展史就是一部不断学习以提高和完善自身的历史,人的成长过程就是不断学习,从不成熟走向成熟,从生命的物质状态走向生命的精神状态的过程。人的学习活动源于人对外界的好奇和求知的本性,是人赖以生存和发展的基本方式,是人之所以成为人不可或缺的要素,伴随人的一生。随着经济社会的发展,人们更加关注学习能力的提升。纵观世界各国的教育改革,无一不关注学习能力。

第一节　学习能力：一个教育的时代命题

人人关注学习能力，但不同的人对学习能力的理解也不同。家长和教师往往将学习能力看作一种稳定的变化结果，这些看法说明一个事实：学习能力的概念具有一定的含混性。因为当他们说学生的学习能力提高时，可能实际上是想说其成绩提高了，智力水平变高了，或是难题从做不出到做得出再到能想出多种解法了。但接下来的问题是，成绩提高、智力水平变高和难题能做出究竟意味着什么，在这个过程中学生的内部心理结构和外部行为可能发生怎样的变化，为什么会发生这样的变化，如何确定这些变化正在真实发生……以及在最开始就面对的问题：什么是学习能力？它由哪些要素组成？这些都需要教育工作者深入思考。

一、学习的机制与本质

不同的属性提供不同的看待学习的角度。教学设计大师梅耶（Mayer）从学习的特征出发，认为学习存在三种类型的隐喻，分别是增强反应、获得知识和知识建构，这些特征分别对应认知技能、事实和概念与策略的学习。[①]壮志凌云研究所（Ambition Institute）学习设计院院长佩普斯·麦克雷（Peps McCrea）则从认知学习过程的角度，总结关于学习的九大理解。[②]

---

①［美］理查德·E.梅耶.应用学习科学——心理学大师给教师的建议[M].盛群力，等，译.北京：中国轻工业出版社，2018.

②P. McCrea. Learning: What is it, and how might we catalyse it? [EB/OL].[2020-08-07].https://www.ambition.org.uk/documents/1317/Learning_what_is_it_and_how_might_we_catalyse_it_v1.4.pdf.

◇学习是知识的持续变化；

◇学习不同事物的难易不同；

◇知道什么决定能学什么；

◇看重才会注意；

◇注意即学习；

◇人能同时注意的事物有限；

◇学习即不断对所知进行精细加工；

◇联通带来理解；

◇巩固带来熟练。

在这些表述中，前两条是对学习的整体理解，后七条涉及"激活旧知→学习新知→理解意义→巩固新知"的完整学习过程。这些观点概括了目前大多数人对学习的理解，但教师在看到这些观点时，可能会滑向一个误区，那就是只将它们当作零散的事实陈述，忽视其对于改进实践的意义。"科学家为什么会产生这样的理解？""不同理解的背后，体现着怎样不同的机制？"这些问题同样值得深思。

（一）建构主义视角下的学习：表里如一

建构主义和认知主义都强调学习者要主动建构知识，两者之间究竟存在何种区别？简单来说，在前者看来，知识是不变、客观存在的，而后者则将知识看作可变的个人经验，因此，建构的学习者不会使其大脑成为等待灌输的空容器，而是要主动用新信息来不断检验并修改大脑中存储的旧经验。[①]

梅耶的SOI模型和多媒体学习的认知理论，以记忆模型的原理、认知负荷理论和双重编码理论为理论基础，是一种偏向认知的建构主义学习模型。SOI模型表明意义学习的重要条件：学习者需要主动进行认知加工，即选择（select）、组织（organize）和整合（integrate）三个具体过程；多媒体学习的认知理论涉及三条认知原理：双重通道、容量有限和主动加工，分别说明学习者在建构表征的过程中存在"语词→耳朵→声音→言语模型"和"图像→

---

① [美]罗伯特·斯莱文.教育心理学：理论与实践[M].姚梅林，等，译.北京：人民邮电出版社，2004.

第一章 绪论

003

眼睛→图像→图像模型"两条相互独立的通道，工作记忆可同时加工的语词和图像有限，以及意义学习要求学习者主动进行认知加工[①]，见图1-1。

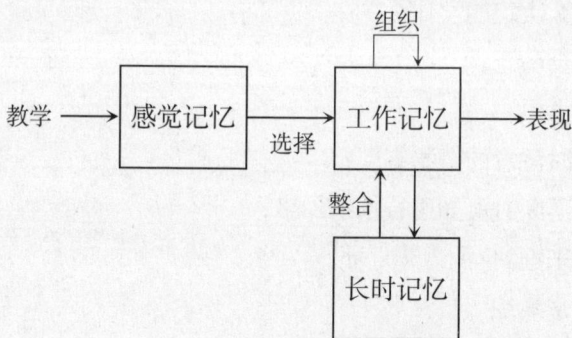

```
                              组织
                          ┌────────┐
              ┌────────┐   │        │
   教学  ───▶ │ 感觉记忆 │─▶│ 工作记忆 │──▶ 表现
              └────────┘选择│        │
                          └────────┘
                           整合  ▲
                          ┌────────┐
                          │ 长时记忆 │
                          └────────┘
```

图1-1　意义学习的SOI模型[②]

　　另一种偏向认知的建构主义学习观来自维特罗克和他提出的生成学习模型。维特罗克指出，人类的理解学习涉及生成和迁移意义的过程，而"意义"的背后既包括环境中的刺激物，也包括个人的背景、态度、能力和经验。[③]然而，无论是梅耶的SOI模型，还是维特罗克的生成学习模型，都对社会交往、情感态度等非认知因素关注不足，他们更倾向于将这些因素看作影响知识获得的原因而不是知识本身。这种不够全面的知识观导致其对知识产生途径的认识也存在局限。

　　克服上述局限的理论基础来自维果斯基，他的社会文化理论认为知识是在一定社会情境中建构的结果[④]，此时衡量学习的意义的标准发生变化——必

---

①[美]理查德·E.梅耶.应用学习科学——心理学大师给教师的建议[M].盛群力，等，译.北京：中国轻工业出版社，2018.

②Fiorella L.，&Mayer R. E. Learning as a Generative Activity：Eight Learning Strategies that Promote Understanding[M].Cambridge：Cambridge University Press，2015.

③Wittrock M. C. Learning as a Generative Process[J]. Educational Psychologist，2010，45(1).

④[美]罗伯特·J.斯滕伯格，温迪·M.威廉姆斯.斯滕伯格教育心理学(原书第2版)[M].姚梅林，等，译.北京：机械工业出版社，2012.

须与真实生活相关①;学习过程由自下而上变为自上而下,即首先从复杂的、完整的和真实的问题入手,而不是某种任务的简化②;发生在学习中的互动也不再只是个体认知冲突的催化剂,而是成为增加知识的手段。为此,建构主义的学习环境要求复杂的真实情境、友好的同伴、充足的学习和展示机会以及适当的支架③,以赋予学生充分的学习自主权。总之,建构主义的学习希望实现两个层次的"表里如一":第一,学习发生在学习主体与环境的相互作用之中;第二,在这个过程中,不仅能力或内部心理结构发生持久变化,而且这种变化能形成相应的行为倾向。④

(二)参与和体验:21世纪学习新模式

在今天这样一个迅猛发展的世界,我们已意识到,教育不能再像过去一样,作为生产"学习机器"的工具。但同时,我们的教师又非常困惑:参加的大量培训提供了不少新的术语,但究竟哪一个最为关键? 我们认为,在培养学习能力的道路上,两个核心的概念是参与和体验。

1. 参与

参与是一个认知层面的概念:当学生进行分析、综合和评价等高阶思维过程时,他就成为一名主动的学生,在认知上参与对材料的加工;而当学生只应用记忆这样的低阶思维时,他就没有进行认知参与或参与度非常低。为了通过学生学习时的行为来探测其认知参与情况,国际教学设计专家季清华提出ICAP学习方式分类框架,将学习的参与度分为被动、主动、建构和交互四种水平,其中前三个水平都是独立学习,最后一个水平则属于共同学习。结果表明,在共同学习模式下,学习者对材料的理解是最深的,参与度也最高。⑤

---

①[美]保罗·埃根,唐·考查克.教育心理学:课堂之窗(第6版)[M].郑日昌,等,译.北京:北京大学出版社,2009.

②[美]罗伯特·斯莱文.教育心理学:理论与实践[M].姚梅林,等,译.北京:人民邮电出版社,2004.

③[美]保罗·埃根,唐·考查克.教育心理学:课堂之窗(第6版)[M].郑日昌,等,译.北京:北京大学出版社,2009.

④皮连生.学与教的心理学[M].上海:华东师范大学出版社,2009.

⑤Chi M.T.H.,&Wylie R. The ICAP Framework: Linking Cognitive Engagement to Active Learning Outcomes[J]. Educational Psychologist,2014(49).

支持"学习即参与"这个观点的，还有合作学习结构的创始人卡干。他那句令人振奋的口号："All is engagement!"（一切在于参与！）是对传统教学法最有力的痛击，因为只需1~2分钟，就可以应用一个合作学习结构，让所有学生主动思考。而传统教学的弊病恰恰在于，不能保证同时让班级里的所有学生参与学习（如在传统课堂上，教师只能叫一名学生回答问题，此时其他学生很可能没有在思考）。[1]社会互动将比独自学习激活更多的脑区，从而促进大脑的参与。这些观点的合理性得到了脑科学的支持，见图1-2。

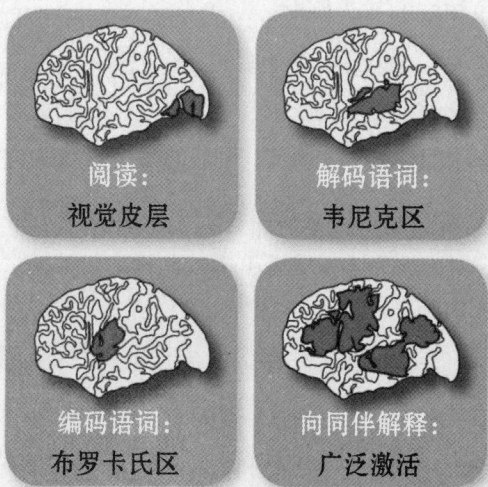

图1-2 脑科学支持互动学习的证据[2]

2. 体验

具身认知理论认为，人类认知是由身体及其活动方式塑造的，因此教育中的那些抽象符号都必须与实际体验（包括行动、感知和情绪经验）相关联。[3]心理学家丹尼尔·卡尼曼（Daniel Kahneman）也说，人除了记忆与思考

---

[1]Kagan S., Kagan M., & Kagan L. 60 Kagan Structures: More Proven Engagement Strategies[M]. San Clemente, CA: Kagan Publishing, 2019.

[2]Kagan S., &Kagan M. Kagan Cooperative Learning[M]. San Clemente, CA: Kagan Publishing, 2019.

[3]蓝文婷, 熊建辉. 运用具身认知理论开拓新型教育模式——访美国亚利桑那立大学心理学系教授格林伯格[J]. 世界教育信息, 2015, 28(3).

的自我,还存在另一个自我,即体验的自我。尽管与成人相比,儿童更多受到体验自我的影响,但这并不是说随着年龄的增长,体验越来越不重要。事实上,它是贯穿人一生的能力,并且区别于记忆、信念和价值等其他要素。[1]甚至在《体验式学习》一书中,彼得森和体验学习理论的创始人库伯提出,生活体验的学习会决定个人命运:"我们的出生决定了我们或贫穷,或坐拥特权。然而很多人从低位爬到社会的高阶层,都是因为他们将自己贫寒的出身看作一种挑战。而多数生而具有特权的人由于不重视他们的财富而将其浪费……一些体验是生活强加给我们的,一些体验是我们自己主动创造的。我们将这些体验像珍珠一样串在一起,而这串珍珠决定了我们是谁。展望未来,我们将这些珍珠视为我们未来经历的唯一梦想与愿景。当下即永恒。"[2]

学习是永恒的——终身学习不是人可以随时随地学习,而是人就在随时随地学习。但事实上很少有人能做到这点,尤其是当人们自认为已经掌握某些知识的时候,往往就会忽视这些来自生活和环境的馈赠。[3]因此,人需要一种自适应的思维模式,时刻唤起对自身感受的关注,以不断形成有效的思想和行动路线。[4]下面我们介绍一个符合这种模式的学习循环圈。

麦卡锡根据库伯的体验学习理论,提出了4MAT学习模型(见图1-3)。这个模型的突出优点在于,采用清晰的实践语言,有效编排了一系列具体教学和学习模式。首先,麦卡锡反对库伯将不同学习者划分为独立的学习风格,认为这些风格之间是相互关联的,因此每名学习者都有其个人学习风格,并且这个风格就是库伯的四种学习模式的有机组合;其次,麦卡锡借鉴关于脑半球功能分化的研究,针对每种学习风格区分了右脑和左脑模式。

①[美]凯·彼得森,丹尼尔·卡尼曼.体验式学习[M].周文佳,译.北京:中信出版集团,2020.

②[美]凯·彼得森,丹尼尔·卡尼曼.体验式学习[M].周文佳,译.北京:中信出版集团,2020.

③[美]凯·彼得森,丹尼尔·卡尼曼.体验式学习[M].周文佳,译.北京:中信出版集团,2020.

④McCarthy B., St. Germain C., & Lippitt L. The 4MAT® Research Guide[EB/OL].[2020-08-24]. http://www.4mat.dk/media/17158/research%20guide%204mat.pdf.

总之，体验是学习的必要条件，尽管人从出生开始就不断体验各种环境，但要想使体验真正转化为个人经验，还需要反复操练，扩展并完善自适应的思维模式。①

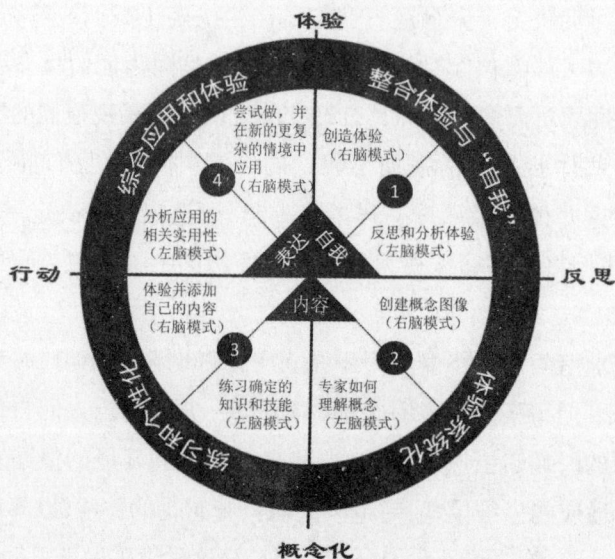

图1-3　4MAT学习模型②

与参与的学习类似，体验的学习也得到脑科学证据的支持（见图1-4），四种学习周期分别对应四个不同的脑区。在传统的"教师讲授、学生答题"模式中，学习者被动接收确定的信息，只有部分脑区得到利用；但在螺旋上升的体验学习过程中，学习者思考与行动的重要来源是自身体验，因此会主动将内部和外部信息结合起来，不断地反思旧体验、尝试新体验③——可以断言，全脑动员是21世纪学习最显著的特征之一。

①McCarthy B., St. Germain C., & Lippitt L. The 4MAT® Research Guide[EB/OL].[2020-08-24]. http://www.4mat.dk/media/17158/research%20guide%204mat.pdf.

②McCarthy B., St. Germain C., & Lippitt L. The 4MAT® Research Guide[EB/OL].[2020-08-24]. http://www.4mat.dk/media/17158/research%20guide%204mat.pdf.

③[美]凯·彼得森，丹尼尔·卡尼曼.体验式学习[M].周文佳，译.北京:中信出版集团,2020.

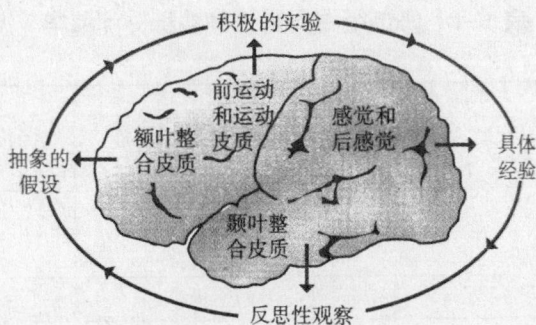

图1-4　库伯循环圈的体验周期与大脑皮层区域的对应[①]

二、学习能力的分类与构成

随着人们对学习的研究日渐深化,对学习能力的分类与构成也有了更深的认识,出现了各种不同的观点。

(一)认知层面的学习能力

在教学设计实践中,教师首先考虑的是诸如"记住乘法口诀""理解函数思想"之类的教学目标,就是我们所说的学习能力。从认知层面来看,其主要分为过程和结果两个维度,前者指学习者的认知过程,后者指通过这个过程在学习者内部形成的心理表征。在这个领域的经典理论之一是由安德森等修订的布卢姆二维目标分类学(见表1-1),其将认知过程按复杂性由低到高分为六个层级,即记忆、理解、应用、分析、评价和创造,将认知结果(知识)分为事实性知识、概念性知识、程序性知识和元认知知识四种类型。[②]梅耶虽然认同上述认知过程的分类,但在知识类型上,他认为应该将元认知知识换成策略性知识和信念,前者包括一般策略的知识和元认知知识,后者是指对自我学习的认知,往往涉及对情感的评价或态度。[③]

---

①[美]凯·彼得森,丹尼尔·卡尼曼.体验式学习[M].周文佳,译.北京:中信出版集团,2020.

②Anderson L. W., & Krathwohl D. R. A Taxonomy for Learning, Teaching, and Assessing: A Revision of Bloom's Taxonomyof Educational Objectives[M]. New York: Longman, 2001:28.

③盛群力,陈彩红.创设一种能引发学习者经验的教学环境——梅耶论教学科学的基本原理[J].课程教学研究,2013(12).

表1-1　修订版布卢姆二维目标分类框架[1]

知识＼认知过程	记忆	理解	应用	分析	评价	创造
事实性知识						
概念性知识						
程序性知识						
元认知知识						

　　此外，有一些表述（如各种记忆模型）从记忆的角度看待人类的认知能力，通过假设学习者的认知原理，要求学习者完成模型中涉及的认知过程，实现更有效的学习，如梅耶在SOI模型中提出的选择、组织和整合三种主动认知加工过程；又如古德温（Goodwin）在其学习模型中提出的产生兴趣、选择学习、聚焦新知、建构意义、操练反思和扩展应用六个学习阶段（见图1-5）；等等。[2]

图1-5　记忆科学视角下的学习过程

　　[1]Anderson L. W.,& Krathwohl D. R. A Taxonomy for Learning,Teaching,and Assessing: A Revision of Bloom's Taxonomyof Educational Objectives[M]. New York:Longman,2001.
　　[2]Goodwin B. Learning That Sticks: A Brain-Based Model for K-12Instructional Design and Delivery[M].Virginia:ASCD Publications,2020.

上面提到的认知能力框架大多强调对所有认知层级和学习结果的覆盖，但也有一些理论聚焦学习能力的某一方面。近年来，教育研究越来越关注以下几个学习能力的相关领域：高阶能力、策略学习和元认知。关于高阶能力或高阶认知能力，布鲁克哈特（Brookhart）指出，布卢姆分类的分析能力、评价能力和创造能力只是其中的一种迁移的取向，其意味着学生能将新的知识和技能应用于新情境。此外，还有两种更大力度的取向：问题解决和审辨思维（也译作批判性思维），前者从事件这个更宏观的视角出发，指出在实际生活中的问题大多是开放的，因此相关能力就是解决那些复杂或综合问题所需的非自动化策略，包括明确问题是什么、解决问题时可能遇到哪些困难、哪些解决方案可能有效以及如何尝试等。后者聚焦思维本身，将学生"能够思维"等同于能应用明智的判断或进行合理的批判，这是一种具有合理和反省性质的思维，重点在于决定相信什么或要做什么。[①]总之，无论是问题解决还是审辨思维，都可以看作基于第一种取向的具体认知能力的综合运用。

在策略学习方面，要想学得好，不能光靠努力，还要掌握和运用恰当的方法。策略就是这些供学生提高自身学习效能的方法的总称。费奥雷拉和梅耶基于元分析证据提出八种生成学习策略，包括善作小结、结构映射、绘制图示、联想要义、自我检查、自我解释、乐于教人和生动再现。相关的实验研究所报告的中位数效应量均大于0.4，也就是说，通过掌握这些策略，学生能在学习方面取得相当大的进步。不过，这些策略的应用都有其边界条件，因此学习效果提升的多少取决于学习者学习的内外部条件，如是否作为新手、能否得到纠错式反馈等。[②]

那么，学习者该怎样把握策略运用的时机，以充分提高学习效果呢？我们可以参考埃特默（Ertmer）提出的专家型学习者模型（见图1-6）。这个模型包括三个部分：元认知知识、元认知监控以及作为二者间桥梁的反思。元认

---

①Brookhart S. M. How to assess higher-order thinking skills in your classroom[M]. Virginia：ASCD Publications，2010.

②[美]洛根·费奥雷拉，理查德·E.梅耶.八种生成学习策略[J].陆琦，盛群力，译.数字教育，2016，2(3).

知知识涉及关于任务的知识、关于学习者自身的知识和关于策略的知识,而上述生成学习策略只是策略相关知识的一种类型,即认知性的策略知识。除此以外,策略知识还包括动机性(如需要付出多少努力)和环境性(如满足任务要求的最佳学习条件)的知识。

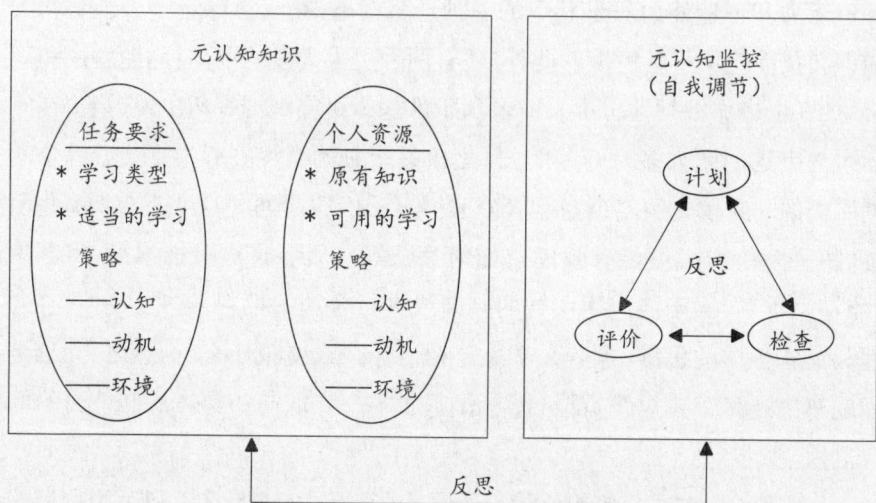

图1-6　埃特默的专家型学习者模型①

　　为了使这些知识发挥实效,学习者必须采取某些必要的行动,管理自己的学习。在埃特默的模型中,行动链包括三个成分:计划、检查和评价。首先,在计划阶段,学习者通过考虑任务要求、个人资源和二者间的潜在匹配,详细计划如何达成目标;其次,学习者对学习过程中的行为进行检查,包括比对当前行为和计划行为、预见并安排接下来的行为等;最后,在完成学习任务之后,学习者评估整个学习过程和达到的结果。范梅里恩伯尔将这条自导学习的行动链扩展为定向、计划、监控、调整和评估五个阶段或五种能力,相比之下,内容更加丰富、对技能的表述也更清晰(见图1-7)。总之,这些过程体现了专家型学习者的共同行为特征——反思的习惯:有效的学习

①佩吉·埃特默,蒂姆·纽比.专家型学习者:策略、自我调节和反思[J].马兰,盛群力,编译.远程教育,2004(1).

者能根据实际情况采取恰当的行动,及时运用储备的元认知知识对方案进行调整或修改,并在具体的学习活动中获得新的策略知识。[①]

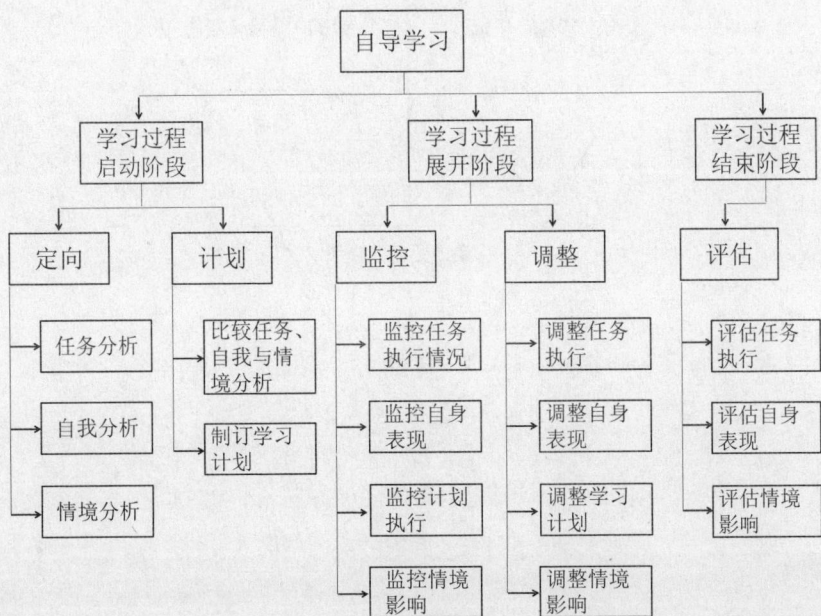

图1-7　范梅里恩伯尔的自导学习能力模型[②]

(二)社会层面的学习能力

人的社会发展一直都是教育研究的核心议题。但是,过去的学校教育过于重视认知发展,将人的社会性的一面忽略了。因此,建构主义视角下的意义学习不只局限于个人层面,还涉及人与环境之间的互动,这就要求学习能力的内涵不仅在内容(如与他人互动的知识)和动机(如与同伴交流的意愿)层面有所扩展,还要纳入新的互动维度,见图1-8。[③]

---

①佩吉·埃特默,蒂姆·纽比.专家型学习者:策略、自我调节和反思[J].马兰,盛群力,编译.远程教育杂志,2004(1).

②杰罗姆·范梅里恩伯尔,保罗·基尔希纳.综合学习设计:四元素十步骤系统方法[M].盛群力,等,译.福州:福建教育出版社,2012.

③克努兹·伊列雷斯.学习理论发展简史(下)[J].陈伦菊,盛群力,译.数字教育,2020,6(2).

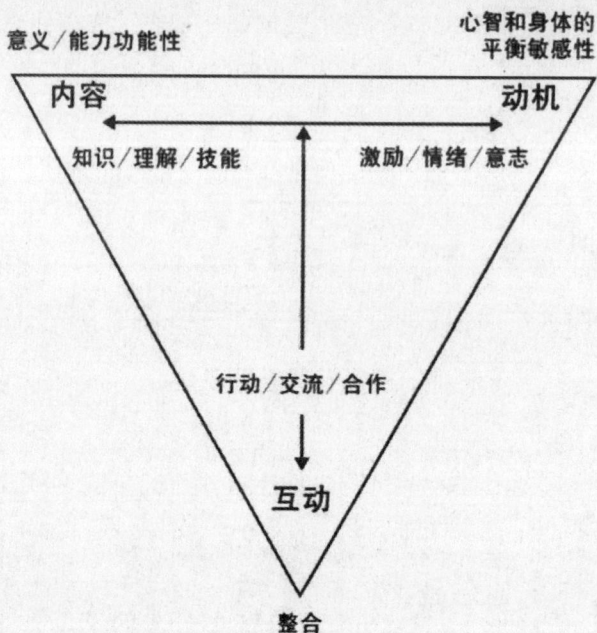

图1-8　学习能力的三个维度

在这一领域，最知名的项目当属社会情感学习(social and emotional learning)。[1]根据"协作的学术、社会和情感学习"(CASEL)组织的定义，社会情感学习指这样一个过程："儿童和成人理解并管理情绪，设定并实现正向目标，感受并展示对于他人的同理心、建立并维持积极的人际关系，以及做出负责任的决定。"[2]据此，CASEL组织提出"3＋5"社会情感学习能力框架（见图1-9），其中"3"指三个场域，最核心的场域是教室，其次是学校，最后是家庭和社区；"5"指五大社会情感核心能力，包括自我意识、自我管理、社交意识、人际关系技巧和负责任的决策。

---

[1]根据CASEL组织的统计，目前已有的社会情感学习目标框架不下百种。
[2]参见 https://casel.org/。

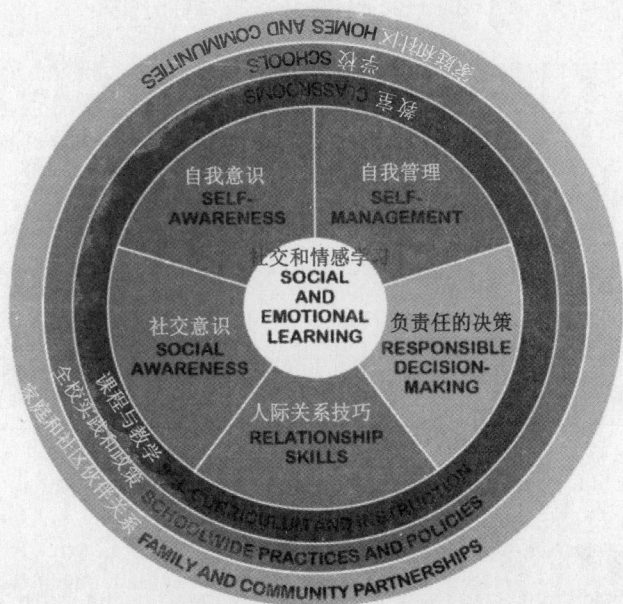

图1-9　CASEL组织的"3+5"社会情感学习能力框架①

　　与CASEL框架相比,耶鲁大学情绪智力中心提出的RULER框架更强调学生情绪智力(或情商)的提升。该框架的名称"RULER"恰好就是五个情绪目标动词(能力)的缩写,即识别(recognize)、理解(understand)、区分(label)、表达(express)和调节(regulate)(见表1-2)。在该框架的指导下,学生可以获得深入的社会情感技能,并养成重视自我和他人情绪的思维习惯。②

―――――――――――――

①参见https://casel.org/wp-content/uploads/2019/12/CASEL-Competencies.pdf。

②Brackett M. A., Bailey C. S., Hoffmann J. D., & Simmons D. N. RULER: A Theory-Driven, Systemic Approach to Social, Emotional, and Academic Learning[J]. Educational Psychologist, 2019, 54(3).

表1-2　RULER情绪智力目标分类①

情绪目标动词	描述
识别	不仅要从我们所想、所感和所说中，而且要从面部表情、身体语言、声音语调和其他非语词信号中识别自己和他人的情绪
理解	理解各种感受，并确定是何种经历导致这些感受的产生
区分	使用差异很小的词汇来区分我们的情绪
表达	根据文化规范和社会背景表达我们的感受
调节	通过使用有效策略，应对我们的各种感受及其原因，调节我们的情绪

注：这些目标是并列的，没有层次和顺序。

（三）多元综合的学习能力

事实上，真实的学习能力不会只考虑一个维度（如认知的或社会的），甚至只针对一个方面（如元认知或策略），而是多元的、综合的和超越认知的。从智能或智力的角度出发，著名教育心理学家霍华德·加德纳在其论著《智能的结构》中，假设人至少存在八种特殊智能，分别是语言智能、音乐智能、逻辑与数学智能、空间智能、身体与动觉智能、人的认知智能（包括自我认知智能和人际交流智能）、自然认知智能。然而，他也指出，可能存在超越这些按领域划分的智能的高层次能力，如判断能力、原创能力、比喻能力、通用综合能力（或智慧）以及起到平衡人际认知与自我认知作用的终极自我感等。②

另一位著名教育心理学家罗伯特·斯滕伯格则将人的智力与真实世界的成功联系起来，提出成功智力理论。所谓成功智力，就是指在生活中取得成功所需要的一组综合能力，由三个成分组成：分析性智力、创造性智力和实践性智力。分析性智力是人分析、评价、比较或对比时所需的能力，创造性智力是人创造、发明、发现时所需的能力，实践性智力是人将平时学习的

①Brackett M. A., Bailey C. S., Hoffmann J. D., & Simmons D. N. RULER: A Theory-Driven, Systemic Approach to Social, Emotional, and Academic Learning [J].Educational Psychologist, 2019, 54(3).

②[美]霍华德·加德纳.智能的结构[M].北京：人民出版社, 2013.

知识用于实践时所需的能力。更关键的是,成功的学习者不仅具备良好的成功智力,还能妥善地平衡这三种具体能力。[①]

还有一些指向多元综合的学习能力的概念,如21世纪技能,更倾向于描述思维和(或)技能。但对英国教育改革专家、温切斯特大学教授比尔·卢卡斯(Bill Lucas)来说,与这种技能式的表述相比,"个性与素养是更强大的能力形式"。他的这一洞见表明,全面的21世纪学习能力不应只停留在知识和技能的层面,还要关注这些要素在真实世界中的应用(迁移)。据此,卢卡斯提出一个容易理解和实用性较强的学习能力框架,如图1-10所示,学生不仅要学会在学校环境中掌握足够的知识和技能,而且要能将这些内部心理结构转化为实际行动,并养成一种持久而稳定的思维习惯(个性与素养),使其在面对新环境时,能在恰当的时机应用学过的知识和技能。[②]

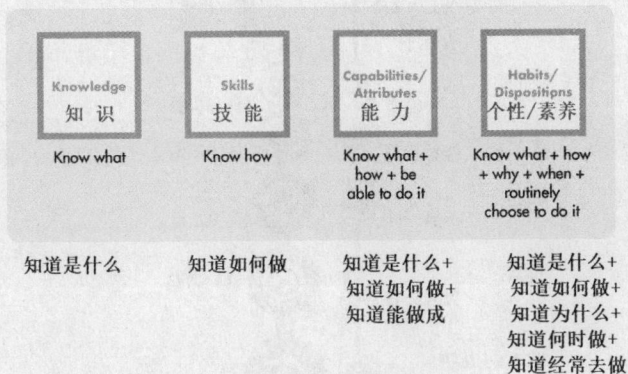

Knowledge 知识	Skills 技能	Capabilities/ Attributes 能力	Habits/ Dispositions 个性/素养
Know what	Know how	Know what + how + be able to do it	Know what + how + why + when + routinely choose to do it
知道是什么	知道如何做	知道是什么+ 知道如何做+ 知道能做成	知道是什么+ 知道如何做+ 知道为什么+ 知道何时做+ 知道经常去做

图1-10 卢卡斯的学习能力框架[③]

①[美]罗伯特·J.斯滕伯格,埃琳娜·L.格里戈连科.成功智力教学:提高学生学习效能与成绩(第2版)[M].宁波:宁波出版社,2017.

②Lucas B. International perspectives on how education offers solutions to tackle skills mismatches and shortages[EB/OL]. (2018-06)[2020-08-28]. https://www.researchgate.net/publication/326032010_International_perspectives_on_how_education_offers_solutions_to_tackle_skills_mismatches_and_shortages.

③Lucas B. International perspectives on how education offers solutions to tackle skills mismatches and shortages[EB/OL]. (2018-06)[2020-08-28]. https://www.researchgate.net/publication/326032010_International_perspectives_on_how_education_offers_solutions_to_tackle_skills_mismatches_and_shortages.

另一种有助于成功的思维习惯是德韦克的成长型思维。他认为，根据人对智力的看法不同，大致可将人的思维分为两种模式：成长型思维和固定型思维（见图1-11）。前者认为人的智力是可变的，而后者则认为人的智力不会因后天的努力而变化。实际上，德韦克向我们表达的是来自信念的强大力量。具有成长型思维的人，会更乐于和善于面对挑战，并总能在解决问题的过程中披荆斩棘。不过，德韦克也指出，成长型思维在不同领域间并不是连贯一致的，一个人很有可能在某一领域（如数学）具有成长型思维，但在另一领域（如社交）却保持固定型思维。此时就需要学习者合理评估自己在特定领域的思维模式，并及时做出调整。[①]

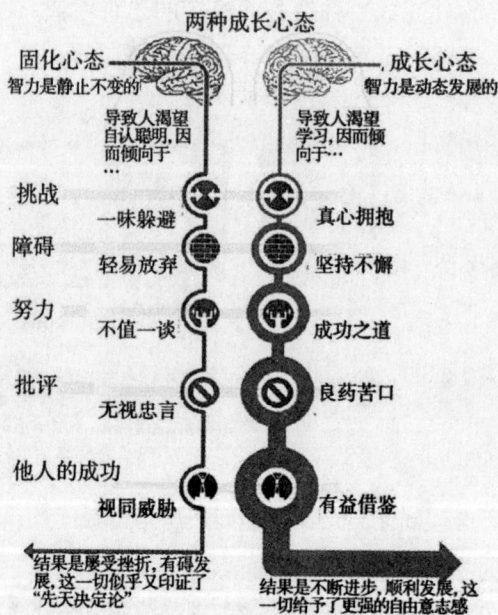

图1-11　成长型思维与固定型思维的对比[②]

---

①德韦克：《终身成长》。还有很多图书致力于介绍高效的思维习惯，如科斯塔（Costa）和考力克（Kallick）在《思维习惯的学习与引领：16个成功的基本特征》（*Learning and Leading with Habits of Mind：16 Essential Characteristics for Success*）一书中就介绍了16种思维习惯。

②玛雅·比亚利克，查尔斯·菲德尔.21世纪的技能与元学习：学生应该学什么[J].洪一鸣，盛群力，译.开放教育研究，2019,25(1).

总之，人类学习与动物学习存在本质上的不同，动物可能通过模仿亲代的行为，习得各种生存技能（如捕食），但这个过程是完全机械的，只经历感知、记忆和想象，却不包含判断（judge）和主观意愿（will）①等理智技能。因此，对人类学习者来说，局限于模仿行为和接受知识，都不能培养真正的学习能力。尤其在21世纪，学习者必须通过主动参与和体验学习，将自身学习与现实生活建立联系，才能实现有意义的学习。

我们承认，从"传授知识"到"培养能力"是相当难以跨越的一步，但好在今天已有一些学校开始试验，如上海市向明中学通过创造教育促进高阶思维的改革②、上海市延安中学面向初中生核心素养建立的多维综合的课程体系③等。一直以来，杭州绿城育华小学（以下简称"绿城小学"）也在努力探索，如何更好地培养学生的学习能力。在后面的章节，我们报告了绿城小学关于学习能力培养的最新实践经验，为更多学校开展面向学习能力的变革提供案例支持。

---

①Winch C. The Philosophy of Human Learning[M]. London：Routledge，1998.

②芮仁杰.创造教育与高级思维能力培养——创造教育的深化研究和实践报告[M]. 上海：上海社会科学院出版社，2009.

③严洁.基于初中生核心素养的学校课程构建与实施研究——上海市延安初级中学的探索与实践[M].上海：上海教育出版社，2016.

第二节　个性化学习：从课程到学习的持续探索

2003年，新一轮国家基础教育课程改革正式启动。也就是在这一年，绿城小学开始筹建。绿城小学建校伊始就投入课程改革的大潮。从课程到课堂，从课堂到学习，展开了不懈的探索。

一、个性多元：绿城课程的建设

绿城课程主要围绕"学生发展目标：仁爱、求真、自信、开放"为核心，培养学生具有人道情怀、国际视野、科学素养、强健体魄、艺术修养的合格小公民，从而分为五大领域：人文与社会、数学与信息、科学与技术、体育与健康、艺术与生活，将学校课程分为三部分，国家课程和地方课程校本化设计、选修课程、活动课程，见图1-12。

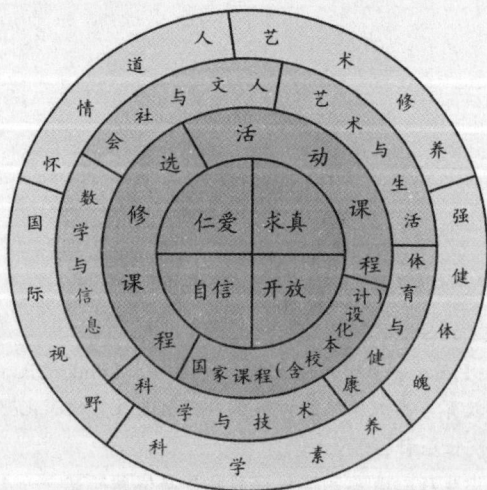

图1-12　绿城课程体系

其一，国家课程和地方课程的校本化设计，即对国家课程和地方课程的内容进行二度开发，采取整合、补充、调整等方式，散点内容主题化，凌乱内容综合化，重点内容加强化，模糊内容清晰化，优势内容特长化，渗透体系国际化。

其二，选修课程，即学校基于"为孩子提供适合的教育"的办学愿景，根据学生发展需求，自主开发与设置选修课程，依托学校资源优势，参照国际文凭课程——IB课程建构体系，以学生需求和发展为终极目标，自主构建完整的选修课程体系。

其三，活动课程，即对学校的校内外活动进行序列化的课程化设计，从而使活动承载着课程教育的内容与意义等功能，将之前散点式的春秋游活动、亲子活动、校园五大节日活动、社会实践活动、国际交流活动等，从小学六年的整体发展着眼，进行适切化、序列化、儿童化设计，有活动规划、活动计划、活动目的、活动内容、活动设计、活动组织、活动交流、活动评价、活动总结等。

(一)绿城课程的建设历程

2003年4月，绿城小学开始筹建创办，招收第一批教师和第一批学生。学校成立之初，适逢新课程改革推进之时，学校上上下下都投入新课程改革理念的学习和新课程改革的教学实践，而且新课程改革的许多新理念与学校原来一贯坚持的小班化教育理念不谋而合，从而也减小了教师接受新课程理念带来的冲击。小班化教育理念的核心是个别化、合作化、活动化，与新课程所提倡的自主、合作、探究等理念相吻合。而且，学校一贯要求教师做到"等高、等距、等爱"，让每一个孩子都接受同等的教育，享受同等的爱，也进一步促使了教师理念转型。可以这样说，新课程改革的大好时机，促进了学校的发展，也促进了学校课程建设的发展。

学校结合自己的实际情况，提出了小班化、寄宿制的学校特色创建，并借鉴绿城集团"真诚、善意、精致、完美"的企业文化理念，秉承绿城教育"仁爱、求真"的教育理念，在经过初步经营管理后，形成学校自有的校园文化模式。

1. 初期："才艺天地"课程建设

2005年9月,学校尝试在周一、周三的下午各抽出1小时的时间,作为学校的校本课程——"才艺天地"的教学活动时间,学生在这个时间段学习合唱、书法、钢琴、古筝、足球、篮球、国画、陶艺、硬笔书法等课程。教师以学校教师为主,也在某些课程中外聘了教师,如合唱等。

结果,学生学习兴趣很浓,完全超出了预期想象,学习效果也不错。但是,这时的学生学习基本上是以分班学习为主,教师轮流组织,也就是说,学生的学习内容基本上随着教师的改变而改变。这样带来的好处是,学生可以广泛涉猎各种知识,培养广泛的兴趣;缺点是没有充分考虑学生的需求,将所有学生的兴趣爱好、心智水平、经验阅历等视同一致,这种大同的模糊化,很容易将部分学生的部分爱好抹杀,也很容易导致其兴趣优势学科丧失优势。

当时的这种做法,事后想想,也许是吃力不讨好的成分多些,但在课程改革上却是不容抹杀的一大进步。正如阿姆斯特朗登上月球时的一步一样,其意义也正如其所言:"我今天迈出的是一小步,但对于人类来说,却是迈出了一大步!"探索一直坚持到2008年,直到提出三维课程的理念,才算告一段落。

2. 中期:选修课程建设

截至2008年,课程建设已经到了一个相对稳定的阶段,学校决定将校本课程作为重点,深入开展研究。申报了浙江省教育科学规划课题做重点研究,课题名称为"基于学生自主、多元发展的校本课程超市的构建与实施研究",于2009年1月正式立项,成为学校第一项浙江省教育科学规划课题。

校本课程超市的研究极大地推动了学校课程建设的深入发展,那么,哪些课程是校本课程超市的研究内容呢? 主要是指"外围课程"和"个别化课程"——现在的"选修课程"。学校以课题研究作为龙头课题带动全校教师进行深入研究,不仅就此项课题开展了课题开题论证会、课题中期汇报会、课题结题论证会,邀请省、市、区教科研相关专家进行指导,还就此项课题的深入实施进行了细致研究。在课题研究中,校长为课题负责人,成立了以校骨干教师为成员的课题研究小组,各成员除分别负担相关专项的研究工作之外,还负责对相关教师的子课题的指导工作。这样,课题核心组成员都能参与各项草根研究,从而获取了课题研究的第一手资料。

(1)建设像超市一样物品自选的课程超市。校本课程超市研究主要是引进超市经营的理念,将校本课程当成超市里的商品,由学生自主选择,自主搭配,而教师在其中除了起培养教育的作用外,还要对学生选课进行指导。将如何指导学生合理选择超市课程作为一个项目进行研究。

要建立校本课程超市,就需要有更多的课程供学生选择,于是对课程的丰富就显得迫在眉睫。学校建立课程超市的课程的途径有很多,有学校通过教师申报、外出学习已经开设了较多的课程,比如篆刻等科目就是教师利用课余时间进行学习而开设起来的;有在家长的支持下增设起来的课程,比如国际象棋、非洲鼓等;有根据学生兴趣爱好所需引进的一些课程,比如马术、轮滑等;也有许多社会朋友向学校介绍推荐的,比如芭蕾舞、吟诵等;还有向国际友好学校学习借鉴而来的,比如4D课程……学校通过多种途径不遗余力地进行课程建设,大大丰富了校本课程超市的课程内容。现在,学校有可供学生选择的校本课程超市课程100多门。

(2)借鉴像超市一样的课程自选。校本课程超市研究对学生兴趣的持久性也进行了跟踪研究,发现有些学生能够顺利地将自己的兴趣经过较长时间的训练,发展为特长;也有一些学生则盲目地选择,比较容易见异思迁地随意修改兴趣爱好,这学期学书法,下学期学足球,再下学期又学游泳,定性较差,这样也许能广泛涉猎,但是很难有效形成个性特长。学校对这方面的问题也进行了专项研究,在进行大量问卷调查的基础上,注意对学生选课的长久性的帮助与指导。

(3)丰厚像超市一样的校本教材与教学实施。除此之外,学校还在校本课程教材编写方面做了大量工作,先后组织学校的骨干教师编写了《晨读经典》《小学生礼仪》《信息技术》《国际理解教育》《小学数学思维体操》《育华书法》等一系列校本教材。这些教材的编写,保证了校本课程超市的顺利开展,也提高了教师的专业化水平。

校本课程超市研究在学校课程建设史上是具有里程碑意义的一项研究,它不仅推动学校课程建设走向一个新阶段,培养了一大批多才多艺的学生,丰富了校本课程的科目与门类,创编了多套校本教材,研究了丰富多样的校本课程教学模式,提升了教师的专业化水平,也使校本课程的教学、研究基本形成了一个完善的体系,为进一步完善学校课程体系奠定了坚实的基础。

3. 完善:绿城课程建设

学校课程因学校为"杭州绿城育华小学",故将具有校本特色的课程称为"绿城课程"。

到了2011年,历经8年多的办学实践,学校越来越坚定了自己的办学目标,也越来越清晰地认识到学校学生的发展培养目标。绿城教育集团的校训是"仁爱、求真",学校在秉承这一校训的同时,结合小学生身心发展水平做了二度诠释,将学生发展目标定为"仁爱、求真、自信、开放",而这四个方面的素养又从学生素养的角度分为人道情怀、国际视野、科学素养、强健体魄、艺术修养五项内容。于是,学校要进行课程建设的第一个问题就是,如何将学校课程建设与校训和五大素养产生密切的联系? 这就促使学校进行课程建设的再度革新,从而也促成了学校"绿城课程"建设的进一步完善。

2011年1月,随着学校申报的课题"国际视野下的绿城课程的设计与实施"顺利立项为浙江省规划重点课题,从此翻开了学校对所有课程进行一体化建设的新篇章。此次"绿城课程"的提出,不仅在概念上有了一个新突破,而且是对多年来的研究成果进一步提炼。那么,为什么要把之前的"三维课程"更名为"绿城课程"呢?

一是学校立足校本开发的才艺天地等课程日趋成熟,100多门课程为学生的不同需求发展提供了可能,提供了平台与发展空间,已经成为学校的一张金名片。学校根据课程为学生、教师双向选择的特点,更名为"选修课程",为学生的个性化发展提供了平台。

二是学校将课外活动、社会活动、接待国际游学活动、国际交流活动、户外亲子活动等进行系统化设计,形成了独具特色的"活动课程"。

三是学校将国家课程实施了二度开发,本着新课程标准鼓励学校、教师结合地方、学校和儿童实际对教材进行二度开发的原则,学校对语文、美术、信息技术、英语、品德与生活(社会)、体育等学科均进行了较大程度的二度开发,对数学、科学、音乐等学科也进行了适度的课程内容整合与调整。比如,语文学科的校本开发是这样进行的:基于语文教材都是选文教学的特点,教学耗时而低效,因此在语文教学中进行了单元整组教学的深入研究与实施,实施后不但培养了学生的综合素养,而且多出了课时,于是相应地开发了与语文基本素养有关的课程——书法、晨读经典、阅读(含班级读书会)、专题综合性学习等,成立了文学社,不仅用好了课时,而且更好地发展了学生。正是基于学生发展的角度需要所进行的这些调整,清晰地烙上了学校的特质,因此更名为"绿城课程"。

由此可知,绿城课程的构建是一项系统工程,是基于系统论研究的一项具体实施;是一项人文工程,是基于儿童最优发展、考虑儿童个性差异的平台构建;是一项综合工程,不仅综合考虑了学生发展的根本原则,也综合考量了学校的实际,甚至对家长资源、家庭背景、社会背景和国际化大环境等都进行了较为缜密的审视。

(二)绿城课程的基本特征

绿城课程的开发是以国家课程纲要和标准为依据,以学校为基地进行的课程的规划、编制、实施和评价的一整套活动。绿城课程在其设计建设的过程中呈现出以下几个特点。

1. 指向学生的终极发展

绿城课程的最终指向是满足学生的发展需要,促进学生综合素质的全面和谐发展。在保证全体学生都达到国家规定的培养目标的基础上,既要根据学生个人的潜质、能力发展其独特的具有"特长"的个性,又要根据学生的需要发展其"需要发展"的个性,还要根据教育的终极目标"培养全面发展的人"的需要,使学生个性品质中的诸多层面"均衡发展",防止片面化,走极端。

为促进学生的终极发展,我们在绿城课程的设计中努力体现的是:让课程的学习领域更宽。五大学习领域的提出,指向了培养学生五大素养,既满足了学生基础发展的需要,又满足了个体发展的需要,实现了"共性"与"个性"的双赢。让课程的学习内容更为丰富多元。绿城课程的学习门类已有100多门,远远超过了国家规定的课程门类。学习内容的多元,为学生呈现出一个信息量大、精彩纷呈的学习世界。学习内容还可以根据学生的需求增减、调整，以便更好地促进学生差异发展，让课程的学习方式更趋自主。在绿城课程的学习中，倡导让学生能够有更多的自主解决、自主选择、自主体验、自主交流、自主提升的机会，并让学生在自主的学习方式中获得学习能力的提升。

2. 发挥师生的能动作用

英国课程专家劳伦斯·斯滕豪斯说："没有教师开发的课程是不存在的。"课程建设不是学校的单向行为，自上而下单向实施的课程是没有生命力的。教师和学生是课程的直接参与者，所以课程建设必须发挥师生的能动作用。

对于绿城教师而言，绿城课程的建设为教师的专业发展提供了更多的机会和可能。在这里，教师不再仅仅是课程的执行者，也成了课程的研究者和开发者。在这里，教师群体是绿城课程建设的主体，教师在课程的建设中，享有参与课程研制、参与课程选择、课程实施计划制订、开发课程资源、参与课程评价的权利。这是教师"教育自由权"的回归。

同样，作为课程直接受益者的学生，也是课程建设的参与者。课程要满足学生发展的需求，这就要求我们倾听学生的声音。尤其在国家课程的校本化设计和选修课程的开发上，更要听取学生的意见，根据学生需要对课程进行配置、优化、调整；引导学生自主选课，鼓励学生开展自主学习，真正发挥课程在促进学生成长中的作用。

3. 课程设计更加融合

绿城课程的建设是一个整体的、系统的过程，课程各板块之间不是孤立的，而是相互融合、相互补充的。主要表现为以下两大特征。

(1)三类课程的融合。国家课程、选修课程、活动课程不是彼此孤立的三个板块，而是你中有我、我中有你、相互补充、相互促进。国家课程重在打基础，国家课程的校本化设计重在挖掘课程深度，选修课程着力于拓展课程广度，活动课程则以培养学生能力为主。以语文学科为例进行说明，语文作为核心课程，属于国家课程，主要培养学生的听说读写能力。为彰显绿城语文教学的特色，学校对语文学科进行校本化设计，开设了书法、阅读、晨读经典课程,旨在帮助全体学生写一手漂亮的字,并养成终身阅读的习惯。为扩大语文学习的外延,满足学生学习语文的更多的兴趣,在选修课程的语文科目群中,又开设了绘本导读、国学小古文、玩乐作文、影视欣赏、软笔书法等个性化课程。而活动课程的开设,又给学生提供了在实践中活学语文,提高语言文字运用能力的最佳途径。

(2)各门学科的交融。长期以来,学校课程高度分化,呈现给学生的是分门别类的知识,使学生在现实生活中难以整合运用。绿城课程的设计和实施,希望能打破学科的壁垒,改变课程结构强调学科本位的倾向,根据学科知识的相关程度以学科为基本切入点,开展学科内交融,开展学科间交融,甚至打破年级界限开展课程内容的交融。学科交融的意义在于促进学科知识的应用,促进生活、体验与学科的统一。

不同学科总是存在着可以整合的要素和内容,这给课程整合带来了一种潜在的可能性。如学校将渗透在各个学科中的国际理解教育元素进行挖掘,重组开发形成校本课程《国际理解教育:地球小村民》,课程内容涵盖语文、数学、英语、科学、音乐、美术、体育等各个学科。学科之间的重组还可以通过课堂教学与课外活动相整合的形式进行。这样的整合基于儿童的兴趣,目的在于促进学生的经验生长和人格的发展。以综合性活动为载体,将不同学科的知识进行有机的整合,拓展了校本课程开发的内涵。

二、选择开放:绿城课堂的实施

随着绿城课程的日渐完善,我们意识到,课程改革最终的落脚点是在课堂。如果课堂没有变化,那么再好的课程也将束之高阁,不能真正起到育人的作用。因此,我们开始了聚焦课堂的改革。

(一)绿城课堂的学教方式

绿城课堂的结构性变革主要就是体现在学生的学习方式转变。基于这一指导思想,我们建构了具有本校特色的学教方式:独立预学→反馈导学→同伴互学→汇报展学→教师导学→课后拓学。这种学习方式构建了绿城课堂全新的教学流程。

1. 独立预学

学生独自预习，把教材内容做一个大致的概览了解，把握主要内容，完成一些基础的预习作业，并自觉提出一个有价值的问题。预学的时间一般放在课前，教师可以提供一些辅助性的导学材料。通过材料的学习，起到暗中引导的作用。

2. 反馈导学

上课开始，学生把预学成果拿出来反馈展示，教师根据学生反馈，了解学情和学习基础所在，针对性地调整教学策略。针对学生反馈的问题，做学业辅导，纠正错误。

3. 同伴互学

绿城课堂几乎每节课都安排有对重点、难点内容的小组合作学习，学生自主探究、合作讨论出合适的学习路径或解题路径，从而让学生经历学习过程，凸显学习经历的体验。对于同伴互学，教师要对小组合作的分工、合作时的纪律、合作时的书写等做细致安排，便于学生的研究有条不紊和深入。这一环节，教师往往通过小组合作讨论的学习提示，对学生进行小组讨论学习的指导。

4. 汇报展学

学生在小组合作讨论学习之后，教师一定要安排学生展示学习成果。展示成果时，学生可以自评，也可以互评，还有教师评价等方面。

5. 教师导学

在学生展学过程中，有些难点问题、疑难问题和困惑问题等，都需要教师进行点拨性辅导学习。

6. 课后拓学

课后阅读往往停留于课内，而学生发展实际上具有广阔的时空，需要敏锐的思维，需要教师的好书"荐读"，拓宽阅读面。

(二)绿城课堂的实践经验

学校也在历经课程建设基本完善之后，走向了新的发展阶段——绿城课堂建设阶段。学校先后经历了市规划课题"小学学本课堂的构建与实施研究"、省规划课题与市重大课题"促进学生主动发展的绿城课堂的构建与实施研究"，从而正式确立了学本化绿城课堂的理念。绿城课堂的研究是基于课程建设进行的，是匹配于学校课程的课堂教学，其核心是学本化的活动化学习，其表现是适性化的个别化教学，其特征是差异化的激励评价。

1. 选修课程呼唤选择课堂

丰富的课程建设带来课堂教学匹配的需求。以前同一年级同一班级的学生在一起上课，尽管也会有个性差异，但是总体的水平、总体的认知、总体的儿童心理素质其实是差不多的。现在课程内容变了，班级学习的同学也变了，就需要有相匹配的课堂教学样式。

以"书法高级班"选修课程为例，有来自二到六年级的不同年级的学生21人，其中有11位学习楷书，6位学习隶书，2位学习篆书，2位学习行书。即便11位学习楷书的同学中，也有四种书家书体，6位学习颜体，3位学习欧体，1位学习柳体，1位学习褚体。各自学习的书体大相径庭，就无法采用过去平行班的统一式教学方式，需要采取个别化教学，否则，每人指导几分钟就下课了，课堂教学就会显得非常低效。于是，采用了同书体成组，选拔小助手带徒弟的方式进行教学，把学生主动学习的积极性调动起来，让学生的学习更加高效。

2. 跨界课程呼唤开放课堂

绿城广域课程的教学，需要多个学科进行跨学科教学和协同式教学。一年级学习"荷"主题广域课程时，就采用了多学科融合的项目制学习方式进行。①"荷之文"：语文《荷叶圆圆》的学习；②"荷之诗"：语文与美术整合《小池》《池上》等组诗学习后，画荷、给荷花图配诗；③"因'荷'而乘"：数学整合了教材知识学习——以莲子做载体进行"一位数乘一位数乘法"的学习；④"荷之长"：科学和英语合作上 *The frog and the mouse*，了解"从藕到荷"的生长过程，学习了"藕、荷花、荷叶"等英语单词；⑤"荷之乐"：音乐学习了描写大自然中青蛙在荷塘生活场景的《小青蛙找家》；⑥"荷之跃"：体育安排学生在垒起如荷叶的软垫上练习立定跳远和立定跳高；⑦"荷之愿"：班队会介绍"莲花灯"的由来，那天正逢5月12日，播放四川汶川大地震的相关视频，引导学生为遇难者祈福；⑧"荷之美食"：家长课堂——家长介绍并示范制作藕、荷等美食，学生一边品尝美食，一边观赏荷之舞，不亦乐乎？

（三）绿城课堂的两项转型

绿城课堂的研究，从教学样式的革新到学教方式的变革，从技术层面的变化到理念深处的追求，推动了课堂教学的不断进步，引导了一大批教师在课堂教学的研究中成长起来，促进了教学研究的不断深化，也让学校教学质量连续多年位居西湖区教学质量监测第一梯队的前列。绿城课堂变革主要从以下几个方面做了变革：教室变为"学室"——体现学生为主、学习为主的理念；课堂教学以学生为主体，打造"以学为本"的课堂教学样态，以学生的起点为教学起点，以学生的学习节奏为教学节奏，以学生的发展需求为教学拓展，以学生的反馈为教学机智对策，这样，学校课堂教学样式变为杭州市小班化实验教育学校的学习典范。

1. 绿城课堂以学为本

绿城课堂的定位是学生学习为本的课堂，应该高于传统课堂教学。绿城课堂教学以活动化学习为主，以小组合作的探究性学习为主，不是一味地进行讲授式学习。因此，学习方式发生了很大的变革，学教方式也发生了很大的变革。

如语文拓展性课程《辩论》的教学，采取大单元组课教学的方式，完成一次辩论，要经历"布置辩题，收集材料"→"梳理材料，提炼观点"→"现场辩论，即时点评"→"回顾录像，反思提升"四步。这四步教学和传统的一节课完成一篇选文教学的方式完全不同。这里的学习，大部分都是由学生自主学习开始，教师只是在关键时刻做一些指导性的点拨，学教方式发生了巨大变革。

传统课堂关注教师的教，把"教"做得很精致，做得很突出，做得细节很巧妙。但是，由于学习主体地位的漠视，这样的教学往往"吃力不讨好"，得不偿失。

绿城课堂最大的特征，就是让学习的主体——学生成为课堂的主人，关注不同学生的不同发展，保障差异学生的差异化学习，体现个性学生的自主发展以及同伴互助学习的合作探究的共同发展。

2. 绿城课堂关注环境建设

（1）资源学室建设。绿城课堂非常关注环境建设，坚持"优美的环境感染人、积极的环境熏陶人、平等的环境培育人"的理念,将教室打造成拥有各种学习资源的资源学室,丰富展示空间的平台学室,学习互助支持的人力学室。

每一间教室都设有图书角,通过学校购买、家长捐献、学生购买的方式丰富图书数量、品种。每一间教室都设有生物角,既有绿化植物,也养有金鱼、乌龟、小仓鼠等学生喜欢的小动物,更有配合学习需要的养蚕、种植等;教室走廊上设有科学体验仪器,学生可以通过玩仪器,发现月球围绕地球转、地球围绕太阳转等基础知识。每一间教室都设有心情树,每一个学生都有一个代表个人心情的位置,学生可以根据实际情况进行心情表达,让每一个学生都能健康快乐地成长。

最关键的是,教室不设讲台,教师和学生之间平等。教室里的展示台是供教师和学生共同展示使用的。每间教室都设有"三个学习中心":自主学习中心、互助学习中心、学习支持中心,为学力基础不同、学习方式不同、学习节奏不同的学生提供自主发展的平台。

(2)教师工作室建设。学校对科学、音乐、美术、信息技术等专用教室进行革新布置,布置成教师个人工作室。这样,学有所长的学生可以随时到教师工作室进行学习,教师的人力资源得到充分释放。专用教室改成教师工作室之后,对教室进行区域化分布,增设教师办公与辅导区,扩充作品展示区,美化了教室的布置,优化了图书资源、工具资源等配置。

(3)关注心理环境建设。绿城课堂的一大进步,就是关注心理环境的建设,不仅在校园里设置了阳光小屋,为有心理需求的学生提供支持,而且在班级设置非常舒适的休息和阅读空间,便于学生在学习之余放松。学校要求全体教师都要进行心理健康教育的学习,并取得省级心理健康教育C证,部分教师鼓励取得心理健康教育B证。这样,即便遇到一些心理问题,教师也能够及时并有针对性地进行疏导和处置,消除不必要的心理隐患。

三、个性适配:个性化学习的探索

绿城课堂的研究在取得成果的同时,也发现了一些值得深入研究的课题,引发了研究团队进行深入探索,参加杭州市第三届重大课题研究,申报并立项了课题"个性化学习：基于个别化的小学生深度学习路径设计与实践研究"。

（一）聚焦学习：绿城变革的深度转型

2018年4月，学校申报的杭州市第二届重大课题研究"绿城课堂：基于学生主动发展的小学生课堂教学构建与实施研究"顺利结题，研究成果参加杭州市2017年度优秀教育科研成果评比，获一等奖。2018年4月，研究专著《绿城课堂：基于选择的小学课堂教学新范式》由现代出版社正式出版，并参加了杭州市教育局组织的第二届重大课题研究成果发布会和全市重点学校成果巡回展。绿城课堂的研究已经涉及部分学习的研究，并取得了一定的研究成果，但是在深入反思的过程中，发现学习更聚焦学生本体，更突出研究学生的学习载体、学习方式、学习过程和学习成效。

2018年6月，针对研究中的思考和教育教学中发现的问题，课题组将研究点聚焦到课堂教学的"学生学习"，从而能够更好、更精准地捕捉教学中存在的实质问题，期待对学习的各大领域进行深入研究，探寻适合学校学生的教育教学策略。因此，将课题题目定为"绿城学习：基于个别化的小学生深度学习的路径设计与实践研究"，研究延续了"绿城课程"之"个性多元的内容体系"优势，承接了"绿城课堂"之个性选择课堂教学特色，从而进一步研究基于个别化的小学生学习路径与实践探索研究。

（二）关注个性：个性化学习的再探索

中国古代教育家孔子提出的因材施教和美国教育家加德纳提出的多元智能理论同时表明，学生的学习要能针对学生的个性进行，才会更加有效和适用。一个运动智能优势的人和一个单纯语言智能优势的人同时去学游泳，学习的节奏、学习的结果是可想而知的。有必要针对学生的个性化差异，实施必要的相关机制保障的教学。

课题研究最初的定位是"个别化"，但很快发现"个别化"这个定语过于狭隘，需要进一步对学生学习品质、学习态度、学习节奏等进行考量，应该定位为"个性化"，这也与前期所进行的学生多元选课、走班上课等实施匹配，并在数量上进行了整体观照，关注了学生发展的类别，保障了学生整体发展。

教育教学既要尊重学生的学习个性,也要培养学生优秀的个性学习品质。个性是学生与生俱来的心理品质,俗话说"江山易改,本性难移",说的就是这个道理。学习的个性也是如此,教育教学需要尊重学生的学习个性,研究学生的学习起点,关注学生的学习情绪,匹配学生的学习节奏,发展学生的学习特长,培养学生的学习品质。教育教学在尊重学生学习个性的同时,更要因势利导地培养学生的优秀学习个性,倡导学生在发挥优势智能的同时,能够自我认知个体学习的不足,从而"扬长发展"。这不是要求一定要补足短板,但需要认知自己的学习个性差异,找到合适的发展平衡点。不追求面面俱到,各科全优,但追求整体均衡,特长明显。

第二章

阐释:个性化学习的理论解读

　　学习,从教育学的角度来说,是指学生在学校内的学习,包括观念和行为两个方面。具体来说,就是在一定的学习理念指导下,学习者在教学、学习活动中的参与方式。纵观历史,可以发现,学习作为人类基本的存在方式,它的追求目标应从生存价值为主转向追求精神的丰盈为主。只有从作为人的存在方式的高度来理解我们的学习,才能算真正抓住了学习的本质,才能真正理解学习在人的精神提升中的作用。我们所追求的就是让学习成为每个人成长与发展的自觉行为和内在要求,教师和学生都主动、积极地参与学习活动,并把学习看作生活的一部分,是人存在的一种基本状态。那么,个性化学习的追求是什么呢?本章从价值取向和总体架构两个方面对个性化学习进行阐述,形成个性化学习的理论系统。

第一节　个性化学习的价值取向

个性化学习强调以人为本，即认知人本身的个性，正确看待人与人之间的差异和学生的发展。因此，个性化学习把适切个性、素养立意、自主发展三个方面作为自己的价值取向，引导学生能够按照自己的节奏等享受学习过程，从素养本位的角度去培养学生的综合能力，最终让学生学会学习、学会思考、学会创新、学会生活。

一、适切个性：个性化学习的逻辑起点

21世纪已经进入信息时代，信息时代更加呼唤"因材施教"，也更加弘扬扬长发展。即使是一个App的小程序，研发者往往都是一个技术为主的团队，姑且称之为"技术团队"；而对这个App的设计意向、功能使用、目标群体进行研究的则是另外一个团队，姑且称之为"创意团队"；而这款App能否为人们所接受，则需要一个市场运营的过程，也需要一个团队去执行，姑且称之为"市场运营团队"。三个团队在不同的时候有着不同的核心作用，即便是不断发展的过程中，也是互相合作，各自发挥优势智能，才能取得更好的成效。处于大时代，单枪匹马创业将会遇到非常大的困难，必须学会合作，学会发挥个性特长的合作——这是时代发展的必然需求：既然人不可能所有的都会，那就要更好地发挥特长。同理，学习适切学生的个性，才能学得更好，从而形成更好的智能优势，并发展得更好。从这个角度上说，"木桶理论"或"补短板理论"有明显的时代局限性。

以人为本，从教育的角度来说，大体要求教育能从人的发展角度来看，因此能够适切人的本身的个性发展的教育，才是成功的教育，才是适切的教

育,一句话概括:教育要求适切个性。要引导学生能够自我发言表达,听取学生的意见或建议,关注学生的学习情绪和状态,引导学生在相对愉悦的心态下健康快乐地学习、成长。

适切个性,就要研究学生的学习个性,主要从学生在学习过程中差异较大的三个方面进行探索:个性智能、个性节奏、个性特长,以期在相关学习心理品质上也能进行探索创新。

(一)适切个性智能

学习意味着对知识的获得、对过程的体验以及能力的形成,而这与人的个性智能息息相关。古代孔子在教弟子的时候,有个著名的故事记录在《论语》中。

子路问:"闻斯行诸?"子曰:"有父兄在,如之何其闻斯行之?"

冉有问:"闻斯行诸?"子曰:"闻斯行之。"

公西华曰:"由也问:'闻斯行诸?'子曰:'有父兄在';求也问:'闻斯行诸?'子曰:'闻斯行之。'赤也惑,敢问。"

子曰:"求也退,故进之;由也兼人,故退之。"

子路和冉有向孔子请教的是同一个问题:"闻斯行诸",意思是:听到一个很好的主张,是不是应该马上去做呢?孔子却对不同的人做出不同的回答:对子路是"有父兄在,如之何其闻斯行之";对冉有是"闻斯行之"。他回答子路的意思是说:家里父兄在,你应该先向他们请教再说,哪能马上去做呢?而回答冉有的意思是说:应当马上就去做。这样,站在一旁的公西华自然就想不通,便问孔子:老师,他们问的是同一个问题,可是你的回答却是两样,为什么要这样对他们?最后,孔子说清楚了他这么回答的原因:冉有遇事畏缩,所以要鼓励他;子路遇事轻率,所以要加以抑制。换句话说,就是不同的人要有不同的教育方式、教育策略。孔子这种"因材施教"的教学思想在中国教育史上有较大的影响。

1. 弘扬个性优势智能

一名钢琴家不一定擅长数学,一名专业运动员不一定懂得物理,他们上学时的学业成绩不一定出类拔萃,但谁敢说他们没有很高的智能呢?加德纳的多元智能理论表明,作为个体,我们每个人都同时拥有相对独立的八种

智能,但每个人身上的八种相对独立的智能在现实生活中并不是绝对孤立、毫不相干的,而是以不同方式、不同程度有机地组合在一起。正是这八种智能在每个人身上以不同方式、不同程度组合,使得每一个人的智能各具特点。这个理论对于学校的教育教学很有启发,学校教育应更多地认识学生差异,从而基于学生个性匹配适合的教育,最终适性发展。

"天生我材必有用。"学生的差异性不应该成为教育上的负担,相反,应是一种宝贵的资源。我们要改变以往的学生观,用赏识和发现的目光去看待学生,改变以往用一把尺子衡量学生的标准,要重新认识到每位学生都是一个天才,只要我们正确地引导他们,让他们发挥自己的长处,每个学生都能成才。

扬长发展是弘扬个性优势智能的重要方式。学校在课程设计上就贯彻了扬长发展的思想,在全校走班的选修课程设计上,注意从人文与社会、数学与信息、科学与技术、艺术与生活、体育与健康等领域进行整体构建,高屋建瓴地提出了各领域适度均衡进行课程开发的原则,保障了学生各领域学科学习的足够选择空间。在基础学科学习方面,学校开设了相关年级的"学科＋"课程内容。以体育学科为例,一年级开设了高尔夫,二年级开设了足球,三年级开设了篮球,四年级开设了橄榄球,五年级开设了网球,六年级开设了12个门类的体育特色课程选修,让学生在不同领域得以体验和实践,从而找到适合自己发展的学习领域,让优势智能得以扬长发展。

个性优势智能在不同的儿童身上将会有不同的表现。在学校里,由于学生人数较多,能够很自然地发现不同优势智能的群体,学校和教师共同研究,正确地面对这些优势智能的群体,让他们在优势领域得到较好的发挥,弘扬优势智能。学校通过建设师生研究室,给优势智能的学生提供必要的自主学习空间,与教师共同进行研究,由教师进行单独指导,并聘为学生小导师,让这些优势智能的学生也教学生。学校通过组建科学、信息、艺术、体育等方面的校队,为优势智能的学生提供优势智能学科知识、能力等方面的技术指导。

在培养优势智能的学生自信心的同时,也培养优势智能学生的责任心、关爱心等社交情绪。学校是杭州市小班化实验学校,非常注重小班化教育的研究和实践,小班化课堂教学有一条铁的定律,那就是合作化。引导学生进行小组合作学习,除了学习本身的探索研究功能之外,还有一项非常重要的就是社交情绪的培养。当今城市生活圈,独生子女居多的家庭细胞,由于小区环境、社交范围等因素,各家庭的社会组织之间的关系和交往并不太多,以至于学生社交情绪弱化。培养学生的社交情绪,既要培养其自主自立的个体自信,也要培养同学之间、伙伴之间的平等互助以及学习共同体,在一个共同目标引领下的合作互助,有利于学生社交情绪的培养。

在优势智能弘扬的过程中,有一项非常重要的反馈,那就是让学生口头交流反馈。口头交流反馈蕴含在多种学习场景中,课堂学习的提问解答要反馈,实验结果的汇报交流要反馈,项目研究过程要交流,项目成果汇报也要交流,多样化的交流促使学生社交情绪能力增强。尤其是学校开设的领导力之口才课程,以"口才"一项带动多项能力的培养,其中社会交往情绪的培养起了非常重要的作用。

2. 尊重个性弱势智能

宋诗尚理,总是在诗中表达某种哲理。宋代的卢钺在《雪梅》中曾写:"梅雪争春未肯降,骚人阁笔费评章。梅须逊雪三分白,雪却输梅一段香。"诗中的梅花和雪本身各具特色,但如果一定要比,自然会有各自的优点,也必然有各自的缺点。隐喻到教育上,家长和学校是不是也存在这种教育比较与成长比较呢?答案是肯定的。但事实是,即便比较了,也不能解决各自的个性差异。

人的优势智能和弱势智能有时并不是非常容易区分,既然不是特别容易区分,又何必去区分呢?每个人除了具有优势智能,也有不足之处,姑且称之为弱势智能。这些弱势智能往往会给本人带来不自信等问题。教师不但带头尊重学生的弱势智能,不以一门学科,不以一个阶段的学习,不以一个单元的测评为评价单位,而是全面尊重学生的自主发展,而且引导学生也能尊重他人,不以成败论英雄,不以成绩的优差论人才,全面尊重学生的个体发展。引导全体学生像看待白纸上的小黑点一样,如果你只盯着小黑点不放,那么看到的就是小黑点;如果你除了小黑点,还看到了大片的白色,或许就会觉得小黑点和整张纸相比,是那么微不足道。学校、教师和同学都要达成一种共识:"从完整的人的发展来看学生的成长。"这样也势必会引导家庭达成这样一种共识。

(二)适切个性节奏

音乐,因为节奏的徐疾产生情感的变化;性格,因为脾气的快慢产生情绪的差异;学习,因为节奏的快慢产生进展的缓急。有时听到教师埋怨说,这节课全班大部分学生都明白了,而且有几位同学早就听懂了,可偏偏就是有两个听不懂。暂且不做教师伦理或者教师道德方面的评判,纯粹从技术、从学生学习层面,细细分析这句话,导致全班学生学习情况差异的,其实主要是因为学习节奏差异:早就听懂的同学,学习节奏最快;大部分上完课听懂的,学习节奏适中;少部分的"有两个"上完课还没有听懂,那就学习节奏偏慢了。

1. 提供任务,让快节奏学生自学

快节奏学生的学习,往往是这一学科的优势智能的学生,或者自学能力特别强的学生,因此在教学设计时,提供给这些学生一些必要的学习任务包。任务包中有些自选式的学习任务,该学习任务适当在本节课的基础上进行宽度延展或深度挖掘,从而凸显学习任务的多重角度,便于让学生在完成必学任务之后,找到适切的学习内容,以满足课堂结余时间的适切用途。

再从学校选修课程的学分制设计来看,学生学习一门学科能够比较快地完成时,就可以进行提前测试,测试达标后,再选择合适的课程进行学习。这样的良性循环会促进学生个性化良好发展。每门课程选修测试达标,学校都会颁给课程结业证书,从而凸显学习的课程履历。

2. 细剖重点,让中节奏学生学会

重点内容是学科知识的要点。教师在备课时,往往也是以这部分的学生为主体进行设计的。因此教学设计时,一定要细剖重点,搭建学习支架,让学生学习能够循序渐进,逐步学会,并且明白知识内容的关键节点,从而构建成体系的知识树。中节奏的学生如果能够在课堂中达到学会、学懂,必然就会培养学生会学、善学。所以,在课堂教学中,针对重节奏的普及化教学依然是不可或缺的。

3. 降低难度,让慢节奏学生愿学

同样的学习内容或知识点,因为学习难度的不同,也有很大的差异。既

然学生学习节奏慢,不妨给予他们相适应的学习内容,在课堂上降低学习难度,让学生同样也能学习到必要的知识点,又不会囿于难点而形成厌学。对难以达成的内容,作为弹性学习点,可以作为课后辅导,也可以作为课外自学。这样既保障了慢节奏学生的课堂学习,也有一个基础达成,形成"异步学习,同步发展"的学习场景。

(三)适切个性特长

屈原在《卜居》中写道:"夫尺有所短,寸有所长;物有所不足,智有所不明;数有所不逮,神有所不通。"其意大致是说,任何事物都有其短处,现在不妨从"寸有所长"来反观:任何事物也都有其优点。

学校提出"为每一位孩子提供适合的教育"这一办学愿景,其中必然包括为个性特长的学生提供适合的发展。从绿城课程到绿城课堂研究,一直非常关注学生个性特长的发展。个性化学习重视学生个性特长的发现、培养和优化发展。

1. 发现个性特长

个性化学习在个性特长发展方面,做得更加优秀的地方就是对学生个性特长的发现。虽然说"是金子总会发光的",但人的成长期却不容等待、不容错过,因此在恰当的时候能够及时发现学生的个性特长,会更加有助于学生的个性特长培养。怎样及早地发现学生的个性特长呢?

在平时的留心观察中引导。学生的个性特长犹如"囊中之锥",在日常学习生活中自然会透露出来。学校鼓励全体教师在课堂教学中、校园生活里,善于发现学生的个性特长并及时进行指导,集中或个别化进行合适的练习,助推学生个性化成长。

在多种课程学习实践中发现。学校130余门的选修课程,给学生的选择带来充分的余地,学生也在这么多的课程学习实践过程中发现自己的优势智能和个性特长所在,感受到自己的兴趣学科和项目,主动去拥抱该学科学习。

在反馈交流中发现。将学生在学校里的学习视为基础知识学习,而把课外的学习作为特长学习,因此给学生提供必要的反馈交流,能够及时发掘学生的个性特长和成长秘密。学生个性特长也得以更好培养。

正如罗丹所说："生活中并不缺少美，而是缺少发现美的眼睛。"套用罗丹的话，学生中并不缺乏个性特长，而是缺少发现个性特长的眼睛。这也应了"世有伯乐，然后有千里马；千里马常有，而伯乐不常有"的古训。

2. 培养个性特长

发现了学生的个性特长，就要体系化地培养学生的个性特长。所谓的体系化培养，其实方式也很简单，基本就是从学校层面进行顶层设计，着手对学生个性进行深入挖掘，从多个角度和层面促进学生最优化发展。

提供学生独立研究的空间。学校的硬件设施可谓一流，为学生发展提供了多样化的学习空间，但这些空间在一般学校里都是为教师所专用，只是在学生课堂学习时才开放，学生如果课后想要进入专用教室和场馆学习，那就难上加难。学校对专用场馆进行大刀阔斧的改革，建设成师生共用的研究室，将专用研究室都以学生和老师的姓名共同命名，让学生充分感受到研究室的主人翁地位。学校聘请这些有个性特长的学生为工作室学生小导师，既享受教师专门指导的待遇，还自己带学生团队，辅导学生形成个性特长。独立研究的空间，为学生学习成长提供了巨大的支持，给了学生较大的学习动力。

建设学生深入学习的资源。个性特长涵养，需要深入学习，而深入学习就需要更多的学习资源。学校为个性特长的学生提供尽量多的资源，开设藏书丰富的儿童阅读中心，而且与浙江省图书馆建立了直接友好联系，在线上形成图书资源的直接互动。除了物力资源之外，学校提供了专任教师、骨干教师、名师作为个性特长学生的指导教师，遇到一些学校也无法进行指导的学科或学生，外聘专家型教师予以指导，同心协力为学生个性特长发展提供充裕的人力资源。

3. 优化个性特长

学生个性特长得到一定培养之后，要搭建多样化的平台为学生个性特长发展助力。第一个举措是搭建学生特长展示的平台。学生个性特长的培养离不开各类平台的打造和建设。学校在多个学科门类都建设有校队和校队梯队，分别从低、中、高三个学段分年龄段进行组建，这样可以满足不同年龄段学生的发展需求。学校现在建设的校队很多，体育特长类的有足球队、篮球队、网球队、高尔夫球队、橄榄球队、冰球队、乒乓球队、健美操队等；科技特长类的有机器人、编程、机关王、3D打印、创客等;音乐艺术特长类的有爵士乐队、合唱队、舞蹈队、芭蕾舞、独唱、民乐队等,这些平台搭建的目的是营造学生个性特长发展的更多空间,促进学生以个性特长发展带动多方面的发展。

学校在个性特长优化方面的第二个举措就是搭建学生特长竞技交流的平台。学校除了参加省、市、区的教育主管部门举办的各级各类比赛之外,还有一项非常重要的事项就是校内组织的各大比赛。以足球比赛为例,学校非常重视举行"绿城育华小学校园足球超级联赛"(简称"绿超"联赛),全部仿照全国足球联赛的形式进行比赛,不同之处只是做了一些时间和班级组合的调整:时间减少为20分钟半场,增加了班级女子足球联赛、点球单独比赛项目、足球全明星联赛。联赛结束后,不仅对进球进行表彰,对传球、助攻等都进行了分项表彰,目的是让学生充分得到上场锻炼的机会,促进学生个性特长的发展。

二、素养立意:个性化学习的价值聚焦

"素养"一词在很多时候被理解为由训练和实践而获得的一种道德修养。而学生素养,严格意义上来说,主要还是指学生在学习和生活过程中培养的综合能力与文化底蕴,是一种能够促进学生可持续发展的综合素质。

(一)落实核心素养的培养

2016年9月13日上午,中国学生发展核心素养研究成果发布会在北京师范大学举行。北京师范大学校长董奇、教育部基础教育二司副司长申继亮出席会议并致辞。来自教育学界和心理学界的知名专家学者、教育行政部门人员与一线教育工作者代表等参加了会议。中国学生发展核心素养以培养"全面发展的人"为核心,分为文化基础、自主发展、社会参与三个方面,综合表现为人文底蕴、科学精神、学会学习、健康生活、责任担当、实践创新六大素养,具体细化为国家认同等十八个基本要点。各素养之间相互联系、相互补充、相互促进,在不同情境中整体发挥作用。为方便实践应用,将六大素养进一步细化为十八个基本要点,并对其主要表现进行了描述。

各校根据这一总体框架,针对学生年龄特点进一步提出各学段学生的

具体表现要求。个性化学习研究非常关注学生发展核心素养的培养。个性化学习的价值理念中提出的"自主发展"正是落实学生发展综合素养的要求。学校围绕绿城育华教育集团提出的"两力"发展目标："全球胜任力"和"未来领导力"，构建了学校课程内容体系，在各年级都开设了领导力培养课程，对应了"责任担当"的核心素养。学校重视文化课程的学习，开设了经典诵读、吟诵、小古文课程的学习，对应了"文化底蕴"的核心素养。学校整体课程建设围绕五大领域展开，分别是人文与社会、数学与信息、科学与技术、艺术与生活、体育与健康，与学生发展核心素养的六个方面基本对应：人文底蕴、科学精神、学会学习、健康生活、责任担当、实践创新。

(二)重视学习素养的培养

个性化学习强调的不仅仅是学习结果，更重要的是培养学生在学习过程中学会学习的基础能力，学会合作的社交能力。因此，个性化学习的教学设计非常注重学生的学习起点，形成基于起点的设计特色。

个性化学习的学习方式以自主合作探究的学习方式为主，学生的学习基本都要经历"预学→展学→导学→拓学"等学习过程，学生往往从自主学习开始，到自主拓学结束，教师只在导学时起主导作用，其他环节基本是以辅导的方式来实施。因为学生经历了、实践了、体验了整个学习过程，也享受了学习的结果和快乐，学习就变成学生本身职责的事业，学生一旦学会，假以时日，自然形成学习能力，从而推而广之地运用。

个性化学习的学习素养，还提倡学生主动参与学习过程和互动学习。课堂中，开辟空间引导学生进行自我发言、自我表达、自我讲解。学生互动评价、互动反馈，从而形成乐学、助学、互学的良好学习氛围。

(三)关注创新素养的培养

学习和思维就像是一枚硬币的一体两面，学习的过程就是思维的过程，甚至可以说是思维促进了学生的学习。个性化学习非常注重学生的思维培养，要求各学科的教学中，都有意识地让学生进行思维能力的训练，促进学生思维品质的优化。思维的主要过程是分析与综合、比较与提炼、抽象与概括。

在分析与综合中培养统整思维。广域课程是一门主题性学习的课程，同样的事物会有不同表象和呈现方式,学生经历语文、数学、科学、音乐、美术等学科的探究后,教师要引导学生发现事物表象背后的东西,分析事物的本质特征,并对多学科资料进行综合视观,从而在主题学习的过程中培养学生的统整思维。

在比较与提炼中培养高阶思维。语文教材大都是以选文为主的课文,往往得其一而不得其全部,正所谓"一叶障目,不见泰山"。采用主题单元的文本与文本比较教学,能够扬长避短地进行学生思维发展,可以通过文本间的共同点和不同点,揭示文本表达的本质特点和形式的奥妙,让学生在阅读中培养习作表达能力。

在抽象与概括中培养品质思维。立足生活去发现需求,从需求中发现核心问题,用头脑风暴解决核心问题,同伴互助合作制作产品模型,对产品模型的原理与功能进行详细介绍,听取顾客意见并二度迭代——这就是学校引进的"设计思维课程"的教学过程。从全部学习过程来看,对学生都是一种创新思维的培养,其培养的方式看似具体,实则抽象和概括。

三、自主发展:个性化学习的终极目标

自主发展是学生发展核心素养的三大基本素养之一。个性化学习的"自主性"具体表现为"自立""自为""自律"三个特性,这三个特性构成了"自主学习"的三大支柱及其所显示出的基本特征。其中,"自立"主要是指学生能够正确建立学习的认知系统,简单地说,就是能够自主确定学习目标;"自为"主要包含学习的自我探索性、自我选择性、自我建构性和自我创造性四个层面的结构关系,简言之就是"自主安排学习进度";"自律"是指学习主体对自己的学习具有自我约束性或规范性,那么,学习主体就需要自我设计方式和规则来约束自己,一句话概括就是"自主设计学习路径"。

(一)自主确定学习目标

1. 自主确定学习目标的必要性

首先,要明确为什么有教学目标,还要确定学习目标。学习目标是学习者的既定目标。教师实施课堂教学时,往往制定的是教学目标,该教学目标大部分是针对班级学生的普遍现象,虽然有时也有针对个体现象,但终归是

以班级整体为对象制定的。教学目标其实本身不是学习者应该有的目标，而是课堂教学的班级学习目标。因此在教学目标的基础上，学生自己确定学习目标是很有必要的，即能保证大的范围不走样，大的方向不会错，大的实施有基础，大的认识有抓手。

其次，要明确谁来确定学习目标。很明显就是学生自己。为什么是学生自己呢？主要有以下几个方面的因素：第一，自己最了解自己的学习起点。哪些公式不会应用，哪些表达不熟练，哪些语法完全不懂……谁最了解自己，家长吗，老师吗？不是的，就是自己。明确自己的学习起点来安排自己的学习，选择合适的内容，这样的学习对于个体来说，就是最有效的。第二，自己最明白自己的兴趣爱好。自己最感兴趣的是哪方面，最喜欢的项目是什么，最擅长表现或表达什么……对于别人，每一样都是那么神秘，但是对于自己，则再明白不过了。第三，自己最知道自己的弱点。自己害怕什么，自己的性格是怎样的，为什么会坚持不下去，为什么不能克服困难……这些问题，谁最清楚？就是自己。

如果自己的学习能够做到自己确定学习目标，那么，学习就会变成向着目标不断靠近的长跑，而不是短时间的冲刺。如果自己的学习能够做到自己确定目标、自己主动学，那么学习就变成了自身成长过程中的一部分，就会巧妙地把"别人要我学"的被动学习转化为"我要自己学"的主动学习。被动学习是消极的，是应付的；主动学习是积极的，是不断进取的。

2. 自主确定学习目标的基本原则

个性化学习研究就是要培养学生设定学习目标，激发学生自觉设定学习目标。一般来说，个性化学习的教师总是会在一节课上引导学生确定学习目标；一周的学习过程中，明确学习目标；单元学习时，完成学习目标。到一学期结束的寒暑假开始的时候，引导学生设定假期学习目标和假日实践目标。开学时，检查学习目标的达成情况，进一步完善对学生学习目标确定的培养。确定学习目标，要引导学生注意以下几个方面的原则。

(1)适己性原则。就是目标的确定要符合学生自己学力的基本特征与基础。学生在确定学习目标时，既不要一味降低标准，也不要一味拔高标准。一个人的发展其实都是基于自身基础的发展而发展。所以，只有适合自己的才是最好的。一个适合自己的学习目标,不但能够达成,而且能够激励学生在自己的基础上不断发展,相当于在完成一个又一个的小目标,积小成大,积少成多,最终实现大目标。

(2)发展性原则。学生在制定学习目标时,要考虑具有一定的发展性。发展自己的基础学力,发展自己的思维认识,发展自己的综合素养。一般来说,每一项目标的确定都应该基于前面的基础,适当高于前面的基础,符合"最近发展区"理论,用教育行话来说,就是"跳一跳能摘到桃子"。由于各自之前的基础不同,所以各自确定的发展目标是不一样的。另外,由于各自的发展速度不同,就像跑步时每步的步幅一样,每迈一步的宽度不同,各自的学习目标也是有差异的,但不管是怎样的"步幅",最终都需要不断发展、不断前进。

(3)灵活性原则。考虑到外部环境的变化,自己学习节奏的变化,遇到的困难差异,学习目标制定之后,在现实环境中可以适当调整。当然这个调整不是一味降低目标,也包括自己的学习节奏加快之后,适当再把学习目标调高一些。也就是不要把预定的学习目标当成一成不变的终点,而是学习过程中的小目标,那么小目标的达成可以适当地调整高一些或低一些。但切忌做大幅度调整,甚至完全颠覆——除非你一开始确定的学习目标就有很大的问题。

(二)自主安排学习进程

自主学习的第二个特征是自为性,学习自为性是独立性的体现和展开,它包含着学习的自我探索性、自我选择性、自我建构性和自我创造性四个层面的结构关系。因此,自主学习本质上就是学习主体自我探索、自我选择、自我建构、自我创造知识的过程,而这个过程实际上类似于自主安排学习进程。

个性化学习对学生自主安排学习进度方面的培养还是有些基础策略的,有一个"从扶到放"的过程,也有一个各项学习不断培养的过程。

1. 从预习、复习开始培养

自主安排学习进程先从学生的预习开始培养。预习是让学生先自己主动学习,了解文本、知识的粗浅或大概,根据学生原有学历水平的高低,而收

获有差异。比如,五年级学生在语文新课的学习前,教师会要求学生先朗诵课文三遍左右,把课文读通顺流利;然后圈出生字词,再朗读生字词几遍,直到读正确为止;根据提示概括课文主要内容,做到完整、清楚,到后期再提高要求,追求简洁。学生在预习过程中,起初是按老师要求去完成,然后逐渐根据自己的学习速度、学习节奏去完成。学生拥有不同的学习节奏和速度,其实就产生了不同的学习进程。

学生预习往往是激发学习好奇心的起始点。好奇心是人的天性,既产生学习需求,又是一种学习动力。自我探索就是学习主体基于好奇心所引发的对事物、环境、事件等的自我求知、索知的过程。它不仅表现在学习主体对事物、事件的直接认识上,而且表现在对文本知识的学习上。文本知识是前人或作者对客观事物的认知,并非学习主体的直接认识。因此,对文本知识的学习实际上也是探索性的学习。通过自我探索而求知、认知,这是学习主体自主获取知识的方式之一。

学生在复习中把握学习进程,体现得更加充分一点。当一段时间、一部分知识内容的学习之后,学生学习的差异就会有所显现。而复习除了巩固知识之外,查漏补缺、提弱补强也是很重要的。在提弱补强的学习中,各自学习层次的差异,往往在复习时间上、复习难易度的确定上,都会有较大差异。教师一定要培养学生根据自己学力基础水平的差异选择合适的学习进程的能力。

2. 在各种学习项目中贯彻落实

自我选择性是指学习主体在探索中对信息的由己注意性。外部信息只有经学习主体的选择才能被纳入认知领域;选择是由于被注意,只有经学习主体注意的信息才能被选择而被认知。因此,学习是从学习主体对信息的注意开始的。而一种信息要引起注意,主要是由于它与学习主体的内在需求相一致。由内在需求引起的对信息选择的注意,对头脑中长时记忆信息的选择提取运用而发生的选择性学习,是自为学习的重要表现。

除了预习与复习之外,其他各种学习项目的学习也贯串了整个学习的基本过程,这部分的学习非常重要。在项目制学习中,项目在主题确定的范围内就可以自主安排学习进程,从而优化自己的学习。学习速度快的同学,可以选择提前完成;学习速度慢的同学,可以选择推迟完成。

不论何种学习项目,学生的学习过程始终是坚持自己的进程,从而保证学习的质量。当然,这里的学习进程是指个人学习的节奏,班级的总体学习进度还是需要大家相协调的,不能差异太大。否则,影响总体的学习收获。个人学习速度偏慢的同学,要达到整体进度的平衡,那么就需要在时间上做适当的补充,从而让学生的学习质量得到保证。

(三)自主设计学习路径

学习自主一定是建立在学习的自觉性上。自觉性是学习主体的觉醒或醒悟性,是对自己的学习要求、目的、目标、行为、意义的一种充分觉醒。它规范、约束自己的学习行为,促使自己的学习不断进取,持之以恒。它在行为域中则表现为主动和积极。主动性和积极性是自律性的外在表现。因此,自律学习就是一种主动、积极的学习。主动性和积极性来自自觉性。只有自觉到自己学习的目标意义,才能使自己的学习处于主动和积极的状态;只有主动、积极的学习,才能充分激发自己的学习潜能和聪明才智,从而确保目标的实现。

正如通往罗马的路不止一条一样,学习的路径也是不一样的,但是都能达成学习目标。以第二学段数学一道行程问题的应用题解决为例,有些学生通过分析数理关系而解决了问题,有些学生通过画线段图得出了正确答案,还有些学生通过列方程得到正解……在学习过程中,有些学生独立完成,有些学生在教师指导下完成,有些学生在同学之间讨论后明白。

再如语文综合性学习"遨游汉字王国"中,有一个主题项目是学习"查找生活中的错别字"。学生自主组建学习小组后,各自采用的学习路径是不一样的:有些小组在小区附近的街道上,寻找街道两边的广告上的错别字,用相机记录,呈现错别字,并分析错别字的成因;有些小组调查某两条街道的餐馆的菜谱,发现其中的错别字,并查找出正确的字,和餐馆经理进行沟通纠正;有些小组别出心裁,调查班级同学作文本上的错别字,然后发现错误的原因,与同学一对一交流,并和同学一起认真改正……

不同的学习路径,不仅呈现不同的学习方式,更呈现不同的学习思维和学习习惯,这是将来工作或创业的思维与习惯的开始。

第二节　个性化学习的总体架构

在基础价值的基础上，个性化学习的总体架构主要是四个方面的八个维度：学习主体与学习目标、学习内容与学习方式、学习时空与学习技术、学习组织与学习评价。对涉及学生学习的几个主要方面进行整体架构，形成主要的逻辑链。

一、学习主体与学习目标

学习必须考虑学习的对象，其是学习者的人本主体，亦是学习内容达成的目标。学习主体是学习的发出者，学习目标是学习的达成。

（一）学习主体

学生是学习的主体，已成共识，毋庸争辩。学校和教师需要考虑的是，如何更好地尊重学习主体，顺应学习主体的发展。

1. 尊重学习主体的学习

尊重学习主体，需要在日常教育教学过程中充分认识到学习主体的重要地位，不可喧宾夺主，需要关注学习主体的自然发展，凸显学习主体的智能优势，实现学习主体的独立自信。

尊重学生教学中的主体地位。个性化学习研究始终坚持以学生为学习主体的设计，研读教材时要求从学生本位的角度发现学生的学习痛点在哪里，找到克服学习痛点的方法，搭建克服学习痛点的支架，实现学习能力的提升。既然学生是主体，那么课堂就是学生课堂，教学理应为了学生的发展而开展，教师根据学生的起点进行教学基础衔接，根据学生的质疑或困惑放慢节奏，展开教学，根据学生的发展进行深度拓展，提升教师对学生学情的把控能力和学本课堂的执行力。

提倡学生教学中的主动质疑。古人云,学贵有疑,大疑则大进,小疑则小进。受应试教育的影响,学生学习大都以被动接受为主,以至于不敢提问,不善质疑。个性化学习的理念是以生为本的顺学而导,鼓励学生大胆质疑,要求学生学会质疑。教师在预习期间,要求学生必须问一个与学科有关的问题。课堂教学前,教师对各种问题进行整理,剔除无意义的问题,梳理知识性问题,突出关键性问题,再根据学生的问题进行有效引导,解决学生的认知冲突或者认知困惑。课后,还可以根据学生的问题进行有价值的材料引导学习,拓宽相关知识面,锻炼学生的能力。

树立学生学习中的主体自信。自信是学习心理中的重要心理品质。个性化学习希望能帮助学生建立学习的主体自信,这很重要。一则,学生的意志品质的养成离不开自信;二则,学生的学习态度和学习习惯的养成离不开自信;三则,学生儿童、少年时期培养的人生自信,会影响其今后一生的发展,也会带给其家庭重要的责任和主体自信。学生的自信心源于学习自信,但远远高于学习自信,会影响人生的方方面面。

2. 顺应学习主体的发展

尊重学习的主体地位是基础,顺应学习主体的发展是关键,两者缺一不可。顺应学习主体的发展,主要包括顺应学习主体的特长发展、保障学习主体的自主发展和做好学习主体的整体发展三个方面。

顺应学习主体的特长发展。学习主体的自信等心理品质,来源于其不断发展,而特长发展摆在首位。当学生的特长得到发展,就会逐渐形成技术和能力上的优势,在和同龄人的竞争中,就会收获更好的成绩,就会树立学习自信,从而促进特长进一步发展。顺应学习主体的特长发展,还包括教师特别注意将学生特长建立档案,并着手进行相关的辅导和指导,让学生的特长得到更好的发展。

保障学习主体的自主发展。学生是学习的主体,也是发展的主体,因此学生的发展最终要培养学生的自主发展。学生的自主发展,首先来源于教师和学校、家长共同培养学生良好的学习习惯;其次,当学习习惯养成之后,要变成一种强烈的学习自觉和学习需求;最后,学习需求有了一定基础之后,进而变成学习追求,这样的自主发展,才能培养学生的学习品质。良好的学习品质离不开学习主体的自主发展。

做好学习主体的整体发展。学生个性化发展,看上去是个体的发展,但每一个个体都得到适性发展之后,就形成一种良好的整体发展。学习主体的整体发展是学校和教师的终极目标。从大教育的观点来说,培养学习个体的发展还只是出发点,培养学生的整体发展才是个体发展的更高目标。而且,整体发展之后,很容易形成良好的学风,优秀的学风能够进一步形成良好的学习文化。优秀的学习文化形成就会促进优秀的校园文化形成。

(二)学习目标

学习目标是学习的终点,也是一大重点。做好学习目标的准确定位,能够助推各方面的目标意识,形成有的放矢的合力。

1. 愿景关注长期目标

长期目标要"视终为始"。学习目标,很容易被误认为短期目标,甚至学期结束的期终测试成绩,更甚者视为某次测试的成绩达成目标,这就非常可惜,是一个非常大的误区。首先要认识到学习是终身学习,至少是在校学习阶段的学习或者小学阶段的学习,那么学习目标就不是那么短暂的,是有一定的指向的。长期目标一定要学会"视终为始",关注学生的最终发展,而不应过分以其中的某次失利为发展中的不顺。"视终为始"的目标确定,会更好地从人本主义的角度,看待学习对于人的发展,看待学习促进人的成长,以人的最终成长来看待学习的过程成长。

长期目标有助于关注人的真实成长。一个人的成长是一种"慢养",就像农民种在农田的稻子一样,"揠苗助长"只会"急于求成,反而事败";"叶公好龙"只会"盲目欣赏,假性喜欢",毁坏实际模样;"南辕北辙"只会"事倍功半,甚至适得其反"。长期目标就是认真地看待人的成长学习目标,在人的成长过程中,在校学习是打下知识基础、能力基础、兴趣爱好基础的学习过程,一个人在校学习的一切都是为了其未来的人生打下坚实的基础,培养未来人才的基础能力。每个人的成长都有一个愿景,这些愿景是需要一步步地落实并达成的,期间应该允许有挫折、有困难、有思考、有克服的过程,从而走出来,在体验中成长,并形成自己独特的学习履历。

2. 机智掌控动态目标

1984年,名不见经传的日本选手山田本一意外地获得了马拉松赛跑冠军。当记者采访他成功的秘诀是什么时,山田先生只说了"凭智慧战胜对手"一句话。人们对此就是不理解,马拉松比赛凭的就是体力、耐力,身体条件不占优势的山田本一岂不是故弄玄虚? 过了两年,山田本一参加了在意大利米兰举行的国际马拉松邀请赛,他还是一路领先轻松摘取桂冠。同一个记者采访他时问了同样的问题,性情冷淡、木讷寡言的山田先生还是只回答了同样一句话:"凭智慧战胜对手。"10年后,山田本一退役当了教练,在其自传中首次披露了成功的秘诀。原来山田本一每次比赛前自己先驾车沿着比赛的线路走一圈,并把沿途醒目的标志记下来。比如,第一处是银行,第二处是红房子,第三处是一棵大树……一直记录到终点。比赛时,他首先按自己的速度跑完第一段,然后信心百倍地向下一个目标冲去……这样,全程四十几千米被他分成若干个小目标逐步地跑完。以前比赛,他总把目标锁定在彩旗飘扬的终点,跑到十几千米时就全身疲惫,被遥远的路程吓倒。

这个故事告诉我们,适当分解长期目标,变成一个个的小目标并进行动态掌握,还是非常有必要的。

小目标并不小,可能涉及学习的某一方面,但并不是某一次测试的成绩之优与劣;可能涉及某种学习习惯的养成,但并不是某一次犯错或获奖;可能关系到某种学习方式或策略,但并不是某一次练习或做题的走弯路。学习一定有小目标,但并不是小到特别具体,而是某一些方面或者某一阶段的总体素养的达成。为此,机智地掌握动态目标、小目标,是帮助学生完成长期远景目标进行及时纠偏的关键。

二、学习内容与学习方式

学习内容决定了学习知识的方向,学习方式是学习实践经历的一种方式。不同的学习内容决定了不一样的学习方式,不一样的学习方式也会让学习内容的掌握成效有差异。

(一)学习内容

自2001年进行新课程改革以来,构建了新时代的课程体系,赋予了课程时代特征,也给各地方和各学校的课程提供了不同的学习内容。学习内容的丰富,为学生开阔学习视野提供了必要的凭借,为夯实学习知识奠定了重要基础。

1. 夯实必学内容

个性化学习非常重视学习内容的选择和确定,基本是以课程内容的确定来保障学习内容的稳定和深入,同时注意拓展精品的学习内容融入。学校秉承的四化一型之办学理念,其中优质化在这里得到核心体现。

以课程建设保障学习内容。为了保证必学内容的夯实,又让学生的学习内容丰富,学校进行基础性课程校本化设计,在国家课程的基础上进行了适当的调整与拓展,让学习内容更加适合学生的发展需求。以语文为例,除了语文学科的学习内容——语文统编教材之外,还特意加强了语文相关方面的学习:经典诵读、书法、整本书阅读等,让语文学习内容更加丰满,更加具有特长特色的发展。

以学科拓展凸显精品内容。同样以语文为例,在四年级开设了小古文、创意童话、非连续性文本、儿童诗、新闻、演讲、辩论等10余门语文课程,在同级中打通选学,大大增强了学生的特长体验过程。学科拓展内容精品化,还表现在数学、科学、体育、音乐、美术等学科中,让学科学习更加具有发展性,形成了"基础＋特长"的"1＋1"学科发展。

如果把教材当作牛奶,那么在不改变学习内容的情况下,怎样喝牛奶只是教学策略的研究,而如果能实现"牛奶＋面包""牛奶＋蛋糕"的方式,就会形成学习内容的优化,甚至犹如早餐时选用自助餐一样,让学生在适性的学习内容的学习中健康成长。

2. 精选选学内容

选学不是可学可不学,而是选择学什么。选学内容非常注重两个方面,一方面是学科特长发展,另一方面是学科内容的拓展丰富。

选学内容课程化。学校从2005年开始进行选修课程的建设,至2011年基本完善,从"人文与社会、数学与信息、科学与技术、艺术与生活、体育与健康"五大领域进行课程建构,每一个领域均有20多门相关课程。学生从一年级到六年级打通选修,实现"同一学科,不同年级"但"特长喜好相同,发展表现不一"的和谐共融局面。选学内容的课程化也将课程纳入课程表,正式向全体学生进行推广。从课程学习的满意度调查来看,学生对选修课程的满意度达到100%。

选学内容精品化。选学内容不能只是为了扩大面,还需要进行精品化建构与实施。学校对选学内容每学年都进行评估,既听取学生意见,也进行随机抽查,扎实推进学校选修课程的教学。每学期结束,还需要对学生的学习进行统一评价,从而让学生能够正确认识选修课程的学习程度,并调整自己的学习节奏,实现最优化发展。

(二)学习方式

学习方式是学生表现在学习过程中的偏好性学习行为表现或学习行为特征。从某种意义上说,学习方式没有绝对的好与坏之分,但是学习方式的适切性与学习内容的适配性仍然离不开教师的指导,只有如此,才能寻找到更合适的学习方式。

1. 方式服从主体

既然学生是学习的主体,那么任何学习方式都是为学生服务的。小学生的学习方式必须具备两大特征:适配儿童,适配内容。

学习方式适配儿童。首先,要适配儿童的年龄特征。既然儿童的思维大多是以形象思维为主,那么从"形象大于思想"的角度来说,凸显儿童的形象思维的学习,将更有助于学生对文化知识的快速掌握。其次,要适配儿童的心理品质。儿童的心理品质往往由喜好开始入手,逐渐过渡到热爱、酷爱,直至形成特长。小学生的心理品质也是不稳定的,但通过学习可以逐步让其稳定起来。

学习方式适配内容。首先,学习方式要适配学科内容,不同学科的学习,其思维表现有较大的差异,以语文为主的文科和以数学为主的理科,其思维表现就有很大的差异。教学时,给予学生有针对性的学习方式匹配,有助于学生学习品质的优化。其次,学习方式要适配不同学段的内容,低年级的学习倾向形象思维,而高年级的学习则倾向抽象思维。

2. 方式不断创新

学习方式要与时俱进,这是时代的要求,也是学生发展的要求。不同的

时代会有不同的流行语言、不同的流行事物。学习方式随着时代发展、技术革新，自然会带来相应的改变。教师也要学会主动求变，引进学生喜闻乐见的一些载体，不断优化学生的满意度。古代的语文教学大都是以诵读为主，理解是结合诵读进行的。现代的语文教学仍然保留了朗读的部分，但是随着文本的增加，内容的加大，仍采用朗读这一单一的学习方式，已经不能适应时代的要求，因此加入了默读、浏览、跳读、有目的地阅读、快速阅读等方式，也丰富了学生的学习方式。犹如增加了多种学习工具的选择一样，能更好地适配学生学习。

学习方式还应顺应学生的发展需求。小学低年级可以记忆为主，适当进行思维训练；到了高年级，大多以理解为主，思维训练大大加强。从数学学习可以知道，低年级大多是认识一些基本的图形，建立图像的初步概念；到了中高年级，就要对图形进行解析，发现平面图形的周长、面积的计算公式，逐步过渡到认识立方体及其公式。

三、学习时空与学习技术

学习时空是一种物理形态，时空的变化决定了学习的付出和资源支持。学习技术的一般使用是一种物理支持，用得好能发生一种生化反应，促进学生更好地成长。

(一)学习时空

学习时空是指学习时间和学习空间，这个不难理解，关键是学习时空在学生学习过程中的管理与运用。

1. 弹性学习时间

学生的在校学习大都是以课程表的方式进行的，每节课在小学阶段基本都是以40分钟的时间为基准实施的。这种设置在保证学习基础、体现学习公平上有很大的帮助，但在实际实施过程中，则不能完全满足学生的发展，或者不能完全适配学生的学习需求。因此，学校进行适度改革，在某些课程学习时，采用了长短课的方式进行弹性设计。

20分钟的短课。在学习经典诵读、硬笔书法、领导力之口才课程、校园TV等课程时，采用20分钟的短课。这种短课的切换速度快，同样的时间里，便于安排更多的课程内容;同时适合学生学习内容的需求,长时间经典诵读、硬笔书法练习等,远不如20分钟短课学习来得有效。

60分钟的长课。在周一、周二下午的选修课程学习、广域课程的项目学习、设计思维课程学习时,采用60分钟的长课学习,有助于完成项目学习和研究任务,不至于半途而废、中途肢解,导致学习内容的衔接不畅。

2. 自主学习空间

学习空间主要是指学习环境。个性化学习沿袭了之前进行的绿城课程、绿城课堂的研究成果,并进一步实现优化,主要从常用教室、专用教室、专业场馆三个方面进行学习空间建设,体现学习的自主。

常用教室"学室化",将常用教室进行资源化教室建设,建设三个学习中心:自主学习中心、互助学习中心、学习支持中心,满足学生自主选区学习。教室去讲台化,设立学生学习交流区域、生物角、大范围的作品展示区域等,并引导学生参与学室建设。

专用教室变"师生研究室"。专用教室从以前的教师专用变成教师和学生共同使用,在门口挂上聘任学生小导师的姓名,学生小导师和教师共同辅导大家学习。

专用场馆变"项目俱乐部"。将专用场馆转化为"项目俱乐部",实施俱乐部式管理,引进学生进行项目管理,开放专业场馆,实现教学互动。

(二)学习技术

科学技术的飞速发展,大大加快了人类知识更新的速度。在18世纪,知识的更新周期为80~90年;在19世纪至20世纪初,知识更新的周期缩短至30年;到了20世纪80—90年代,许多学科的知识更新周期变成了5年;如今,知识更新的周期已变得越来越短。因此,不考虑技术的学习,已经不适合现代要求的学习。只有借助于技术,才能更好地实现学习方式的多元、学习时空的开放、学习评价的互动等。

1. 借助技术的线上学习

借助技术,从基于教育资源的发出者进行分类,线上学习主要有两种,一种是通过平台的校内线上学习,另一种是基于平台的校外线上学习。

校内线上学习,就是教育资源的发出者主要是学校,由学校做整体布置，引导教师进行集体备课，凸显教育的规范化和标准化。学生和教师都借助钉钉、QQ等公用线上学习工具，实施线上学习交流。主要学习方式有钉钉直播、钉钉视频会议、微课导学的线上讨论、线上项目学习研究、线上答疑等。这些线上学习突破了学习时空的限制，不仅在疫情期间能够实现居家学习，也能够满足家庭旅行途中、周末的学习辅导支持。

校外线上学习，就是教育资源的发出者是校外，由学校事先进行考察和测试，满足学校的使用要求后，再向学生推荐选择使用，同步进行的是：学校教师跟进检查、学校教师线下协同教学、学校教师跟进评价等。所以，即使是校外线上学习，其学习平台的使用主导权还是在学校，不至于使教育内容走样。

2. 技术支持的线下学习

个性化学习倡导技术融入，实现"事半功倍"，正所谓"工欲善其事，必先利其器"，说的就是同一个道理。

信息技术使用。个性化学习的课堂教学，每节课都涉及信息技术的使用，教师PPT制作和运用、学生课前预习的反馈和指导、难点知识的微课剖析与示范、重点内容的视频协助理解等都涉及技术运用。课堂上，学生的作业或者表现，可以通过拍照或拍视频的方式，使用无线同屏技术进行直观的反馈，学生在现场再现的学习中，能够更准确地剖析教学的问题所在。很多时候，中高年级的学生还能自己制作PPT、微课对某些难点知识、重点内容进行讲解，为同学做好准备。

技术资源使用。掌握了技术，不但能自主制作技术课件和微课，还能更好地利用好技术资源。现在网上的各种教学资源还是比较丰富的，教师可以好好地利用技术下载各种视频、图片、音乐等资源为教学服务，让学生足不出户也能感受到世界各处的奇观异景。

四、学习组织与学习评价

学习组织方式是学生有序管理的必要方式，学校务必做好学生学习组织方式的管理，才能协调有序地开展教育教学。而学习评价既是对学生学习成效和教学成效的一种有效反馈，也是让个性化学习可持续发展的必要环节。

(一)学习组织

学习组织,即学习组织方式,是指学校对学生班级教学等学习形态的组织管理。有序的组织管理,可以让教学科学化和规范化;灵活多样的组织方式,可以让教育教学开展丰富化和多元化。个性化学习在行政班级的基础上,进行适度的走班学习组织方式的运作与管理,可以让学生的发展更加多元。

1. 走班学习的形式

学校实施走班学习的课程主要有周一、周二下午的选修课程,各年级在"学科+"级本选学课程学习时,学生采用"自主选班,走班学习"的方式进行。这样会出现原来同一班级的学生和同年级不同班级的学生共同上课的情景,称之为"同班不同课";在校本选修课程中,会出现不同年级不同班级的学生共同上课的情景,称之为"同课不同班"。

不同的组织方式,让学生感受到不同的班级文化。常态行政班级,给人以强烈的集体主义荣誉感,而选修的走班学习班级,会融汇多样的班级文化,形成互相理解、互相补充、取长补短的学习氛围。

2. 走班学习的管理

走班学习的管理比常态行政班的管理会略微复杂,但是若做到科学规范,扶放有度,还是可以做好的。学校把学生行政班的管理权下放,将这些选修课学习的管理权限下放到教师手中,由教师直接管理。教师根据学科内容双向选择录用学生,根据学情进行双通道管理。教学班教师对走班学习时的学生表现做好记录,一个通道送给教务处进行集中管理,一个通道送给班主任,便于班主任综合把控。

(二)学习评价

学习评价是学习的必要反馈和促进手段。自新课改以来,评价已经从甄别学生的误区中走了出来,逐步从评价走向评估,减少定性的评价,增加描述和展示的形成评价。

1. 从甄别走向促进

传统的评价往往以分数为主,用以甄别和选拔学生,这种评价最大的问题就是挫伤学生学习的积极性。个性化学习的评价主要以描述性评价、展示性评价、学分制评价等评价方式为主,这些评价方式主要是从激励学生成长的角度进行评价,让学生充分感受评价对其的促进作用,以及在评价中做必要的修正。

走向促进的评价,充分尊重学生是学习的主体,相关评价不过是学习主体成长的一种促进方式。走向促进的评价,尽量展示和呈现学生的学习成果,促进学生不断成长。走向促进的评价,多做积极描述,引导学生关注自我发展方面,实现正向激励为主。

2. 从评价走向评估

个性化学习崇尚从评价走向评估。首先,除了进行等级反馈之外,还进行了学科项目化细分,更加准确地反馈学生的学习。其次,个性化学习的评价会更多地对学生的学习过程进行记录,评价学习的全过程。再次,个性化学习的评价主体多元,从单一的教师对学生的评价走向学生对学生的互评、家长对学生的评价等,让学生的发展更能体现学生在不同环境下的成长。最后,在选修课程学习时,采用学分制评价,学生通过学时分、绩点分的过程学习和测评成绩累计,获取学分,让学习更具有个性化和过程性。

第三章

定位:个性化学习的主体目标

目标在学习中占据核心地位。本章主要是从主体定位和学教关系两个方面来论述个性化学习的目标。个性化学习的目标是基于学习主体——学生来设计的,围绕学生的发展来构建学教关系。充分发现围绕学习主体开展的学教关系主要是"扶放有度"。

第一节　基于主体的学习目标定位

基于主体的学习目标，主要围绕三个方面阐述：一是基于主体，确定目标，让目标设定以生为本；二是围绕目标，形成设计，让教学设计实现"为学生学习而设计"；三是目标为表，主体为本，认识到学习目标和人本之间的关键关系，培养学生。

一、基于主体，确定目标

学生是学习的主体，那么学习目标的确定就要基于主体进行设定。这样的目标才能更好地为学生的学习和成长服务。基于主体，也能更好地找到确定目标的基础出发点，不至于无的放矢；基于主体，能够找准目标确定的高度和难度，便于完成时形成必要的基本策略。

（一）研究主体，了解目标起点

研究主体，就要研究学生。研究学生，需要研究学生的学习起点、学习节奏和学习偏好等，这样有助于选择合适的教学策略，促进其不断成长。

1. 研究主体的学习起点

研究主体的学习起点，首先，要研究学生的知识起点，即现有学习程度，之前的学习内容，包括之前学习过的教材和做过的练习等；其次，包括学生的预习情况，在预学时，哪些内容已经学会，哪些内容学得一知半解，哪些内容完全不理解等，都需要进行深入了解，便于做进一步的对策安排；最后，要关注学生的质疑问题，往往这些质疑的问题是重要的教学价值所在，个性化学习建议教师能够在初步备课的基础上进行二度备课，将有价值的质疑问题纳入其中，解决学生的认知冲突，并能更好地据学定教，激发学生的学习主动积极性。

2. 研究主体的学习节奏

学生的学习节奏有快有慢，有急有缓，就像人的个性一样。学习节奏快的同学，能够较快速度地完成学习任务；学习节奏慢的同学，往往完成学习任务花的时间更长。学习节奏快的同学，有相当一部分忘得也快；而学习节奏慢的同学，有相当一部分忘得也慢。因此在确定学习目标和实施学习方案时，一定要兼顾对学习节奏的考量，设计时能够进行学习目标甚至学习时间的分层达成，有助于学习的真实落地。研究学习主体的学习节奏，有助于设计学习目标时做好分层，让学生得到适性发展。

发现学生的学习节奏，有助于开展与之相适应的教学，将目标定位与教学达成形成相匹配的统一体。发现学生的学习节奏，还可以针对目标匹配相适应的学习内容，适当增减学习内容量，便于按需接纳，促进个性成长。

3. 研究主体的学习偏好

研究主体的学习偏好，有助于发现主体的重要作用，因为学习偏好是个性化学习中非常典型的个体特征，关注学生的个体特征进行教学，有助于找到学生容易接受的突破口，并势如破竹地突破难点，达成教育教学目标。

主体学习偏好往往是学生个性特长所在，针对学生个性偏好进行教学，可以较快找到学生的发展特长，从而培养学生的个性特长。相反，可以从其不太偏好的方面，适当降低一些学习目标，学生学习时就会自觉减轻压力，达成基础目标。

（二）适切主体，设计层级目标

目标的落实，如果"一刀切"，是不适合的。适当地弹性设置层级学习目标，有助于学习主体更好地发展。个性化学习研究后，要求每节课的教学设计，设计好三个层级的教学目标，分别是基础性目标、个别化目标和发展性目标（见表3-1）。

表3-1　课堂教学设计样表(语文为例)

教学内容	美丽富饶的西沙群岛(统编版小学语文三年级上册)
基础性目标	1.识记本课的生字词,有感情地朗读课文 2.了解课文主要内容,理解发现重点段落是围绕哪一句话进行表达的 3.能够围绕一句话表达清楚一个段落的意思
个别化目标	1.章同学的阅读理解和语言表达能力较强,允许他到自主学习中心进行自主学习,设计好相关学习内容 2.王同学:识记能力弱,生字词识记时,引导同伴互助学习,进行指导;李同学:提取信息能力弱,在文章结构把握时,教师在预学环节要针对性地指导;黄同学:习作表达能力弱,要引导他从仿写开始,先说后写,教师相应指导
发展性目标	能够围绕一句话在表达清楚的基础上,增加文章开头、结尾的概括性设计
重点	……
难点	……
教学过程	……

1. 中性设计基础性目标

一堂课的教学和一个班级学生的教学,都需要考虑一个中位线指数,设计教学目标时,就需要围绕中位线指数展开。中位线目标不作为学生发展的全部,但作为一个基础性目标,学习时,能够总体保证知识摄取、能力培养的一个基础标的。

基础性目标主要是根据学生的中位线水平所做的一项普遍能够接受的教学目标,也是课程标准规定学生所应达成的目标,这一目标设定为大部分学生的学习奠定了主体方向和基本层次,指导性地鼓励学生更高位发展。

2. 特色设计个别化目标

个别化目标主要是指学生个体所需达成的目标,往往从两个方面进行个别化目标的设定。一部分针对优生,其学习能力强,允许他到自主学习中心进行自主学习,教师设计好学习内容,满足其自主学习需求,课堂巡回检查中,教师个别化进行反馈和指导。必要时,还可以邀请他作为学生小导师指导需要帮助的同班同学。

另一部分是针对学潜生,其某一方面的学习能力比较弱,教师在备课时要对其达成基础目标可能会遇到的困难进行针对性的预设,这种预设并不完全准确,但是必不可少。因为有了这些预设,课堂教学就更具针对性,就更能凸显课堂教学中的个别化指导——即便有时预设是多余的,学生已经和其他同学一样达成了,但是能够事先考虑,未雨绸缪,还是很有必要的。

3. 奖励达成发展性目标

发展性目标是为特别优秀的学生或者学习节奏明显要快一步的学生设计的。该设计的目标比基础性目标要高,但又不是脱离学生的基础目标盲目拔高,而是逐步递进和深入或者拓展的,有时扩展了外延,有时深化了内涵,有时增加了内容,有时提高了难度,都是为了满足其优势智能的发展而设计的。

特别需要指出的是,这部分目标不是个别化中的优秀目标,而是相当于一部分同学都可以冲刺达成的目标,也就是心理学上的侧近发展区目标,下面一段还将详细探索。

(三)高于主体,目标侧近发展

所谓让学生"跳一跳摘到桃子",就是指教学要利用好学生的"最近发展区"。维果斯基认为学生的发展有两种水平:一种是学生的现有水平,指独立活动时所能达到的解决问题的水平;另一种是学生可能的发展水平,也就是通过教学所获得的潜力。两者之间的差异就是最近发展区。教学应着眼于学生的最近发展区,为学生提供有难度的内容,调动学生的积极性,发挥其潜能,超越其最近发展区而达到下一发展阶段的水平,然后在此基础上进行下一个发展区的发展。

1. 目标适当高于现有水平

教学目标是针对学习主体设定的,学习主体是期待成长与发展的,可是限于年龄特征,学习主体的成长与发展速度不宜过快,所谓"欲速则不达"就是这个道理。因此,目标设定要高于现有水平,但是不宜过高,而是凸显"小步子,不停步"地往前迈进。

判定高于现有水平，主要有以下几个方面的做法：其一，增加新知和新授，这是未知领域的内容，高于现有水平；其二，提高难度，同步达成很容易，就较易形成舒适区，而把学生引入非舒适区的教学，更有助于其不断成长；其三，拓展知识的宽度，对于同一项目或主题的内容，进行相关背景知识、文化视野、对比材料等拓展，有助于学生向更高目标前进。

2. 目标内容多于教材基础

叶圣陶先生说过，教材不过是个例子。学习的内容应该是大于教材的量，所谓例子就像数学中的例题一样，是一个相对中规中矩的学习方案，而在此基础上产生的无数变式都源于例题。因此，个性化学习的目标内容多于教材基础内容。

教学内容决定目标内容，目标内容反促教学内容，因此，目标内容的高度决定了学习内容的饱和度。一般来说，个性化学习都会使目标内容多于教材内容，体现学习的梯度与分层发展。根据维果斯基的最近发展区理论，适当提高目标内容，更有助于学生的发展。当然，这与学校学生的整体素质高于普通学校是分不开的。

3. 目标难度促进潜能发展

有人说，人的潜能就像是弹簧，越有压力它越强。在设计学习目标时，设置一定的目标难度，有助于促进学生的潜能发展。孟子的"生于忧患，死于安乐"说的也是这个道理。杜威在谈到学习目标设计时，指出目标设计应当促进和引发学生潜能发展。

人的潜能是无限的，确立一个具有一定难度的目标之后，学生会不断发掘自己的潜能，向着这个目标前进。相反，如果是一个非常容易达成的目标，反而很容易满足，很容易迷失自己。潜能得到激发，才会让人的智慧不断增长。

二、围绕目标，形成设计

围绕目标进行设计，会让设计更有靶向感，会促进设计的形式简明而多样。教师以目标作为核心进行教学设计，可让教学内容始终为教学目标服务，让教学过程为教学目标的实现而体现价值。

(一)目标核心,靶心式设计

教学目标作为核心,不管教学内容怎么安排,都要围绕目标进行。所以进行靶心式设计,能够促进教学内容更加集中和聚焦。

靶心式设计是让学生围绕目标开展学习。在广域课程的"荷"主题研究中,就采用了靶心式设计,其教学目标是:第一,了解荷花的生长过程,认识荷花的相关部分的名称及英语词汇;第二,了解荷花的相关诗词和文章,认识荷的文化底蕴与精神象征之价值;第三,品尝和制作"荷之美食",感受荷之舞的艺术魅力。

教学时,进行靶心式设计,语文学科学习《采莲曲》《小池》《池上》《晓出净慈寺送林子方》等古诗和文章《荷叶圆圆》;数学学科学习以莲子作为载体进行乘法知识学习;科学利用视频欣赏从藕到荷花的生长过程,认识到藕、茎、荷、莲等事物名称;音乐课设计了荷之舞的学习;体育有跳荷台的立定跳远学习;结合美术用图画出植物的生长过程,美术还有诗配画和折莲花灯,折莲花灯时穿插进行莲花灯的故事传说,丰富学生的人文底蕴。最后将各位学生的学习作品一边呈现展示,一边品尝和制作莲子羹、糖藕、莲心茶、藕粉羹等,充分体会到荷之主题学习内容之丰富,也更深刻和立体地认识到荷的意义。

(二)步步为营,递进式设计

学习过程需要步步落实,即便是板块式学习,也需要将每一个板块的学习都得以落实,这样才能全部落实,形成递进式设计。语文教学时,先整体把握课文主要内容,然后针对重点内容进行细化学习,最后根据重点内容的学习所得拓展表达生活中的事物,形成递进式的教学设计。数学教学中,要完成非常大的小正方体组合成的正方体的油漆刷漆面积,先研究4个小正方体的组合的油漆刷漆面积的公式,再研究得出9个小正方体的刷漆面积的公式,发现顶点位置的刷漆面积公式为8×3,表示所有的顶点都是刷3个面,所有超过4个以上小立方体组合的正方体都有8个顶点。以此类推,得出除顶点外的棱边的刷漆面积为公式;然后得出没有顶点和棱边的中间部分正方体面积公式;最后三个公式相加,就推导得出大正方体的油漆刷漆面积的总和。

另外,通过体育教学中的体育动作的游戏化热身学习、体育关键动作的分解式学习、体育整体动作的巩固学习,形成体育教学的递进式设计。

(三)综合学习,项目式设计

有些内容和目标达成的学习,涉及一些相对复杂的环节和多方面知识,往往采用项目式设计。在智能家居的学习过程中,就是采用项目式设计的方式进行。学生先进行头脑风暴,确定未来智能家居应有的样态,再用纸笔或电脑把基础图式画出来。拿着画出来的图式,向两个以上的小组咨询意见,听取意见并修改自己的图式;接着运用手工或者3D打印技术,将智能家居创造出来;再向两个小组以上的同学听取意见,进行二度自我改进。在自我改进完成之后,进行智能家居的全方位展示,学生要说出学习过程和智能家居的相关原理,教师和同学现场咨询,展示小组的同学进行答辩。经历这么一番过程之后,再进行二度迭代修改。

智能家居所要运用的红外线感应器、热传感仪、声控、电子芯片等,都整合在一套设定的程序中完成。

三、目标为表,主体为本

尽管目标和主体都是非常重要的,但两相比较不能不说:目标为表,主体为本,目标要随主体的发展而调整。

(一)明确目标与主体关系

就学习目标而言,有短期目标和长期目标,两大目标都需要适切学习主体,学习主体发生了必要的改变,其目标也应随之改变。

1. 明确目标是主体的目标

学习主体是目标的达成者,也是目标落实的第一人,因此目标一定是主体的目标。也只有当目标成为主体目标时,学习才具有主动性,才能认识和理解学习的意义,感受和体验学习的价值,收获和享受学习的成功感。

鼓励学生明确学习目标。传统的教学,学习目标为教师所掌控,称为教学目标。个性化学习一般有三大学习目标:第一,学期初,针对本册教材,教师和学生共同商定学期学习目标,对本学期的学科学习和综合学习有一个中长期规划;第二,每个单元,针对单元学习要点或学科学习要素,教师和学生共同研读教材或单元导语,发现单元学习目标,并学会适度分解到各篇或各节课的学习中;第三,每节课的学习目标,上课前,教师和学生共同明确学习目标,课堂教学就基于学习目标展开。

允许学生制定学习目标。学习目标的主体是学生,到了小学中高段,就有意识地引导学生参与制定学习目标。一是让学生的学习主动积极性得到最大限度的发挥;二是学生参与制定的学习目标,意识更明确,把控更合理,达成度会更高。

2. 明确主体是目标的主体

明确主体是目标的主体,是希望小学生的学习也能在教师的引导下,从课堂学习目标中跳出来看学习目标,明确学生是目标达成的主体。

学生是目标的主要达成者。学生是达成者,就需要在教师的指导下对目标有一定的目标管控意识,能够逐步把握单元目标或学期目标的达成度,并适度调整学习节奏或者学习时间来保障学习目标的达成。引导学生能够适时反省阶段性目标的达成,做到"吾日三省吾身"。

明确主体是目标的主体,引导学生进行阶段性自我评价。一般来说,个性化学习鼓励学生在一周学习后或者一个项目完成后,能够进行自我反省,并听取同学对自己的评价,有助于阶段性地调整自己的学习行为;另外,学期结束时,有一段自我描述性的评价,引导学生客观坦率地评价自己,为后续目标达成服务。

明确主体是目标的主体,即让学生有责任意识,学会自己的事情自己做,自己的学习自己负责,自己做学习的主人,培养学生的责任与担当。当学生具有责任与担当意识之后,学习就会变成其一项事业,就会不断努力地去探究实现。

(二)管理目标与主体关系

管理目标与主体之间的关系,是要学会管控两者之间的冲突,在两者之间找到合适的平衡点,既不要让目标压垮主体,变得不堪重负,引发心理问题;也不能让主体甩开目标,变成自由主义,毫无组织纪律的约束。

1. 引导目标促进主体发展

目标就像灯塔,引领着学生发展的方向。个性化学习在学期初,会让班主任和同学们共同明确班级发展目标,学生是其中的一分子,享受班级共同发展的权利,同时也需要承担服务班级完成相应的义务。这其中就包括学习目标。学期初,学科教师会让学生明确学期达成的目标。学生就根据学期目标制定相应的学习目标,并根据自己的学习基础,适度调高或调低学习目标,以利于自己更适切地发展。

目标就像任务,促进学生去积极完成。目标里包含着支撑目标达成的学习内容,这些学习内容往往隐含其中,学生正是在完成相应学习任务或有效的练习之后,才能达成学习目标。其中还隐含着学习目标达成的动力,就像"跳一跳摘到桃子"一样,"跳"是行为的主动发出者,"跳"的方式选择就由学生自己做主,可以在原地往上跳,可以适当起跑往上跳,也可以在教师、同学帮助下往上跳,跳的方式不同,其动力的主动发出者是一样的。也只有这样,才能让学生主动达成学习目标。

2. 激励主体提升目标达成

目标往往具有预见性,往往是初期制定的。而在完成目标的过程中,是在可预见的范围内进行不可预见的学习和努力,人们在不可预见的学习和努力中,会适度更用力、更投入、更专注,因此收效也会更好,这样就激励了学习主体提升目标达成。

激励提升目标达成的满意度。学习目标达成之后,都会带来成功感和喜悦,都会激发学生主动成长,从而优化学生的心理品质,提高学习的幸福指数。让学生主动积极地去适度修改、提升学习目标,有助于学生以后在工作中或项目完成时的主动意识,提升完成的品质,实现目标和主体的双成功与双成长。

激励提升目标达成的品牌值。一个人的学习目标达成会带来一定的社会效应或者周围人群的群体效应,这种社会效应和群体效应一定会反作用于学习主体,学生作为学习主体,提升目标的品牌值是其更高的追求。有了这方面的追求,就会改进学习方法,提升阅读效率,优化内容组合,自主进行学习反馈,自愿结成学习共同体等,来促进学习目标的有效达成。

第二节　基于主体的学教关系构建

学教关系就是指学生和教师的关系、学习和教学的关系、学习力与教学力的关系,一直以来都是学习的主要关系。把握好学教关系需要有"中庸之道"的智慧,找到两者之间的平衡点,实现"以学定教""以教促学"和"教学相长"。个性化学习的学教关系主要就是"扶放有度",这是个喻指,"扶"就是喻指教师的教,"放"就是喻指学生的学。个性化学习坚持扶放有度的学教关系,体现了着力于学生能力培养的基础特征,让学生能力的形成贯串于学习全过程。

一、先扶后放,学生为本

先扶后放体现先教后学的原则,首先是教师先得道,教师传道引导学生走正道;先教是先示范,并不是代替学生学习,而是引领学生从这条路径走下去,走进知识的殿堂,培养学生的能力。学生为本就是指在先扶后放的过程中,依然需要尊重学生整体中的个体,可能对部分有需要的个体要更多地花一些时间,多扶一些,适度放慢一点。

(一)找准"扶"的点

确定"扶"点,要根据学生的年龄特征,要关注学习重点和难点,要善于发现学生的学习困境。

1. 找准适龄的"扶"点

从年龄特征角度看,低年级学生的学习"扶"点是养成良好的学习习惯,不重在知识的难度把握,而重在如何培养学生良好的朗读习惯、正确的写字习惯、大胆而有序地举手发言的习惯、高质量地完成作业的习惯、良好的课外阅读习惯等。高年级学生的"扶"点是培养学生联系生活理解文本，发现生活中的数学、科学等，能够联系所学解释社会和生活现象，将所学知识和社会生活文化形成勾连。中年级学生需要培养良好的段落写作的素养，认识各种段式表达的关系，几何图形的概念认识和生活的联系。

找准适龄的"扶"点，要密切关注学生的接受能力，不能让学习任务过重、学习目标过高、学习时间过长等影响学生的学习。当然，遇到整体能够接受而个别有所差异时，就需要针对个别学生进行帮扶，尽量在细微处缩小同龄人彼此之间的差异。

2. 找准知识的"扶"点

关于知识的"扶"点，低年级与高年级也有差异。低年级重在基础知识的把握，能够运用基础知识解决简单问题、解释生活现象；高年级主要是针对知识的难点进行帮扶：扶在理解难以把握处，扶在习作结构和语言不太规范处，扶在思维发现不够缜密处……当然，这些只是普遍性的问题，对于个体来说，往往不是全部，只是其中的一部分或一点。

找准知识的"扶"点，需要找准个体出现的问题精准帮扶。帮扶时，注意细致分析学生的实际情况，发现问题的关键所在，联系学生的实际情况进行有方法的帮扶。一是加强预习帮扶，引导学生在预习时发现问题，单独进行连线帮扶，让学生把问题解决在上课之前。二是加强重点知识的个别反馈，从反馈中发现学生学习后有没有学会这些知识，如果没有全部学会，哪部分知识存在问题，在接下来的分层分组学习中，教师进行个别化指导。三是课堂作业、课后作业的反馈巩固，有些学生能够在课堂中听懂基本样态，而对于加大难度的变式或者复杂样态就无从下手。此时，教师要引导学生及时纠错，在纠错中进行帮扶。

3. 找准心理的"扶"点

学生在认知出现问题的时候，往往会带来心理焦虑或者害怕，有时带来厌学或者逆反，教师要引导学生正确面对学习困境，换位思考体谅学生的心理压力，关注并分析学生的心理误区，引导学生实现健康成长。

引导学生克服畏难心理。学习知识总是会有一定难度的，而这些难度对于相关学科的优势智能的学生来说，完全没有问题；但是对于存在一定学习困难的学生来说,就是完全不一样的感觉。如果发现有些学生在学习该门学科,不愿举手发言,经常躲避教师的目光,作业完成不及时,或者完成的正确率较低等情况时,就说明学生都有恐惧心理或者畏难心理。此时,教师要注意引导,设计一些相对容易的问题让其解答,使学生感受学习的成功感;降低该学科的作业难度,逐渐产生对该学科的喜欢;适当减少某次较难作业的数量或者设置长作业等,让学生能够有较长时间去努力探索完成一项作业。学生的学习压力减轻了,学习动力就上来了,自然而然地克服了畏难心理。

帮助学生走出马虎心理。有部分学生学习时,经常会出现漏题、错别字较多、答案填错了地方、回答问题言不由衷、"草稿纸上做得完全正确,却忘了抄到作业本或答题卡上"等现象,家长往往认为是粗心所致,因为学生对该知识点都已经掌握了,只是当时没有认真、没有细心而已。但作为教师,应该充分认识到这是一种不专注学习的心理品质,应进行有效的培养和纠偏。要用一些策略进行改进:一是引导学生做纠错本,并对出现的错误根源进行条分缕析,深入剖析深层次的心理问题;二是布置这些学生必须做好圈画,圈画题干或者阅读的文本内容,有助于堵住疏漏的毛病,有助于学生答题的完整,防止挂一漏万;三是要养成检查的习惯,检查既是对原题的解答进行"复盘",也是二次理解的深入剖析,能够避免会做会写的作业没有完成的现象。

警惕学生出现过傲心理。面对失败,难免会有懊丧心理;收获了成功,自然也有自豪骄傲之感。当学生出现短期的自得与骄傲时,教师不必太在意,但较长时间依然不能消退或者改变时,教师就需要警惕,就要对其进行教育。过于骄傲,从心理品质上来说,就是没有正确地认识自己,往往过于高估自己的实际能力,高估自己的学习水平。平时不改,遇到重大或原则性的问题时,就会造成重大损失。教师发现学生出现过傲心理,要和风细雨地与其沟通,帮助其认识问题的危害性;也可以适当出些难题,让其碰壁,发现自己的不足——"知不足,然后能自省也";还可以通过类似文本的阅读,暗示或映射地教育过傲学生,让他们走出认识和心理的误区。

（二）把握"扶"的度

"扶"既是教，又不仅仅是教，还是导或者引，甚至是点燃学生心灵和智慧的火花。教师有一定水平、一定方法、一定高度地"扶"，能让学生学有所得，学有所悟，启迪智慧之花。

1."扶"出宽度

学生的学习大多是基于教材、基于生活阅历、基于自身阅读水平等进行的，其理解能力、思维能力等，与教师相比是有较大差异的，教师理应运用自己的深厚知识，为学生的学习推开一扇扇明亮的知识之窗。

学生学习古诗《山居秋暝》时，全诗八句：

> 空山新雨后，天气晚来秋。
>
> 明月松间照，清泉石上流。
>
> 竹喧归浣女，莲动下渔舟。
>
> 随意春芳歇，王孙自可留。

如果只是朗读和理解古诗句字面上的意思，大约能感受到作者流连山水之间的情感，但是为什么会有这种情感呢？学生不知其所以然。通过教师相应出示诗人王维的背景资料，"王维早年有过积极的政治抱负，希望能做出一番大事业，后值政局变化无常而逐渐消沉下来，吃斋念佛。40多岁的时候，他特地在长安东南的蓝田县辋川营造了别业，在终南山上过着半官半隐的生活"，就能理解其深层含义。再引导学生小组合作探究，诗中哪个字是"诗眼"，最能表现作者的情感？通过探究，学生大都会找到"留"这个字眼，理解意境：想留而不得留，人不能留而心留，情意所托，凝情于景。这样还明白了这首诗的表达方式，融情于景，借景抒情。

学生学习圆周率时，在让学生探究、计算圆周率的数值时，出示一段拓展文化资料：南北朝时期著名数学家祖冲之进一步得出精确到小数点后7位的π值（约公元5世纪下半叶），给出不足近似值3.1415926和过剩近似值3.1415927，还得到两个近似分数值，密率355/113和约率22／7。他的辉煌成就比欧洲至少早了1000年。其中的密率在西方直到1573才由德国人奥托得到，1625年发表于荷兰工程师安托尼斯的著作中，欧洲不知道是祖冲之先知道密率的,将密率错误地称为安托尼斯率。

学生通过资料,发现祖冲之计算圆周率比欧洲人早1000年。这样的文化资料的补充,能够拓宽学习的宽度,增强民族自豪感。

2."扶"出厚度

学生对事物的认知,来源于学习,也来源于生活和阅读,更来源于教师的指导。学生能够认知始于初知,始于浅薄,逐渐在教师的指导下,变得厚实起来、丰满起来,积淀文化底蕴。六年级下册第一单元四篇课文的学习中,阅读要素是"分清内容的主次,体会作者是如何详写主要部分的"。因此,在学习一组课文时,对内容的主次和详略写进行多篇文章的反复式设计,这样便于学生将同一个语言要素进行强化学习,从而巩固掌握所学内容。

这种链状预学的设计,有助于进一步强化阅读要素的学习和巩固。表格式突出了文章主次的互相间隔的关系,也可以从横看、纵看、整体角度看等多个维度发现时间与风俗的关系,突出腊八、小年、大年三十、正月初一、正月十五的人们过年风俗中特别重视和重要的日子。而《腊八粥》中等粥和喝粥两块的主次、详略对比,更多的是突出人们对美好生活愿景的期望;《藏戏》的详略颇有特色,只要是藏戏特点一律详写,其突出表明之意非常明显。可以说,一条要素预学链,串起要素统整学习。

3."扶"出高度

《礼记》云:"是故学然后知不足,教然后知困。知不足,然后能自反也;知困,然后能自强也。故曰:教学相长也。"教师在教学的过程中,既教授了学生成长,也促进了自我成长,为此,教学目标和内容应该适当高位,从而"扶"出高度。要"扶"出高度,需要创新教学策略。

设计思维课程学习时,五年级几位同学组成小组,探究西湖风景名胜区的垃圾投放情况,发现公共场所的垃圾分类做得并不好,原因是有些外地游客因为各地政策推广问题,还不知道垃圾怎样分类。怎么解决这个问题呢? 要么给外地游客做好宣传,但是难免百密一疏,而且散客无法从旅行团那边做到全员宣传到位;要么取消垃圾桶,让游客自己带好垃圾袋进行垃圾分类,此做法的不利因素也很多;要么改变垃圾桶,让垃圾桶能够实现垃圾分类,这个方法最好……经过一番头脑风暴,他们最后决定进行智能垃圾桶的设计与制作。期间,做了智能垃圾桶的7稿设计,最后确定了3稿向专家请教。在控制应用专家的指导下,在垃圾桶投放入口处,安装垃圾分类的识别芯片,垃圾投入后,能够自动识别,并带动传导轮传到相应的垃圾桶中。该项设计制作为成品后,得到章鱼回收CEO(首席执行官)的高度肯定,决定投资量产。同时也得到上城区政府重视,放置在小营街道作为垃圾分类样板进行宣传。未来,还将参加中国智造大会进行交流和评奖。一群小学生制作的创意作品,赢得了人们对他们的刮目相看。

统编版小学语文六年级上册第五组课文学习时,关注了本单元为习作例文单元,其阅读要素是"体会文章是怎样围绕中心意思来写的";习作要素是"从不同方面或选取不同事例,来表达中心意思"。设计时,采用整体设计的方式进行教学(见表3-2)。

表3-2　习作单元的统整式教学

常规流程	统整式教学要素分解设计		比较分析
1.精读课文学习 《夏天里的成长》　《盼》 **2.交流平台·初试身手·习作例文** 《爸爸的计划》　《小站》 **3.围绕中心意思写** 选择一个字作为题目或另外拟题目围绕中心意思写	围绕中心意思写	自主审题,试写习作 精读学习,发现表达; 学习交流,自主修改 批注例文,明确表达; 互相修改,提升表达	《夏天里的成长》 《盼》 《爸爸的计划》 《小站》	前一流程按部就班,后一流程要素突出,并将要素分解实施,循序递进

循序递进式的设计,促进了学习者在一个单元的学习过程中能够围绕一两个重要的语文要素重点学习,从预学到习得,从习得到巩固,从巩固到应用,从应用到深度理解,形成了一个有效提升的层级链。从表3-2中可以看出,统整式教学的学生习作经历了初次尝试习作、二度自主修改习作、互相修改习作三个阶段。而学生的两次修改都有必要的阅读文章作为比照学习的支架,从而让学生的修改有文可依托和参考,也能够促进学生从语言角

度、文章结构角度进行文章表达的修改,提升学生言语表达思维水平。

总之,教师在教学过程中扶放有度的"扶",是有一定的技巧和策略的,需要教师在教学实践中不断创新。

二、有扶有放,教师主导

个性化学习践行扶放有度的学教关系,这种学教关系也保证了学生成为学习的主体。教师作为学习的主导,起初,教师示证,学生学习——"I do it"(我来做示范,我来讲道理);接着,教师辅导,学生尝试——"We do it"(我们一起来尝试一下);然后,同伴协作——"You do it together"(你们一起来尝试一下);最后,独立表现——"You do it alone"(请你独立表现掌握与否)。这样,在经历一段有效的过程学习之后,教师主导逐渐过渡到学生主导,也就是让学生在学习中掌握知识,形成能力,学会学习。

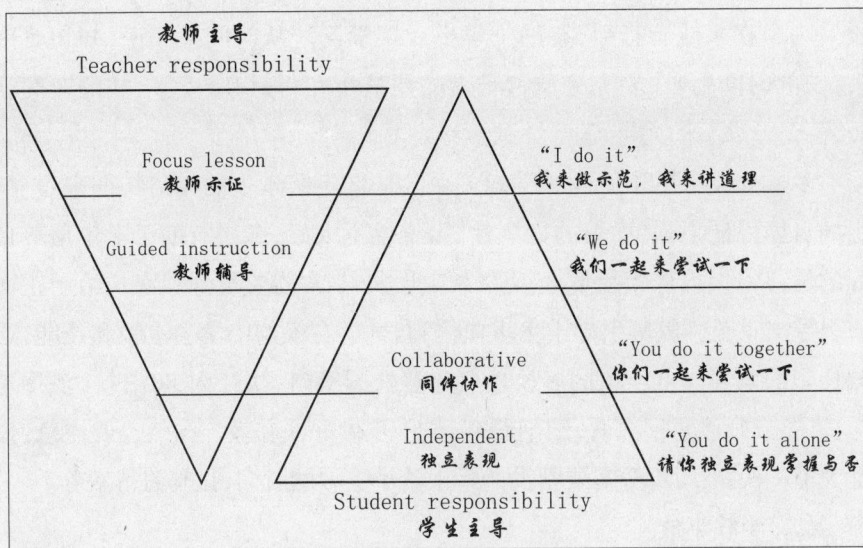

教师主导
Teacher responsibility

Focus lesson
教师示证

"I do it"
我来做示范,我来讲道理

Guided instruction
教师辅导

"We do it"
我们一起来尝试一下

Collaborative
同伴协作

"You do it together"
你们一起来尝试一下

Independent
独立表现

"You do it alone"
请你独立表现掌握与否

Student responsibility
学生主导

图3-1　扶放有度的学教关系

图3-1来源于重大课题首席指导专家浙江大学盛群力教授讲座PPT。扶放有度的教学包含三个阶段,第一阶段是"多扶少放",第二阶段是"半扶半放",第三阶段是"少扶多放"甚至基本放手。先说说这三个阶段的关系,

主要体现在三个方面：第一个方面是从低年级到高年级，要采用这个原则，低年级"多扶少放"，中年级"半扶半放"，高年级"少扶多放"；第二个方面是一堂课的学习设计，课始阶段往往"多扶少放"，课中采用"半扶半放"，课尾采用"少扶多放"；第三个方面是从新知学习的角度看，不要教师一教到底，而是采用"多扶少放""半扶半放""少扶多放"，直至全部放手的学习过程。

个性化学习一直倡导这种扶放有度的教学，让学生既亲历学习，又亲历成长，得到不一样的收获。

（一）多扶少放

多扶少放是教学的起始阶段。扶得多，可见教师教得多，引导得多，学生接受和学习教师的示范，学生以接受性学习为主，逐步在模仿与模拟中熟练认知和发现规律，进而自我尝试练习和实践。这一过程，与认知的难易程度有关，难度比较大，相对也会比较难；难度比较小，学习接受就会快一些。多扶少放主要是针对学生对新知的完全不了解或者了解太少，因此，起始阶段给一个拐杖或者指引，有助于学生后期学习。从时间上来说，知识难度大，扶的时间要长，要充分厘清难点的要核所在；知识难度小，扶的时间就短，甚至可以不扶，引导学生尝试学习或发现。

多扶少放常见于低段的学教关系。从低年级学生的年龄特征来看，学生的自律性还不强，学习的持久性、稳定性不太好，多扶有助于学生培养良好的学习习惯。低年级学生年龄才六七岁，非常需要教师和家长给予正面的引导与示范。教师引导学生多模仿和尝试，在模仿中学会本领和技能，形成良好的素养。低年段的多扶也要注意扶的策略，扶什么，怎么扶，扶得怎样，需要教师注意回头看，细细研究，进一步做好扶和教。当然也要注意，扶是为了不扶，要对部分需要帮助的学生给予更多的时间，让其习得素养。

（二）半扶半放

中年级学生正值学习成长的关键期，有了一定的学习基础，养成了一些基本的学习技能，这时，教师对学生扶的时间可以减少，难度可以降低，放的时间适当增长，难度提升，形成一种"半扶半放"的状态为好。

1. 半扶半放，要注意仍然要"扶"

到了中年级，尽管可以半扶半放，但是仍然要扶，而且，注意分阶段扶的方式和策略,在延续和传承中发展。

以语文教学为例,分阶段扶的方式是指预习阶段,教师要扶学生学会预习,能够自觉地朗读课文几次,直到流利通畅为止;能够自觉地查阅工具书了解生字词的字音、字义;能够自觉联系上下文理解关键字词的含义;能够自主地提出阅读中的语文问题……课堂教学阶段,字词学习以放为主,阅读理解重点段,先扶后放,半扶半放;课后练习,以放为主,只针对学困生给予个别化学习指导;习作教学,采用"半扶半放,关注审题,理解为先,先写后改,二度修改"的策略,以阅读中的文章作为例文进行指导。

分阶段扶的策略在不同的阶段会有侧重。在学生预习时,给予学习单或者作业本上的过渡题、基础题为例子,让学生在预习中试学,"放"在前面,"扶"在后面,课堂教学时,进行预习反馈或者批改后的集中问题反馈。课堂教学时,"扶"在前面,"放"在后面,教师先教出一个示范或者例子,学生尝试或者践行。学生练习或者放学时,让学生自我练习或仿写为主,集中对典型错例进行分析和讲解,逐步提升各方面的语文素养。

总之,中年级的半扶半放是一个含糊的名词,教师可以适当把握,不要一成不变或过于拘泥。

2. 半扶半放,要注意恰当地"放"

即便是半扶半放,也仍然要注意"扶"是手段,是基础,不是目的,"放"才是目的——"放"出学生的思想,"放"出学生的自觉,"放"出学生的自主、自信和自立。

在"放"中培养学生的自学能力。中年级对学生的"预习""练习"进行"放",就是让学生在低年段培养的基础上,培养学生的自学能力:语文能够自己进行课文朗读,能够自己进行字词学习,能够自主进行质疑问难;数学能够自主预习,初步学习例题,对预习中不理解的地方质疑问难……总之,只有不断地"放手"让学生学习,才能更好地培养学生的自学能力。

在"放"中培养学生的自信心理。学生通过预习、练习的自学收获成长的甜蜜、成功的喜悦,自然会培养学习自信。教师要对学生预习、练习、学习中的优秀表现、精彩方法、优秀思维进行夸赞和表扬,培养学生的学习自信心。有了自信,学生也会越学越好;越学越好,又会促进越来越自信,越学越好,越好越自信,越自信越好学……从而形成良性循环。

(三)少扶多放

到了高年级,学生各方面的学习都有了基础,学习能力也较强,教师就应该"导在困惑处""点拨在需要疑难处",少扶多放,"放"出水平;少扶多放,"放"出能力。

1. 少扶多放是教学的后期目标

少扶多放,从教学的阶段性过程性来看,一定是学习后期的重要目标,也是学习到一定时期的自然需求,能逐步体现学生学习的自主,逐步培养学生的自学能力。

少扶多放,体现学生学习的自主。教是为了学,少教为了多学,是为了逐渐放手让学生自主地学。学习,从某种意义上说,是学生本身必然要经历的一段积累知识、学习技能的过程,为将来走向社会和未来做各项储备,因此,到了教学后期,一节课的后半段、一个学期的后半段等,都需要让学生逐渐以自己学习为主。少扶多放的学习自主体现的是学习知识的自主迁移和运用,前期的学习、形成知识的储备,是为了后期的教学运用,也是让学生在迁移运用中进一步将知识转化为能力。

少扶多放,培养学生的自学能力。少扶多放,即意味着少教,那么学生的自学时间就会延长,学生的自我学习得到锻炼,从而容易形成学习能力和学习本领。学生的阅读理解、习作的语言运用、计算的准确性、思维的逻辑等都需要经过积极有效的训练,换句话说,有效的实践练习(这里当然不是单指作业的练习)有助于提升学生的学习能力。学习能力的提升,意味着学生处理知识和运用知识的能力提升,能够更好地学以致用,体现学习的价值,实现学生作为学习的主体地位。

2. 少扶多放是高段的学教关系

少扶多放,适合高段学生心理特征。随着儿童年龄的增长,其身体开始逐渐发育,身体机能也发生了较大变化,因此心理上也开始更加走向自我,甚至有些逆反,这些都意味着成长。成长的过程意味着某种程度上的摆脱,这种摆脱恰巧是学生自主自立的强烈外显。课堂上,如果遇到一些偏浅的知识,教师依然滔滔不绝地讲,就会遇到学生的抵触或者无视,那么,不如将更多的学习时间、更多的学习空间还给学生,将更多的学习安排权和学习策略的选择权交给学生,顺应学生的心理发展特征。

少扶多放,更能促进学生健康发展。曾经有一段关于孩子"是圈养好,还是放养好"的讨论,讨论的结果大都还是觉得:孩子的教育,在规则意识、共同意识、文化认同、民族情怀等方面需要多教育,在学习方法选择、学习伙伴的组织、学习时间的安排、学习空间的打造等方面需要多放手,教师和家长予以指导。也就是说,教育最终的目的,在学习层面的很多内容还是"少扶多放",从而促进学生独立健康成长。

三、扶了要放,自主发展

"教"是为了让学生"学会","扶"是为了让学生"放手"之后依然走得正,就像小孩子学走路,开始需要搀扶着东西才能行走,之后可以牵着一只手摇晃行走,最后放手后慢慢学会行走……这个过程与"扶放有度"十分相似。为让"扶放有度"做得更好,要学会把握好教育时机,要运用一些"扶"和"放"的策略,最终促进学生自主发展。

(一)把握时机

扶放有度,涉及"扶"和"放"两个部分,因此在一对本身存在一定对立关系的两个动作上,如何把握相关时机,是非常值得研究的。把握得好,水到渠成;把握得不好,有可能弄巧成拙。

1. 把握"扶"准的时机

什么时候"扶","扶"在什么时候,要把握"扶"的时机。一般来说,教学前总是有个教学预设,这个教学预设就是对教学内容进行的教学设计,规定了哪些时候是教师的教,哪些时候是学生的学,教与学之间的相对规定,有助于把握教学中"扶"的时机。对于能够迁移学习的内容,往往"扶"在前,让学生在"扶"后运用;对于难以理解的阅读和习作内容,往往"扶"在后,便于针对性地根据出现的问题进行相应指导。

什么地方"扶","扶"在什么地方,要做到心中有数。数学学习时,往往概念学习的基础内容要扶,重点突破的内容要扶;英语的语法和句式学习要扶,科学的实验推导要扶,体育的运动技能要扶,音乐的旋律要诀要扶……

"扶"的内容确定好,才能选择"扶"的策略,让"扶"到位。

什么人要"扶","扶"到什么地步,要随机应变,随时调整。对于学生个体来说,同样的内容也有不同的对象,因此,真正"扶"得到位,就是对于学生个体的指导和帮扶,但学生需要的帮扶不是一成不变的,有些语文学科需要帮扶,但是数学学科却非常出色;有些阅读理解需要帮扶,但是识字写字和古诗文背诵却几乎全对。为此,对于"扶"到什么地步,完全是根据学生的基本发展情况而定的,要随机应变。

2. 把握"放"好的时机

同理,什么时候"放",要关注学生的掌握程度。学生这方面的知识掌握了,可以"放";这部分的技能习得了,可以"放"……就像风筝开始扬起来了,才能放。"放"常常是同类例题的延伸,常常是基础知识的运用,常常是基本技能的巩固和提升。教师一边"放",一边观察,适时出现返"生",还有可能要收、要再"扶"。当学生学会识记生字词之后,对于字词在文本中的理解,就要"放";当学生掌握和理解概念之后,就要学会"放",让学生带着公式和定律去探索与运用。

什么地方"放",要观察学习者的自信和习得。数学例题讲演后、科学演示实验后、语文基础掌握后,教师要学会"放",放手学生去尝试,去实践,去探索,允许学生出现各种尝试过程中的问题。学习本身也是一个"试错"的过程,因为不断试错,才能呈现思维中的问题,才能积极面对并针对改进。在科学实验中,用不同的材料制作桥,并注意留心测量桥的承载力。比如用纸、用泡沫板等所制作的桥厚度不够时,承载力过低,无法用砝码来测量其承载力,这就意味着实验的失败,但这些失败也是宝贵的学习资源,学生进一步认识了材料的重要性,还有桥的弧度搭建的重要性。

"放"哪些人,要注意收放自如。有些同学学得快,掌握得早,那么可能就要"放"得早;有些同学学习节奏慢,就学得慢,掌握得迟,那么可能就要"放"得迟。"放"的对象越多,班级学习自主性越强,反之亦然。

(二)巧用策略

把握住了时机,如果能运用有效的策略,扶放有度,就能比较好地落到实处,提升学生整体素养,做到教学相长。

1. 巧用扶的策略

循序渐进的策略。循序渐进既是指学习难度的不断提升，也是指学习理解的不断深入，更是指学习能力的不断提高。从大的角度、长时学习的角度来看，学生在一年级时学会了多种识字方法，二年级时，教师就要逐渐放手，让学生运用这些策略去识记新的生字；当学生学会加法、减法的计算时，就要放手让学生去练习相关运用，形成技能；当学生掌握基本的运球技巧后，就要放手让学生去练习运球行进；等等。这个"扶"是从较长过程中来看的。从一堂课的片段学习来看，当教学生学会字音之后，引导学生理解字义；明确字义之后，再放到文中语境进行理解；理解之后，整体回顾学习的知识，发现规律：音随义转，文本义要据语境确定。

举一反三的策略。举一反三并不一定是举一个例子，然后用三个练习来测试，而是利用两个及以上的方式来检查反馈学生的学习情况。运用举一反三的策略时，其中的"一"要注意选择，也就是要选择经典的例子，便于在后面的"反三"中依然有迁移意义。比如，在学习乘法分配律之后，教师就要引导学生经历乘法分配律的多种变式，让学生熟练掌握乘法分配律的运用。当学生学习了"蚕"的蜕皮、化茧为蛾的变化之后，就要迁移理解其他昆虫的生长过程。

温故知新的策略。子曰：温故而知新，可以为师矣。学习新知时，最好采用联系旧知的方法，让学生先"温故"，回忆已学知识，勾连与新知的关系，从而让学生能够找到两者之间联系的"草蛇灰线"，学习自然产生"扶"与"放"的积极联系。例如，在学习"10到20之间的加法"时，可以先引导学生温习"10以内的加法"，由此再扩充一个10以内的数，加另一个10到20之间的数，最后过渡到10至20之间的两个数相加。语文单元内容学习时，往往第一课会作为种子课，详解语文要素的落地，第二课开始的学习就要引导学生先"温故"，然后"知新"，形成必要的有效的知识和能力过渡。

2. 巧用放的策略

随"放"随"收"的策略。随"放"随"收"，多用于低年级的学习。根据低年级学生自控时间较短的特点，采取随"放"随"收"，有助于低年级课堂教学的组织管理。例如，在学习形声字一组的集中识字时，教师引导学习"土、地、尘、堤、坑"一组形声字后，发现了基础规律；再"放"，让学生自主发现学习"水、流、江、河、湖"一组形声字，学习后，随机以提问的方式拓展："学习了这组关于水的形声字之后，你们还知道有哪些字和水有关？"学生不断回答："还有大海的'海'""还有海洋的'洋'""还有清澈的'清'""还有'深'和'浅'"……这样的学习就是建立在随放随收的策略上的。学生学习了长方形的特点，接着认识正方形的特点，也要注意随放随收，教师引导，让学生能够准确把握知识，并能随机迁移。

明"放"暗"随"的策略。明放是指教师以任务包的形式布置给学生研究学习；暗随是指教师从参与者或者陪伴者的角度提供必要的支持。在综合性学习时，经常采用这种策略。比如，在学习《遨游汉字王国》时，就是采用明"放"暗"随"的策略。教师布置了多个任务包分给各组选择研究，任务包有"汉字字音的研究""汉字字形的研究""汉字字义的研究""汉字书写艺术的研究""作文中常见错别字的研究"。学生在研究时，一方面结合课文内容自学，深化理解；另一方面查询资料，进行总结归纳，撰写研究报告或者制作研究PPT。学生在学习过程中必然会遇到一些困难，教师采用同伴合作共同体等方式进行伴随式指导，或者在线互动的方式进行伴随式指导。学生在经历这样的一番自学研究之后，学习能力大大提升，学习自信心大大增强，学习综合素养随之提升。

项目监督的策略。项目监督策略是指在广域课程、设计思维课程、PIP-ER编程课程等学习时，学生采用的是项目学习的方式。比如，在PIPER编程课程学习时，完成的项目是"智能家居"，学生通过头脑风暴、自画草图等完成智能家居的原始设计，然后听取两个以上小组的同伴意见，这其实是第一次自省式的项目监督；接着，学生小组合作进行编程和智能家居的手工制作，形成智能家居的首次模型，此时，听取同伴两个以上小组的第二次建议，这又是一次自省式的项目监督；吸取意见后，小组合作完善改进，并完成项目汇报书，完成后向一个同伴合作小组汇报，听取修改建议，这是第三次自省式项目监督；最后，学生以小组形式将项目向全班甚至全年级学生进行"智能家居"项目研究汇报，汇报项目构思、项目探索、项目制作和项目反思，教师和同学听取汇报后，进行顾客或评委角度的提问，以启示学生进一步完善和改进项目学习,变成二度迭代。

(三)自主发展

学生的自主发展并不是知识的不断累积成一定的厚度,而主要是指学生的学习能力的自主发展和学习素养的自主提升。这两项发展是学生的综合素养,也是学生走向更高层次学习和走向社会、走向生活的关键素养。

1. 学习能力的自主发展

良好的自学能力形成。"教"是为了"学",这个"学"有三层含义,一是指学生,尊重学生是学习的主体;二是指学会,掌握学科等基础知识;三是指学习,即学习能力养成。三者都是重要的,此处以第三项最为核心。学生的学习能力形成,最典型的就是表现为良好的自学能力,犹如一个人学习走路,先要借助成年人的"扶",最终达成独立自由地行走。良好的自学能力,首先,表现为自主学习知识的能力,不管在社会上、生活中、工作中等都会遇到新鲜的知识,掌握自学能力的人,就能自觉地吸纳新知,转化和运用新知,不断提升自学能力;其次,表现为旺盛的求知欲,不仅能在生活中进行主动阅读,而且能够通过阅读发现社会和世界的积极变化,自觉主动地引导自我转变以应对;最后,表现为积极的成功感,自学能力形成有助于提升学生克服困难的方法,有助于实现事业目标的达成,从而收获事业成功。

自主的质疑能力形成。学习,除了汲取与积累外,还需要革新与创造,而自主的质疑能力则是革新与创造的前提。学习能力是否形成,也需要关注学生自主质疑能力是否形成。自主质疑能力形成的几个判断标准是:预习时,能否对文本提出具有思维含量的问题;课堂教学中,敢于对学有困难、理解不够的地方质疑;生活中,能够对常见事物的不合理之处提出质疑;面对社会的不良现象,敢于质疑其合理性,并对相关问题提出质疑的根据。自主质疑能力形成,会帮助学生跳出习惯性思维的范围,会凸显学习的自信。

培养了可持续的研究力。学生的学习自主更高层次表现为学习的研究力。学习不只是需要叛道者,还需要卫道者。只有增强可持续的研究力,学生才能面对未来的问题有所准备,能够勇敢面对,能够迎难而上。可持续的研究力是创造力的关键,学生善于和同伴合作,培养良好的社交情绪,提升学生的品质学习力。

2. 学习素养的自主提升

学习素养的自主提升主要表现在良好的学习心理和强烈的学习意识两大方面。

良好的学习心理。学习素养，重要的是学习心理素养。良好的学习心理，包括遇到困难，绝不退缩，勇于克服的心理；身处顺境，淡定对待，谦虚谨慎，戒骄戒躁；面对合作，友好相处，携手共进，同荣共誉。良好的学习心理，还会带给同伴和周围的人以坚定的信念，乐观的态度，不屈不挠的精神。良好的学习心理，会冷静看待周围事物，客观正视社会现象，以科学的态度和方法去解决问题，形成一种核心竞争力。

强烈的学习意识。具有良好的学习素养的人，一定有强烈的学习意识，面对新知识，主动学习；面对新问题，勇于探索；面对新事物，积极研究；面对新成果，乐于接受。强烈的学习意识一旦养成，不管是身处逆境还是身处顺境，都会心态平和，心境淡泊，宁静致远，心中以学习为重。久而久之，形成一种超越自我、超越自然的学习精神。

第四章
重构：个性化学习的内容改革

从学习发生的纵向时轴来看，人类是先有学习而后才有教育的。在人类的早期阶段，学习是非制度化的，人们在日常生活和生产劳动中随时随地都在进行学习。随着人类社会的发展，个体自发的学习不能解决所面临的所有问题，出于人类生存与发展的需要，学校教育出现了，并逐渐成了一种专门的社会活动。随着学校教育的出现和发展，学习越来越成为一种专门化、正规化、制度化的活动，并在不同的历史时期表现出不同的形式与功能和不同的学习内容。本章所要阐述的就是个性化学习的内容设计。

第一节　基础性课程的内容重组

基础性课程是指为学生继续学习提供基础知识与基本理论，培养学生基本能力与基本素质而设计安排的课程。2015年，在浙江省教育厅颁布的《浙江省教育厅关于深化义务教育课程改革的指导意见》中要求，各地和学校不仅要按规定开齐开好基础性课程，还要加强各类课程、不同学科之间的联系和整合，组织跨学科教学和主题教育活动。于是，我们对基础性课程的内容重组进行探索和研究，并在实施过程中积累了经验。

一、人文学科的课程内容重组

这里的人文学科指语文和英语两门基础学科。这两门学科的培养目标都指向学生的语言表达力、阅读理解力、思维发展力和文化感受力，且都背负着传承各自语言国家的经典文化的使命。虽有许多相同之处，但鉴于两种语言文化和实际应用的差异，我们并未对它们如数理学科一样进行学科间的内容整合，更多的是学科内资源与内容的重组。

（一）重组原则

人文学科有着与其他学科不同的学科特征，因此在对人文学科的教学内容进行重组时，其所遵循的原则也不一样。

1. 经典性

经典性是人文学科的一大特征。语言文字是一个民族精神最重要、最直接的载体，语言文字的教育关系着一个国家民族的前途和命运。因此，在进行语文和英语课程内容的重组时，我们应以敬畏之心，尊重凝结了历史积淀的文化经典，注重对传统文化的继承和挖掘，让教育回到传承文明继往开来的本质上去。只有注重经典文化的传承,人文教学才能根深叶茂。

2. 适切性

这里的适切性是指对教材内容的选择和结构体系上的调整,要符合学生的学习心理。内容选择与重组,要强调与学生的生活经验、学生的社会生活密切联系,激发学生的学习兴趣;对教材内容结构体系的适当调整,更要符合学生的认知规律;要遵循不同年级的教材难度,使目标梯度更加清晰,更好地体现循序渐进的教学规律。同时还要与时俱进,加强课程内容与现代社会和科技发展的联系。

3. 统整性

立足教材,对教材本身的资源进行有效的重组、统整,能使课程目标的意识更为强烈,且带给学生多重体验。对单元课文的重组,对课文内容的多样呈现,对课时目标的阶梯式设定,能使课堂发生革命性的改变。统整性原则让知识系统从易到难,这符合学生的认知规律,极大地调动了学生学习的兴趣和自信。在这个统整的过程中,也能改变教师的教学理念,提升教师的教学素养。

(二)案例举样

以语文学科统编教材的单元统整为例,谈谈我们对人文学科教学内容进行重组的一般范式。

1. 整体设计

语文单元统整,是以小学语文统编教材为载体,结合具体的单元内容,聚焦单元要素,精简目标,对教材内容及相关课外资源进行全面把握、整体设计、统整教学的教学形式。具体为:聚焦单元要素的"目标重构",基于课时目标的"内容重组"以及尊重学生主体的"学式重建"。如图4-1所示。

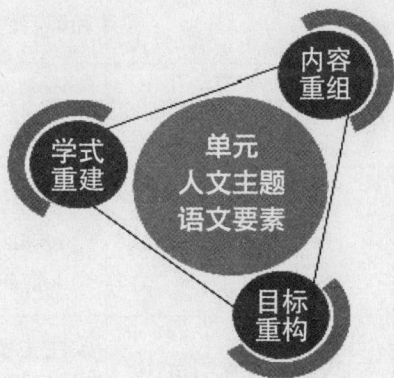

图4-1 语文单元统整框架

2. 目标重构

在这里,先介绍目标的"重构"和内容的"重组",两者之间,目标重构是前提。只有确定了教学目标,才能有方向地重组教学内容。

(1)聚焦篇章页,总目标统领。统编教材从三年级开始,每个单元前都编排了篇章页,篇章页中的提示分为单元人文主题和语文要素两个部分。我们要紧紧围绕篇章页中的核心目标,在单元统整教学时分层制定目标并有效落实。表4-1是统编教材语文四年级上册各单元人文主题和语文要素的梳理。

表4-1　统编教材语文四年级上册各单元人文主题和语文要素梳理

单元	人文主题	阅读要素	表达要素
第一单元	自然之美	边读边想象画面,感受自然之美	推荐一个好地方,写清楚推荐理由
第二单元	阅读策略单元	阅读时尝试从不同角度去思考,提出自己的问题	写一个人,注意把印象最深的地方写出来
第三单元	连续观察	体会文章准确生动的表达,感受作者连续细致的观察	进行连续观察,学写观察日记
第四单元	神话故事	了解故事的起因、经过、结果,学习把握文章的主要内容。感受神话中神奇的想象和鲜明的人物形象	展开想象写一个故事
第五单元	习作单元	了解作者是怎样把事情写清楚的	写一件事,把事情写清楚
第六单元	成长故事	学习用批注的方法阅读。通过人物的动作、语言、神态体会人物的心情	记一次游戏,把游戏过程写清楚
第七单元	家国情怀	关注主要人物和事件,学习把握文章的主要内容	学习写书信
第八单元	历史传说故事	了解故事情节,简要复述课文	写一件事,能写出自己的感受

从表4-1中可以清晰地看到,每个单元都有明确的阅读要素和表达要素,而且都很集中,具有针对性。因此,围绕这些要素去制定单元教学总目标,才能帮助学生真正落实并提升语文素养。

(2)重视课后练习,分目标突破。课后练习是教材的重要组成部分,每个单元的核心目标也都十分清晰地在课后练习中加以呈现。我们在单元统整教学时,如能着力挖掘课后练习的价值,可以更加明确每课的教学目标,厘清教学脉络。

统编教材的课后练习在编排上由浅入深,呈有梯度的螺旋上升趋势,单元的语文要素也是有层次地分布在这些课后练习中,这符合学生学习能力的发展规律。以此构建梯度明显的课时分目标,然后层层突破,一定能更好地落实要素。

【案例4-1】 统编语文五年级上册第二单元分目标的确定

以下分别为统编语文五年级上册第二单元每篇课文的课后练习。

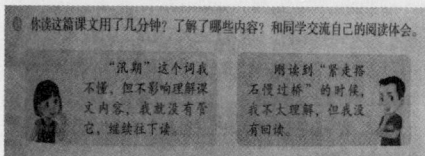

《搭石》课后练习

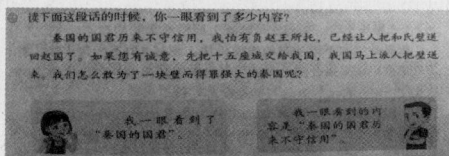

《将相和》课后练习

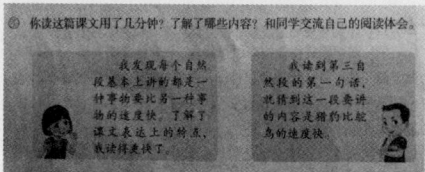

《什么比猎豹的速度更快》课后练习

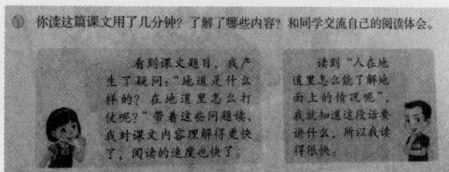

《冀中的地道战》课后练习

由此我们制定了课时分目标,如下图所示。

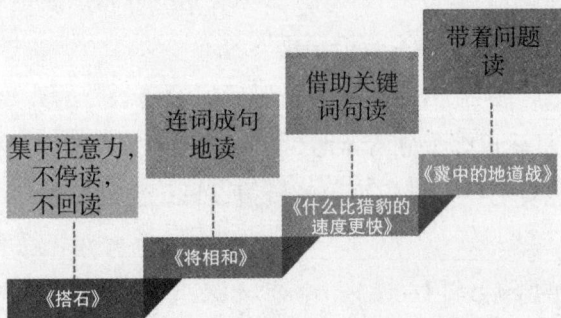

统编语文五年级上册第二单元课文分目标

上面这个案例所提到的是一个阅读策略单元,主题是"有一定速度的阅读"。显然,围绕这个单元要素,教师将教学策略细化,分层推进,由浅入深,非常符合学生的认知发展规律。

(3)关注语文园地,小目标整合。语文园地是单元知识点和能力点的集中反馈与练习,它不是在某单元孤立地存在,而是前联后延的,如交流平台、词句段运用等内容。因此不能将这些内容单纯地作为一项语文基础知识进行教学,而要融会贯通,整合运用。

【案例4-2】 一年级上册《语文园地七》"识字加油站"和 "我的发现"的目标整合

一年级上册《语文园地七》"识字加油站"板块编排了10个表示亲属称谓的词语,都是轻声词。其中"奶奶、妈妈、姐姐、妹妹"都是"女"字旁的字。而"我的发现"引导学生发现"日字旁"和"女字旁"所代表的意思,了解汉字偏旁表义的构字规律。根据这样的解读,我们的教学建议是适当调整内容顺序,将"识字加油站"和"我的发现"两个板块的目标适度整合。

这样的整合是在板块之间探寻知识要点的内在联系,这种发现认知规律的学习才是更高效的学习。

3. 内容重组

目标重构完成后,就是对教学的内容进行重新排序或整合。我们要充分挖掘教材内外各种资源之间的内在联系,依据课时目标,对教材资源进行取舍、整合,做到"一课一得",以更有效地落实单元要素。

(1)层层递进式重组。教学时,根据学生知识或兴趣的起点,对统编教材某单元的内容进行层层递进式重组,有助于学生循序渐进地掌握内容。

层层递进式重组,首先,要尊重起点,由浅入深。从学生的知识起点和理解的难易程度出发,由易到难地重组单元的教材内容,有助于提升学生的学习获得感,帮助他建立自信,从而提升语文学习能力。

【案例4-3】 统编小学语文四年级上册第八单元的内容重组

统编小学语文四年级上册第八单元的语文要素是"简要复述课文"。基于学情,研究教材,我们发现,复述第27课中的《扁鹊治病》和《纪昌学射》,要比复述前两课《王戎不取道旁李》《西门豹治邺》更简单些,理由是:①不是文言文,容易理解;②故事简短,容易记;③事情发展顺序清晰,容易梳理。于是,我们在单元统整时调整了课文内容顺序:《故事二则》→《王戎不取道旁李》→《西门豹治邺》。效果挺不错。

这样的重组解决了学生在单元开始就遇到文言文的畏难心理,也帮助他们更快地进入复述故事的兴趣和状态中,效果较好。

其次,要尊重兴趣,由趣到实。兴趣是孩子学习动力的源泉。从学生兴趣出发,先安排学生最感兴趣的内容,渐渐再深刻、务实,也是落实语文要素的一个妙招。

【案例4-4】 统编小学语文四年级上册第一单元的内容重组

开始四年级上册第一单元的教学时,正值学生暑假归来开学第一周。孩子们聚在一起,饶有兴趣地交流着在暑假游玩过的地方。看到这情景,老师不禁想：既然学生这么有兴趣交流游玩过的地方，何不趁机让他们把想说的话写下来，完成习作《推荐一个好地方》呢？于是我们将单元课时顺序重组为：初写"好地方"→学习《观潮》《走月亮》→比较探究《观潮》《走月亮》，发现表达上的异同→将"好地方"的初稿与《观潮》《走月亮》比较，发现可修改之处→运用想象，二度修改。

教师在学生兴趣最浓的时候，找到契机，将习作前置，再比较学习两篇课文，发现表达上的特点，习得表达方法，最后二度修改习作，运用表达方法。这样的习作教学一定能更扎实。

（2）承前启后式重组。统编教材采取将选文按单元编排，人文主题和语文要素双线并进，螺旋上升。因此在单元统整教学重组内容时，要充分考虑承前启后的定位，使教学更有整体性。

一是承接已学，无缝衔接。在重组教学内容时，将与刚学过的语文要素相关的内容安排在前，做到无缝衔接。

【案例4-5】 统编小学语文五年级上册第三单元的内容重组

在统整小学语文五年级上册第三单元"民间故事"时，第二单元已学过阅读策略"有一定速度的阅读"。因此，我们把"快速默读《猎人海力布》和《牛郎织女》，抓住关键信息，了解故事内容"这个学习任务排在第三单元统整教学的最前面，并对学生的默读课文进行计时。

这样的调整是为了无缝衔接第二单元的"有一定速度的阅读"，将快速阅读策略进行运用和巩固，也能顺利过渡到第三单元"民间故事"的统整学习，一举两得。

二是铺垫后文，奠定基础。与后续要素相关的内容，安排在后，并对其有初步认识，可以为下阶段的要素落实奠定基础。

【案例4-6】 统编小学语文三年级下册第四单元的内容重组

统编小学语文三年级上册已经引导学生认识了段落中的关键语句。以此为起点,三年级下册在第四单元安排了"借助关键语句概括一段话的大意"这一语文要素。那么在教学该单元时,我们可以利用少许时间,拿出三年级上册的文章适度复习。

这样,既为学生概括段落的大意提供必要的方法,也为学生学习概括篇章的大意再次奠定基础。

(3)内外结合式重组。统编教材的双线组织阅读单元结构注重综合性和实践性,因此我们在单元统整内容重组时必须贯通课内外,进行拓展延伸,引导学生深入探究并实践语言文字运用,提升学生的语文核心素养。

在内外结合式重组时,一方面可以拓展内容,丰富积累。围绕单元主题或课文主题,从多个方向对教学的内容进行拓展,可以是语言积累,也可以是语言表达,这能为学生未来的厚积薄发打好基础。

【案例4-7】 语文园地中成语和古诗的内容拓展

结合统编小学语文二年级上册语文园地八"日积月累"中的成语"龙飞凤舞",引出由苏轼而诞生的"坚忍不拔,水落石出,雪泥鸿爪,明日黄花"等成语典故。学生在听和讲这些成语故事的同时,还顺便积累带出的诗词。中高年级可以由古诗课文《题西林壁》《饮湖上初晴后雨》《望湖楼醉书》引出苏轼另一些诗词的学习积累,以及整本书《苏轼传》的导读。

通过这样的拓展和延伸,促进学生更深入地了解苏轼,不仅丰富了对苏轼作品和身世的认知积累,也能提高学生学习古诗的兴趣。

另一方面也可以通过实践提升,锤炼品质。基于单元的人文主题或语文要素,设计多样的课外综合实践内容,不仅能提升学生的语文学科素养,还能提升学生合作探究和语言运用的能力,锤炼语文思维品质。

【案例4-8】 "民间故事"单元综合实践活动

在统编小学语文五年级上册"民间故事"单元的学习中,我们组织了"讲、绘、编、演:走进民间故事"综合实践活动,要求学生至少完成一个项目,具体项目如下。

1. 小画家组:绘制"走进民间故事"连环画(单人或者合作)。

2. 小作家组:写读后感,续编或改编"民间故事"(独立完成)。

3. 小戏剧家组:编写"走进民间故事"课本剧剧本(可单人,也可与"小表演家组"合作)。

4. 故事大王组:参加"走进民间故事"讲故事视频大赛(可单人,也可以合作或请家人当"外援")。

5. 小表演家组:小组合作。

这样的活动非常有意义,学生在"讲、绘、编、演"一系列活动中,不仅对民间故事有了更深的接触和感知,更是对自己合作探究、语言运用、语文思维等品质的一种锻炼和提升。

二、数理学科的课程内容重组

小学的数理学科包含数学、科学以及信息技术三大基础学科,是小学基础性课程的重要组成部分,都以培养学生的逻辑思维、观察想象、实践操作等能力为主要目标。为提升学生的想象、思维和实践能力,增强学生的创新意识,培养学生的核心素养,对学科内教材资源进行有选择的筛选、拓宽、整合与重组,能起到事半功倍的效果。

(一)重组原则

对学科内教材资源进行有选择的筛选、拓宽、整合与重组,是数理学科课程内容重组的重要方式,而要进行这种重组,需要遵循一定的原则。

1. 实践性

数理学科的学科性要求它们的内容重组,必须遵循实践性的原则,因为数理学科的学习是培养和发展学生创造性思维的过程。而人类的思维能力产生于实践,也发展于实践。因此,人们在进行创造性思维的过程中必须参与实践,在实践中促进思维能力的进一步发展,在实践中检验思维成果的正确性。没有实践,思维的发展就失去了动力,也就不会有创造性的思维。

2. 探究性

探究性实际上是指在数理学科的课程内容重组时,要考虑内容是否适合学生的探究性学习。这是要求在重构内容时,就把学生作为主体,把学生的学作为重构内容的目的。数理学科的学习,只有让学生在探究中主动获取知识,发现概念与知识形成的规律,在探究中推理、分析并最终应用知识解决问题,才能真正发展学生的数理能力。

3. 创新性

当今时代社会发展日新月异,为适应变化万千的未来社会,教育者要鼓励学生在学习知识的过程中不墨守成规,打破固有的思维方式;鼓励学生结合学习的实践和对未来的设想,独立思考,大胆探索;鼓励学生提出新思路、新设计、新途径、新方法。这些都需要我们在数理学科内容的选择或重组时,遵循创新性的原则,设计和提供适合学生创新性学习,有利于发展学生创新能力的课程内容。

(二)案例举样

小学数理学科的教学内容重组,不能零敲碎打,必须进行总体设计,在此基础上,才能保证重组后的科学性。

1. 整体设计,构建新模式

为了实现数学学习结构从零散走向系统,学习方式从单一走向多元,我们先从整体设计数学的整合教学模式,依托"解构""重组""变革"三步促进整合教学的探索,如图4-2所示。

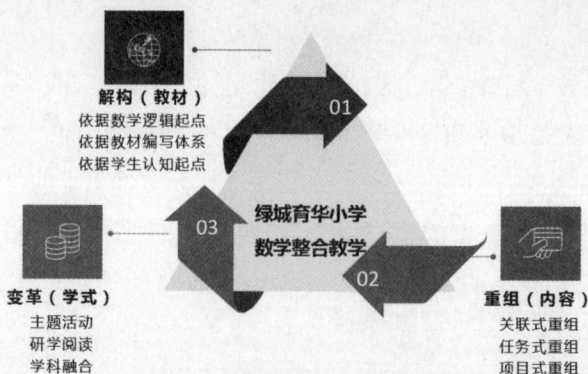

图4-2 "数学整合教学"整体设计框架

"解构"即基于数学核心素养和学生学习需求，打破数学教材中原有的"序"，依据数学逻辑起点、教材编写体系、学生认知起点三个方面，整合构建新的教学体系。

"重组"是指打破一课一内容的教学模式，整合课程资源，引导学生对数学知识进行深度探究。

"变革"就是要打破学生的思维定式，冲破教师传统教学模式，变教师"教"为学生主动"学"，开展综合性数学学习活动，创新学习样态。

2. 解读教材，构思新体系

（1）依据数学逻辑起点。教学设计前要明确学习内容各组成部分之间的逻辑关系，通过"瞻前顾后"，将零散在各个单元和相关联的知识点进行整理，形成一个系统的知识网。确定学生在学习之后必须达到的知识深浅程度和能力的质量水平，这有助于后续整合教学设计。如三年级"认识面积"教材分析，如图4-3所示。

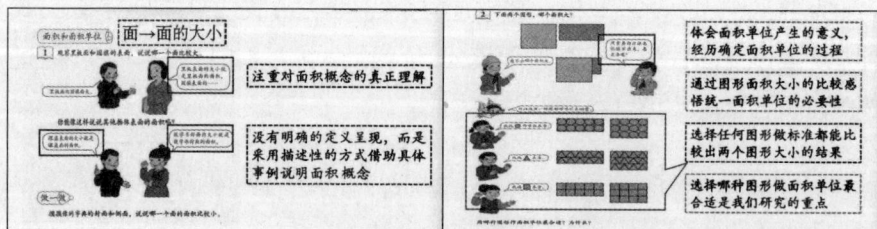

图4-3 "认识面积"教材分析

面积概念是本单元的一个重要起始概念。从教材内容的整体安排看，其顺序是先认识面积，包括物体表面的大小和封闭图形的大小，再归纳面积的概念。在比较面积大小的过程中，体现方法的多样化，体验统一面积单位的必要性。将第一课时面积和周长的对比及面积概念的理解与第二课时统一面积单位的必要进行整合教学（见图4-4），对教材的再解构也就是对其进行符合学生数学本质理解的刷新，不仅调动了学生学习兴趣，而且丰富了学生数学学习历程。

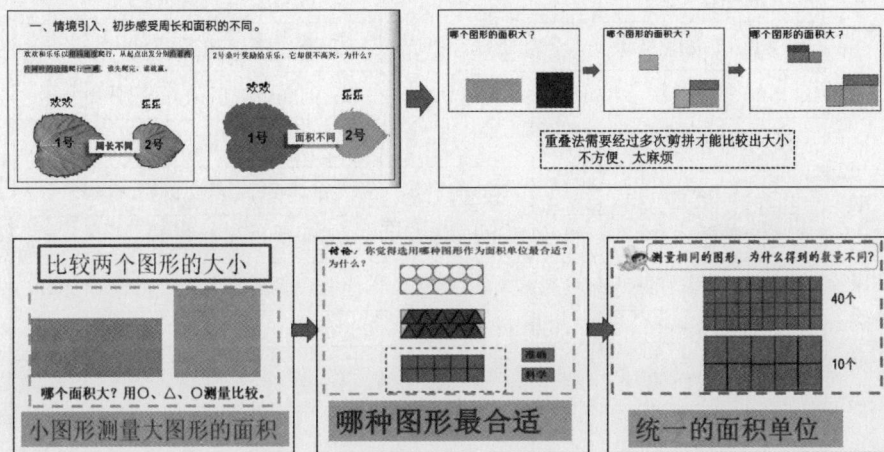

图4-4　"认识面积"部分教学图示

（2）依据教材编写体系。一是目标相似的横向联系。对于教材中一些单元内容之间的结构是相近或相似的、目标雷同、教学方法基本一致的内容，可以找出它们的相似点、关联处，在了解学情的基础上进行整合设计。如对"表内乘法"单元将原先乘法口诀的学习内容重组为"意义建构、口诀编写、灵活应用、拓展延伸"四块，引导学生对数学知识的认知从零散单一走向丰富连续（见表4-2）。

表4-2 "表内乘法"单元内容重组

	整合前(19课时)	课时	整合后(10课时)		课时
意义建构	乘法的初步认识	1	意义建构	乘法的初步认识	1
	练习课	1		5的乘法口诀	1
乘法口诀	2的乘法口诀	1	乘法口诀的推导和应用	2~4的乘法口诀	1
	3的乘法口诀	1		练习课	1
	4的乘法口诀	1	乘法口诀的灵活应用	6的乘法口诀及应用	1
	2~4的口诀练习课	1		7的乘法口诀及应用	1
	5的乘法口诀	1		8~9的乘法口诀及应用	1
	乘加乘减	1		练习课	1
	5的口诀练习课	1	乘法口诀拓展	乘法口诀表的秘密	1
	6的乘法口诀	1		乘法口诀总复习	1
	6的口诀练习课	1			
	第三单元复习	1			
	7的乘法口诀	1			
	7的口诀练习课	1			
	8的乘法口诀	1			
	8的口诀练习课	1			
	9的乘法口诀	1			
	9的口诀练习课	1			
	第六单元复习	1			

二是承前启后的纵向沟通。教材中的许多学习内容是递进关系，教学目标是螺旋上升的，一些知识点在多册教材中均有所涉及。而根据学生的认知起点和学生实际生活的需要，可以打破原有教材的编排顺序，把符合学生当前认知水平的知识提前整合教学，弥补和完善学生的认知结构与方法策略。

【案例4-9】 一年级上册"认识时间"

人教版教材在一、二、三年级均涉及关于认识时间的内容,各个阶段认知点虽然由易到难,但是知识点中都有交融,学习内容并不符合学生学情。根据学生知识起点,可以将第一学段认识时间的内容重新整合教学。

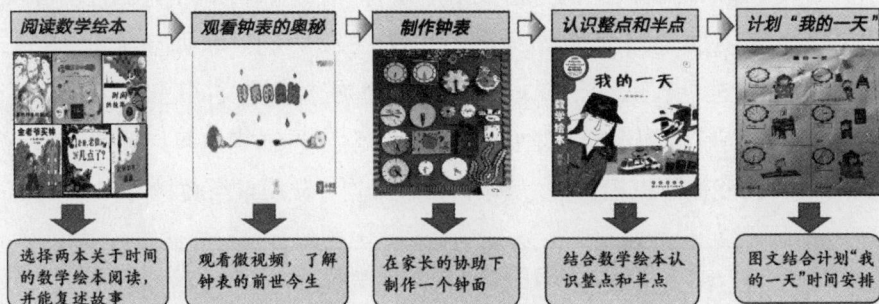

一年级上册"认识时间"内容重组

从本校一年级学生入学调查可知,70%的学生在入学前就能认识整点和半点,30%左右的学生能够认识几时几分。而以往教学经验也提醒我们,对于认识时间也存在一些学困生,需要相当一段时间的认知、磨合与消化。所以可以根据学生认知起点跨段重组,通过数学绘本创设有趣味的情境,设计有挑战性的和有层次的教学内容,让学生未教先学,边学边用。

(3)依据学生认知起点。首先,是了解认知起点。例如,在"认识面积"课前设计前测卷对学生的认知起点做一个调查(见图4-5)。

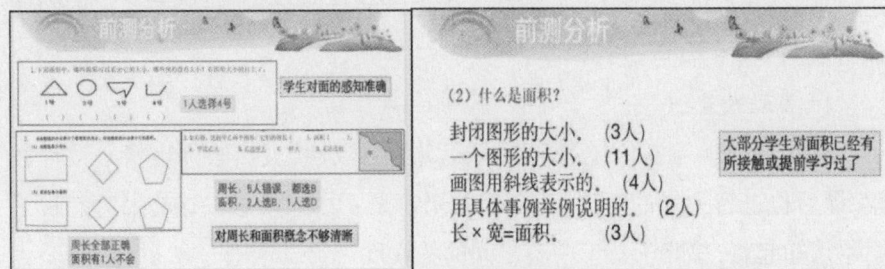

图4-5 "认识面积"学生前测分析

从前测结果可以看出，大多数学生对面积的感知准确，但还是直观层面，对面积单位和面积的计算方法也不陌生，对面积和周长的概念容易混淆。面对这样的学习起点，我们的教学还能按教材起点去设计吗？因此在对教材解构时应准确把握学生认知起点，紧紧围绕"面积和周长"重组教材。

其次，评估学生的思维起点。问卷中可以设计开放性的问题，"你对面积有哪些了解？用你喜欢的方法表示出来"。学生可以用画图表示，也可以用文字描述，还可以用列表、思维导图呈现（见图4-6）。教师整理学生解决问题的方法，进行数据对比与分析，可以了解在解决这类问题时，大部分学生习惯于用简单的图形或零散的文字描述，学生思维能力起点也是参差不齐的。这时，我们可以根据学生不同的思维起点，分层重组教材内容。

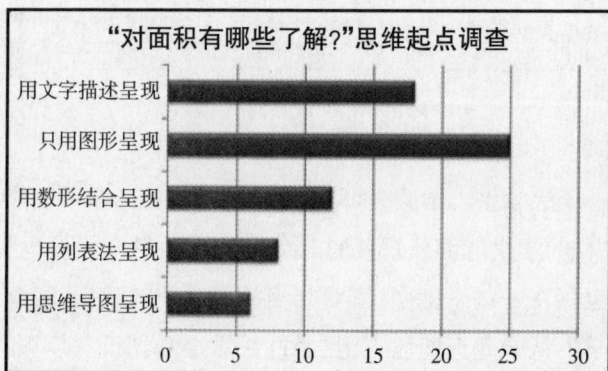

图4-6　"认识面积"学生思维起点调查

（三）重组课时，构建新内容

重组课时，即通过学情分析和学生思维起点的分析，对原本规定的教学课时依据学生的实际进行调整。

1. 关联式重组

有些数学学习在传统教学中有一定的局限性，虽然教师也精心设计教学，课后也进行大量的对比练习，但效果还是不尽如人意。这是因为忽视了学生认知起点，忽略了知识内容之间的关联度。

【案例4-10】 三年级"认识四边形"教材起点

三年级"认识四边形"教材起点是:教材紧紧抓住"边""角"两个维度来认识它的特征,再从"边""角"两个维度认识长方形和正方形特征,最后用周长来对边进行定量刻画。课前设计前测卷"请你在下面的点子图上画出几个不同的四边形",对学生的知识起点进行调查,调查结果如下表所示。

调查情况	学过的四边形	直角梯形	一般四边形	凹四边形
A班	71%	17%	9%	3%
B班	65%	24%	11%	0

从统计数据可以看出,学生对四边形已经非常熟悉,100%的学生都能画出一个或多个四边形。大多数学生对于四边形的认识第一反应就是长方形和正方形,而对于特殊四边形的认识和甄别有差距,可见大多数学生还处在直观认识的阶段。因此本节课教学内容可以进行调整,见图4-7。

图4-7 "认识四边形"教学内容重组

调整后的内容,由原来的线性学习流程转变为以长方形和正方形的特征与其他类型的四边形进行分类对比,从而对四边形特征有一定的认知和归纳。把相关联的知识通过多阶、多维的梳理,让学生自主建构"四边形"的知识网络。

2. 任务式重组

问题解决既是学习要达成的培养目标,又是教学的实施路径。因任务驱动学习的需要,学习内容也需要进行调整。

学习长方形和正方形的面积时,学习任务是测量生活中的游泳池、房间、草地等面积,这就需要用到长方形和正方形面积计算方法,还需要用到多种测量方法,需要精算和估算等运算方法相整合,学生在解决问题中自然将这些知识进行整合学习和应用。

【案例4-11】 "认识四边形"小小测算员任务学习单

①设计活动任务:测量小区、家中或公园某个场地的面积。
②学生利用课后时间自行组团,合作完成任务。
③填写任务学习单。
④课堂交流分享完成任务的过程和感受。

"认识四边形"任务驱动式内容重组

在该任务中,学生采用了多种测量方法:用步伐测量,用米尺或卷尺测量等。各小组在任务活动中尝试多种方法对比,然后优化,得出最精确的方案,整合学习了多种解决问题的方法。

3. 项目式重组

教育的发展方向一定是研究如何在单位时间和空间内让孩子获得尽可能多的发展,课堂教学形式正从课时目标解决转向项目性目标解决,因此课时内容也要随之从纯知识向探究式的项目转变。如二年级下册"1000以内数的认识"对教材原有的序进行了重构,设计成项目式的探究活动,如表4-3所示。

表4-3 "1000以内数的认识"教学设计对比

	教材的序	重构教学的序
学习内容编排顺序	例1:数数,认识计数单位"千" 例2:数的组成、读数、写数 例3:多角度认识1000,培养数感 例4:认识算盘,用算盘表示数	前置学习任务:1000有多大? 第1课时:1000有多大 第2课时:1000以内数的组成、读写 第3课时:计数的演变
学习素材	方块模型、点子图、小棒、计数器、算盘	方块模型、点子图、小棒、计数器、算盘、大米、红豆、花生米、白纸……

通过项目化的探究活动"1000有多大",重构教学内容的序,旨在使学生通过项目的研究,经历猜想、实验、推理和对比,用称一称、量一量、数一数等多种方法来感知和体验1000的大小,这能够更好地建立学生的数感和掌握探究大数认识的方法。

三、体艺学科的课程内容重组

体艺学科含体育、音乐、美术三大基础学科。在小学阶段,体、音、美课程对于培养学生的美感、激发想象力、提高身体素质有着其他学科无法替代的作用。《浙江省教育厅关于深化义务教育课程改革的指导意见》明确指出,学校不仅要开齐开足体、音、美课程,还要加强体艺特长类课程的实施,帮助学生培养兴趣爱好，养成良好的生活习惯和高雅的生活情趣。这就要求我们深入研究体艺课程，重组内容，建构更多个性化的体艺内容新体系。

（一）重组原则

体艺学科与人文学科、数理学科不同，是技能性很强的学科。因此在进行学科教学内容重组时，所遵循的原则也不一样。

1. 学科性

跨学科融合的发展不能消除传统学科存在的意义，体育、音乐、美术课程有非常显著的学科性质，体育重在培养学生的身体素质和运动能力，音乐和美术虽说都能培养学生的审美情趣，但音乐重在听觉审美，美术重在视觉审美。学科性质、核心素养的差异，要求我们在体艺学科的课程内容重组时，遵循学科性，多研究同学科内不同内容之间的相通点，同主题不同学段内容之间的衔接处，围绕该学科的性质和核心素养，增加同学科内的内容重组，使某一知识技能的学习更专业、更系统。

2. 系统性

体、音、美学科是重视技能传授的学科，这些知识技能本身具有比其他学科更强的内在逻辑联系。运动技能、歌唱技能、绘画技能的习得一定是从无到有、从已知到新知、从学会到精通的，这就需要教学内容循序渐进、系统连贯地编排设计，保证学生获得系统的知识。如果完全违背系统性、连贯性，学生就只能获得一些零碎片段的知识或技能，导致学习质量非常低，同时学生的身体素质、运动能力、审美情趣等也不能得到系统的训练。

3. 趣味性

体艺学科的课程内容重组，是为了更好地培养学生个性爱好和更高雅的生活情趣。如果每课的内容都纯粹是体、音、美技能技巧的训练，那学生的学习是非常枯燥无味的。久而久之，小学生对体、音、美的学习兴趣就会渐渐丧失。因此，首先，增强重组内容的趣味性，设计符合该年龄阶段的、学生感兴趣的课程内容是非常重要的。其次，将这些课程内容的设计融于游戏化、活动化的教学实施过程中，或渗透在学生自主、合作的探究过程中，也能使该课程的趣味性更强，更受学生的喜爱。

(二)案例举样

我们以美术学科的校本教材开发为例,谈谈体艺学科内容重组的基本范式。

1. 整体设计

美术校本教材的开发不是对美术教材之外内容的拓展,而是深入研读美术教材,对教材内部进行梳理、整合及适当拓展,再将同一领域的内容系统重组,确定新的内容体系,编撰成符合学校及学生特点的新教材。

我们围绕美术课程标准中的四大领域目标,根据学生的年龄特点,对美术教材中的相关内容进行梳理、整合、拓展和重组,编写了四套美术校本教材。分别为一、二年级的陶艺、综合造型,三、四年级的水墨以及五、六年级的线描,如图4-8所示。

绿城育华小学美术校本教材

⚑ 陶艺 一、二年级

📷 综合造型 一、二年级

🌐 水墨 三、四年级

📱 线描 五、六年级

图4-8 绿城育华小学美术校本教材总框架

2. 目标设定

美术校本教材内容的编写是建立在该内容的目标基础上的。对目标的设定,我们紧紧围绕"造型·表现""设计·应用""欣赏·评述"和"综合·探索"四大学习领域,先明确该课程内容的总目标,再细化每学期的目标,循序渐进地搭建该项内容的目标体系。具体如下。

(1)明确总目标。美术校本课程的总目标仍然按"知识与技能""过程与方法""情感态度与价值观"三个维度设定。教师深入研读美术教材和课程标准,结合每个阶段学生的学习特点,将四类美术校本课程总目标确定如表4-4所示。

表4-4　绿城育华小学美术校本课程总目标列表

课程内容	适合学段	总目标
陶艺	一、二年级	1.熟悉陶泥特性,了解基本的陶艺技法,体验设计制作的过程,发展创新意识和创造能力,获得对陶艺的学习热情和兴趣 2.掌握捏塑、泥条、泥片等成型方式及陶艺技法,通过观察周围的事物激发创作思维,结合地方文化特点,学会用泥塑的多种表现方式进行陶艺创作 3.通过对陶艺技巧与制作过程的探索和实践,形成基本的美术素养,开阔视野,拓展想象空间,体验探究的愉悦和成功感 4.学会多角度欣赏优秀泥塑作品,体会艺术作品与地方文化、生活的密切联系,使学生热爱地方特色文化,热爱生活
综合造型	一、二年级	1.尝试运用各种工具、材料制作造型,丰富视觉、触觉和审美经验,体验美术造型活动的乐趣,获得对美术学习的持久兴趣 2.了解纸材、自然材料以及废弃物等源于自然与生活的综合材料,通过学习,学会运用美术语言进行表达与创作,美化环境与生活 3.在体验设计与制作过程中,发展创新意识和创造能力,形成基本的美术素养,体验探究和实践的乐趣与成就感 4.欣赏优秀综合造型作品,从中体会手工制作、立体造型与地方文化、生活的密切联系,使学生热爱地方特色文化,热爱生活
水墨	三、四年级	1.使学生对中国水墨的基本知识有初步的了解,熟悉并能较熟练地使用水墨画的基本工具和材料 2.尝试运用水墨画语言进行表现和创作,注重积极体验、主动探究 3.养成良好的水墨画学习习惯,形成一定的欣赏与评述能力,能够欣赏分析作品的水墨表现技法与表现形式以及作品特点 4.加深对水墨画的文化认知,对中国独特的国画艺术产生更浓厚的学习兴趣,并有持续学习的愿望

课程内容	适合学段	总目标
线描	五、六年级	1.通过线描学习,五、六年级的学生学会了观察,在观察中获得某种感受和体验,激起他们强烈的表现欲望 2.接触各种绘画类型、不同的工具材料与绘画形式,不断变换的新鲜感激发绘画热情,唤起生动的想象力,丰富他们的审美体验,扩展思维空间 3.通过愉快的作品欣赏,学生始终在一种自然和谐的心态下进行情感体验 4.在创作中体会愉悦与兴奋、率真与随意、专注与自信、幻想与创造,使学生从感悟中体验,从创造中得到情智的熏陶

(2)细化学期目标。有了总目标的引领,还需确定每学期的细化目标,才能为教材内容的筛选和重组提供精准的方向。经过反复实践与研究,将四类校本课程内容的学期目标逐一确定,形成美术校本课程的目标体系(见表4-5)。

表4-5 绿城育华小学美术校本课程目标体系

课程内容	年段	阶段目标
陶艺	一年级上	1.通过观察生活中的事物,对物体造型特点引发思考 2.初步感受陶艺的特性,运用简单的技法并夸张表现 3.结合泥塑的美术形式,欣赏与自然或生活元素相关的艺术作品,初步培养学生的审美意识与自我表达能力
	一年级下	1.继续熟悉陶艺的特点,学习一些基本的陶艺技法 2.通过观察、分析生活及周围熟悉的校园活动等,以观察再回顾等形式,对表达对象进行创作 3.初步运用陶艺的方式表现本土地域文化特色,感受艺术特点和文化魅力
	二年级上	1.尝试发挥创新、想象能力,运用多种泥塑成型方式大胆表现内心世界 2.掌握并运用搓、切、压、塑等基本方法,体验陶艺活动的乐趣 3.学会欣赏泥塑等艺术作品,并能尝试用语言进行简单评述

课程内容	年段	阶段目标
陶艺	二年级下	1.能自主选择适合的材料,运用擀、切、压、塑等陶艺基本造型方法进行造型表现 2.学会运用陶艺的方式,结合地方和学校的特色创作作品 3.能在作品中较好地传递个人思想和情感,感受陶艺与生活的关系
综合造型	一年级上	1.了解、体验各种综合材料的特性 2.尝试简单的工具运用,通过折、剪、贴、添画等方式进行有趣的造型活动 3.学会欣赏不同类型的综合造型艺术作品,通过欣赏、讨论,尝试用自己的语言进行表述
	一年级下	1.学会合理使用工具的方法,巧妙利用大自然及生活中的各种媒材,进行有创意的设计与制作活动 2.通过欣赏与体验设计制作的过程,发展学生创新意识和创造能力 3.了解传统地方特色艺术,学会欣赏传统文化艺术的特点,尝试介绍喜欢的地方文化特色工艺
	二年级上	1.发挥创新、想象能力,根据意图选择媒材,用剪、贴、组合等方式大胆表现 2.学会设计与制作立体造型的方法,体验设计制作活动的乐趣 3.学会欣赏艺术家的设计与立体造型作品,能尝试用美术语言进行简单评述
	二年级下	1.观察、认识及理解形状、空间、肌理等基本造型元素,运用对称、均衡、变化统一等形式原理进行造型活动,增进想象力与创新意识 2.通过对各种媒材、技巧和制作过程的探索过程及实验,发展艺术感知能力和造型表现能力 3.体验造型活动的乐趣,敢于创新与表现,产生对综合造型学习的持久兴趣

课程内容	年段	阶段目标
水墨	三年级上	1.初步认识中国水墨画的工具和材料,并初步尝试使用,体验学习中国水墨画最基础的表现方法和技能 2.感受水墨的韵味,体验肌理、空间带来的新的视觉冲击美感,体会水墨画的独特美感 3.能用所学技法和表现形式进行国画的自主临摹,如蔬果、花草、动物等
	三年级下	1.通过探究性学习、研究性学习、合作学习等多种方式,开展中国水墨画的学习 2.能熟练地掌握基本水墨技法和表现形式,通过所学内容进行简单的水墨创作 3.初步养成较好的中国水墨画学习常规,在欣赏、表现、评述、交流中体会中国水墨画的独特韵味
	四年级上	1.通过学习,增进对中国水墨画基本工具和材料的深度认识,增加熟练度,提高深化水墨技法 2.尝试运用不同的技法表现情感和对自然、生命的独特理解 3.通过所学技法能熟练地进行丰富的艺术创作,并表达自己的感受和思想
	四年级下	1.通过多种方式尝试在水墨画学习中探索与创新,并用水墨画设计制作、造型表现 2.通过水墨学习实践,加深学生对水墨画的认识,激发学生持续学习的兴趣与愿望
线描	五年级上	1.通过一系列点、线、面的绘画游戏,让学生的小手能自然地放开、协调,手、眼、脑自然地配合 2.让学生展开本能的思维活动,进入线描绘画的角色,并享受其中的乐趣
	五年级下	1.学生能面对自然对象,凭着自己的能力、审美、兴趣和概念进行直接的表现 2.学生能在创作中画出自己的独特感受
	六年级上	1.能将身边生活的点滴,身边的所见、所爱、所感、所想用线描的方法记录下来 2.积累生活素材,为创作作品做准备
	六年级下	能以生活作为根基,以独特的艺术感受和方法把自己所见所想的形象加以改造或重新组合

3. 内容重组

目标体系的形成,意味着每学期该课程内容的教学目标已经确定。依据每条细化目标,便可对美术教材内的相同领域内容进行筛选和重组,确定教学内容体系(见表4-6)。

表4-6　绿城育华小学美术校本课程内容体系

课程内容	年段	内容体系	课程内容	年段	内容体系
陶艺	一年级上	1.一起来玩陶 2.有趣的泥条泥片 3.同学的脸 4.家乡的点心	综合造型	一年级上	1.铅笔头的小帽子 2.有趣的日出 3.花扇子 4.叶子小动物
	一年级下	1.我的小拖鞋 2.泥条罐 3.我的小笔筒 4.鱼儿游啊游		一年级下	1.改头换面 2.多彩的鱼 3.鲜艳的花朵 4.创意书签
	二年级上	1.校园里的墙 2.参天大树 3.我的陶瓷印 4.大公鸡喔喔叫		二年级上	1.超酷的眼镜 2.嘀嗒嘀嗒 3.小小相框 4.筷子小人
	二年级下	1.有趣的软陶 2.软陶项链 3.胸章 4.美丽的鸟		二年级下	1.小杯子大变身 2.小小服装设计师 3.创意帽子秀 4.神奇的玩偶
水墨	三年级上	1.文房四宝 2.水墨交融 3.蛙声十里 4.校园的树	线描	五年级上	1.运动的线条 2.瓶瓶罐罐 3.自制棋盘 4.果盘装饰
	三年级下	1.国宝熊猫 2.蓝印花布 3.葫芦娃娃 4.七色花开		五年级下	1.我的大头鞋 2.校园的盆景 3.校园文化衫 4.帽子设计

课程内容	年段	内容体系	课程内容	年段	内容体系
水墨	四年级上	1.女儿口色 2.塘栖枇杷 3.西溪火柿 4.白菊秋艳	线描	六年级上	1.我们的校车 2.校园手绘地图 3.校园一景 4.校园建筑写生
	四年级下	1.灵峰探梅 2.苏堤春柳 3.西湖荷韵 4.白墙黑瓦		六年级下	1.自画像 2.我的同学 3.校园趣事 4.快乐的节日

从表4-4至表4-6可以看出,体艺学科的重组从课程的总目标出发,对学期目标、具体内容进行逐层分解,在此基础上进行重组,展开教学。

第二节　拓展性课程的内容开发

拓展性课程是学校自主开发开设、供学生自主选择学习的课程，着眼于培养学生的主体地位、完善学生的认知结构、改善学习方式、提高学生自我管理和选择学习的能力。2015年，在浙江省教育厅颁布的《浙江省教育厅关于深化义务教育课程改革的指导意见》中提出，拓展性课程的开发要突出兴趣性、活动性、层次性和选择性，满足学生的个性化学习需求。我们对课程、项目、社团的学习内容拓展进行了探索和研究，并在实施过程中积累了经验。

一、依托基础性课程的学习内容拓展

在学校教育中，课程为学生的发展提供了重要的基础与保障。基础性课程，确保每一个学生具备适应社会必需的思想道德素质、科学文化素质和健康素质。为了给学生创造更多的机会，让学生得到更好的发展，学校一直致力于课程研究，秉承有效性、实用性和科学性的原则，在落实国家基础课程的同时，进行了相关学习内容的开发、拓展（见图4-9）。

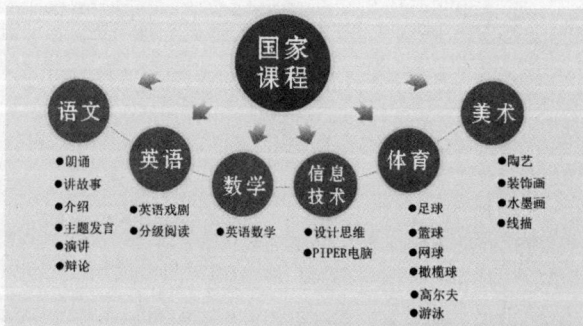

图4-9　依托基础性课程开发的拓展性课程

基于国家课程,学校围绕语文课程开设的口才表达课程如朗诵、讲故事、介绍、主题发言、演讲、辩论等,围绕英语课程开设的英语戏剧、分级阅读,围绕美术课程开设的陶艺、装饰、水墨、线描,围绕体育课程开设的高尔夫、足球、篮球、网球、橄榄球、游泳,围绕信息技术开设的设计思维、PIPER电脑,基于学生的英语能力开设英语数学等。

(一)课程原则

依托基础性课程的学习内容拓展,是拓展性课程开发的一个重要方面,由于这类拓展性课程源自基础性课程,因此在开发时必须遵循以下两个原则。

1. 有效性原则

依托基础性课程而进行的课程拓展资源的开发,将最终应用于教学环节,因此,课程资源首先在设计上必须关注每个学生的生理和心理特点。不同年龄段的学生兴趣点不一样,对学习的内容感兴趣了,就愿意去参与,反之则不然。其次还需要关注学生的能力发展水平,课程难度太大,学生理解和掌握有困难,教学效果必然打折;课程难度大小,调动不了学生的积极性,无法让学生超越自己而达到更高发展阶段的水平。

2. 实用性原则

首先,在明确教学目标的前提下,认真分析与教学目标相关的各种各样的学习资源,掌握课程的独有特点,使所开发的学习资源真正发挥其价值,能够促成教学目标的有效达成,能够促进学生全方面地发展。

其次,学生对知识的认知存在动态变化,课程资源的开发必须秉承实用性原则,以学生当前的学习状态为评价基准,适当调节课程资源的展现维度和使用方法,加强英语课程资源开发的实用性,支持学生在不同时期的学习需求。

(二)内容设计

所有依托基础课程开发的拓展课程,都有课程的总目标与年级的分目标,并结合学生的年龄和心理特点,选择适配的学习内容,设计教学活动。下面以领导力课程之"口才表达"课程为例,来了解拓展课程学习内容的设计(见表4-7)。

1. 课程目标

通过领导力课程学习,培养学生敢于表达、善于表达、乐于表达的良好习惯,达成表达中心明确、语言流畅、时效较高、情态合理等素养,提升学生的语言丰富、思维敏捷、认知判断准确等综合素养。

2. 内容安排

小学阶段学生的年龄跨度大,语言表达能力的差异也非常大,低年级学生语言表达能力弱,学习内容的安排宜简单,形式主要以"模仿"为主。随着年龄的增长,学习能力增强,学习内容难度也呈螺旋上升,进而提升语言表达能力。

表4-7　领导力课程之"口才表达"课程建构一览表

年段	课程名称	课程内容	形式	标准
一年级上	朗诵与发言	朗诵古诗、童诗,学习发言	独诵、配合诵、分角色诵、小组诵、齐诵	口齿清楚,感情表达,节奏合拍
一年级下		朗读儿歌、儿童诗、绘本、故事,一句话说新闻	读好长句子,读好对话,分角色朗读	正确停顿,读好不同的语气,感受人物的心情
二年级上	讲述与传达	绘本故事、成语故事(教给大家一个字)	独讲、合作表演	故事完整,有声有色,突出重点
二年级下		民间故事、传统美德故事、寓言故事、生活中的小故事	独立讲、合作表演讲、有礼貌地传达	清晰表达,有个性风格,表现多元
三年级上	介绍与宣传	介绍自己、同学、家庭、学校、书本	文字介绍、图文结合	介绍清楚,特点鲜明,易于记住

年段	课程名称	课程内容	形式	标准
三年级下		介绍一种动物或植物、一个景点、一件事、一个人	借助关键词、PPT、短视频	条理清晰，抓住特点
四年级上	主题讲话与述说	班干部竞选、国旗下讲话、环保倡议、一句话新闻，表达倾向	文字介绍、图文结合	口齿清楚，表达准确，突出主题，有号召力
四年级下		转述国内外新闻、撰写并述说校园新闻、家庭和班级趣事，表达自己的认识与理解	口头表达、图文结合、独立说或合作说	标题醒目，表达清楚，观点鲜明
五年级上	演讲与推荐	围绕生活、学习中的话题，如"一个影响我的字"	命题、即兴	观点鲜明，有理有据，充满激情，富有特色
五年级下		推荐一本书或电影、推荐一个去过的景区、推荐认识一位好朋友	单独推荐、共同推荐	有理有据地围绕观点表达
六年级上	辩论与社评	学习、生活、社会、国际热点与焦点、历史名人成就及其局限	独辩、合作辩论、即兴辩论	善于选材，有礼有节，表达清晰，针锋相对
六年级下		社会观点、文学作品中的人物评论、书评、书或电影中人物评论、社会事件评论、热点问题阐述、毕业人生展望	独立评论、争辩式、演讲式	观点明确，有理有据，语言有序，结构有道

口才表达课程每学期以16周为单位安排适配的教学内容，学生可采取按学号轮流的方式，开展体验式学习。根据课程的顶层设计，五年级开展的是"演讲与推荐"，具体安排如表4-8所示。

第四章　重构：个性化学习的内容改革

表4-8　五年级上"演讲与推荐"课程序列

序号	主题或辩题	学习要点
1	(1)认识"演讲" (2)观看一段演讲视频	认识和了解演讲的基本流程,了解演讲课程的学习目标
2	学习"演讲开场白"(1)名如其人	学习用介绍自己姓名的方式进行演讲的开场白训练
3	学习"演讲开场白"(2)事例导入	学习用讲述一段或一个故事的方式进行演讲的开场白训练
4	(1)发布主题:独特的我 (2)尝试写一篇演讲稿	组内交流,互相修改发言稿。凸显材料不足的缺点,激发学习内需
5	(1)各组选派优秀代表进行模拟发言 (2)发布主题:一个影响我的字	学生进行互评,教师进行点评,提高临场表现力
6	撰写演讲提纲	通过学习优秀的演讲提纲,提炼撰写方法,小组合作,撰写一份演讲提纲
7	学习制作适合自己演讲时简单的背景PPT	通过制作简单的PPT,用图文结合的方式加深观众印象
8	(1)PPT评点 (2)发布主题:我与育华的故事	通过对比,发现优缺点
9	(1)如何使自己的演讲主题更加凝练 (2)优秀演讲稿欣赏	使用思维导图的方式,让发言结构更加清晰
10	(1)演讲时语速、语调的控制 (2)代表发言	通过不同语速和语调的对比,发言时抓住观众的技巧
11	(1)一些特殊句式的使用 (2)发布主题:文明礼仪在校园	感受反问、设问、排比、祈使句等句式在发言中起到的作用

序号	主题或辩题	学习要点
12	(1)用诙谐幽默的语言使演讲更加引人关注 (2)材料赏析	学习使用"自嘲""夸张""故意曲解"等方式让发言更加诙谐幽默
13	换位思考训练:做一名听众,最喜欢什么样的演讲	主要发言人发表演讲,其他组员做听众,总结最佳发言策略
14	(1)发布主题:我与书的故事 (2)尝试进行即兴演讲	了解即兴演讲,并进行初步尝试。总结得失
15	(1)讨论:即兴演讲的注意事项 (2)学生、教师点评 (3)发布即兴演讲主题:感谢师恩	交流策略后再次进行尝试即兴演讲,产生代表进行全班演讲
16	(1)自我评价 (2)互相评价	根据学员情况评选各奖项

从课程内容序列的安排来看,整体设计由浅入深,由易到难:认识"演讲"→学会撰写"演讲稿"→了解演讲"技巧"→即兴演讲,每一个学习内容都有相应的学习要点。

(三)案例举样

在五年级上册安排的学习内容序列里,从第四节课开始,学生尝试撰写演讲稿,第五节课要对所撰写的演讲稿《独特的我》发表演讲,在演讲之后进行评价,随后进入下一个阶段的学习(见表4-9)。

表4-9 《独特的我》教学安排

	第一课时	第二课时
教学目标	1.通过讨论交流、范文赏析,初步了解演讲稿 2.以"独特的我"为主题,尝试撰写一份演讲稿	1.通过演讲,"巧用事例"介绍自己某一方面的特点;培养学生自信大方、乐于表达的品质 2.在师生、生生互评中,提升演讲的礼仪和表达技巧
过程设计	一、认识演讲稿 1.什么是演讲稿? 演讲稿又叫演说词,它是在大会上或其他公开场合发表个人的观点、见解和主张的文稿。 2.演讲稿的好处: ①使演讲内容更加深刻和富有条理。 ②可帮助演讲者消除临场紧张、恐惧的心理,增强演讲者的自信心。 3.演讲稿的结构:题目、称呼、问候语、正文。 二、演讲稿范文赏析:《书香伴我成长》 三、撰写演讲稿 结构完整:题目、称呼、问候语、正文 ★ 有合适的开场白和结尾 ★ 有具体事例 ★ 紧紧围绕主题 ★	一、《独特的我》汇报演讲 准备:①PPT背景营造演讲氛围;②教师担任主持。 1.讨论评价标准。(预设:站姿、眼神、表情、肢体语言,尽量脱稿,如果拿着稿子讲,稿子不能遮住自己的脸等) 2.提炼并出示评价标准。 有物:有一定的具体事例 ★ 有序:有合理的顺序 ★ 有礼:自信大方,表达清晰 ★ 有趣:语言风趣,吸引观众 ★ 3.学生演讲。 4.生生互评,教师点拨引导:引导学生根据"有物、有序、有礼、有趣"四个维度进行评价。 5.总评:你对谁印象最深刻? 说说你的理由。 二、结课并发布下节课的演讲主题 1.今天的课,你有什么收获? 2.发布下节课的演讲主题:一个影响我的字。 3.教师引导,头脑风暴,激发灵感,为课后的准备做铺垫

虽然主题都是"独特的我",但第一节课重在指导"写"演讲稿,第二节课重在"评"演讲稿,学生在边写边评中了解了写演讲稿的要求,知道了"好"讲稿的标准,并将从实践中习得的经验继续用于新命题"一个影响我的字"的演讲准备中去。

二、依托项目的学习内容拓展——广域课程

随着社会的不断发展,在生活中我们面临的社会现实问题越来越趋向于多学科性、多维度、全球化等特征,需要解决的问题也更开放、更综合、更复杂。因此,培养学生综合性解决问题的能力或素养,进行有意义的深度学习,促进创新思维与能力的发展,在当前尤为重要。

学校自2014年开始研究依托项目学习的广域课程,最初的研究始于一、二年级,慢慢地覆盖到其他年级。广域课程主要以项目设计带动学习,学科融合度高,实施过程重合作交流、情境体验等。

(一)课程原则

我们依据项目学习的一般要求特点,确定了以下三条基本原则。

1. 综合性

广域课程的整合研究方法与思维模式把学生推到了"主体地位",教师更多的是指导学生自发设计小组内的活动方案,合理分工并组织安排活动中需要的材料,在活动中通过"做、考察、实验、探究"等系列活动,培养学生观察分析、合作探究、动手动口的能力,以提高学生综合运用知识解决问题的能力,提升学生的创新与实践能力,培养学生的综合素质。课程的学习重点不再是让学生掌握知识或熟练技能,而是通过与材料及其他人合作、探究等教学流程让学生在实施过程中展开学习的体验、思考、实践和创作,以培养自学、合作等综合实践能力。

2. 实践性

广域课程的学习内容是丰富的,实践的方式也是多样的。设计活动时并不仅仅让学生做社会调查、参观、访问,更重要的是要为学生营造实践情境,通过引导,让学生自己发现问题、提出问题、解决问题。特别是学生能够面对生活世界的各种现实问题,综合运用所学知识,主动地去探索、发现、体

验、重演、交往，亲力亲为，获得解决现实问题的真实经验。

3. 整合性

广域课程的项目设计要以学科内知识点为内核，根据学科内容和特点整合课程资源，既要基于学科特点，又要超出单学科研究的视野，打破学科知识边界；既要突破学生认知边界，构建多个学科综合性的结构网络，还要有明确的、整合的研究方法与思维模式。因此，在选择项目前要做好学段、年级教材的内容梳理，了解其他学科相关内容。整合项目时，不仅要关注学科知识整合，确定该主题涉及的学科和每个学科能提供的资源，融合多学科主题设计课程实施方案，还要关注学习者中心整合以及学生生活经验整合。

（二）内容设计

1. 建立校级顶层目标

围绕一个项目进行广域课程的探索学习，学习不再是单科的，更是一种多学科融合的主题综合式学习。从一年级到六年级都在开展，不仅提升学生的综合能力，而且培养了学生跨界思考的素养。在借鉴IB课程之探究课程的基础上，在进行广域课设计的过程中，我们设计了三个有关领域的主题，分别是"我·我们""人·自然""社会·文化"，即"我从哪里来""要到哪里去""我能给社会带来什么"。

2. 形成年级序列目标

在顶层目标的观照下，学校在设计这些主题时，结合学生的年龄和心理特点，关注了从一年级到六年级12个学期的内容设计和实施，每个项目下是层层深入进行的，每一个年级里又是涉及多个主题进行覆盖的，如表4-10所示。

表4-10　广域课程年级活动安排

年级	我·我们	人·自然	社会·文化
一年级	上学啦	动物狂想曲	垃圾分类
	同学和朋友	小荷才露尖尖角	"帽"似不寻常
二年级	我的家庭	一叶知秋	重阳·敬老
	我的亲戚	神奇的种子	五月·端午·赛龙舟
三年级	偶像·粉丝·密友	冬日物语	电影艺术
	自我防护与救助	蚕·昆虫	清明·纪念
四年级	优雅女孩	陶与瓷	中秋·月亮·团圆
	阳光男孩	竹·竹编	越剧
五年级	家务·生活自理	石头家庭	汉字·读书·成长
	爱好·特长·理想	湿地·水生部落	水乡·桥
六年级	回顾·前瞻·未来	人文西湖	诗·人生
	毕业啦	海洋·船	中国民居·中国建筑

3. 结合年级特征设计教学内容

以"我·我们"为例,每个学期的广域课程设计各有侧重。比如,一年级上册,正是学生从幼儿园升入小学阶段,不一样的同伴,不一样的学习生活给学生带来很多新的"挑战"。"上学啦"从我是谁、我的班级、我的学校、我们的约定切入,可以帮助学生顺利度过"幼小衔接"。而二年级上册的"我的家庭"则从我的家族、我的家人、我家的趣事切入(见表4-11)。

表4-11　"我·我们"一、二年级学习主题

课程主题	学期目标	学习内容
我·我们	一年级上:上学啦	1.我是谁:我的自画像(姓名、性别、外貌特点)、角色定位、爱好 2.我的班级:认识老师、熟悉伙伴、了解课程、知道上课时间 3.我的学校:学校校名、认识校长、了解相关部门(图书馆、医务室等)、知道活动场馆 4.我们的约定:学校规章制度、班规、各学科课堂常规(中英文、数学、体育等)

课程主题	学期目标	学习内容
我·我们	一年级下：同学·朋友	……
	二年级上：我的家庭	1.我的家族：介绍姓氏，知道姓氏的"前世今生"；介绍名字，知道名字背后的意义 2.我的家人：介绍家人，了解家人的年龄、身高等基本信息，了解家人的性格脾气、从事的行业等 3.我家的趣事：收集家人有关的趣事，了解家庭的氛围
	二年级下：我的亲戚	……

（三）案例举样

不同的项目主题，在学习内容的设计上各有各的不同，但所有基于项目的广域课程学习内容的设计都有它们的共性：跨学科融合。

【案例4-12】 "我·我们"学习内容设计——以"我的家庭"为例

学习目标：

通过与我的家庭主题相关的广域课程学习，加深对家庭的全面认识；

通过"我的家族""我的家庭""我的梦想"系列活动，提高家庭归属感和安全感；

通过广域课程相关学习之后，体会我与家人们的亲密关系，在各项展示活动中获取奖励，感受成长、收获的喜悦。

学科（活动）渗透：

广域课程"我的家庭"内容分解

学科渗透	子项目名称	设计者
语文	绘本：《我家是动物园》	孙××
语文+美术	我的家族树	孙××

学科渗透	子项目名称	设计者
音乐	家庭情景剧:我家的趣事	王×
道法	百家姓:了解姓氏	沈××
英语	介绍我的家庭成员	叶××
数学	家庭成员相关数据收集、处理	张××
家校合作	家庭亲子运动会	郁××
语文	我的家庭梦想	张×
赏析	《奇迹男孩》《摔跤吧,爸爸》《7号房礼物》《幸福来敲门》等经典电影	张×

广域课程"我的家庭"通过绘本引入,了解了家庭和家族,知道姓氏的由来,进而了解家族的历史。家族树、介绍家庭成员、了解家人的趣事、知道有意义的家庭纪念日等,则加深了孩子的安全感和归属感。运用数学方法收集和处理家庭成员的相关数据信息,经历数据统计的过程,同时对家人的了解也更进一步。经历家庭亲子运动会,体验家人团结、互助的重要性,而通过一系列电影的观赏,学会从多个角度感受亲情,建立和谐的家庭关系。

【案例4-13】 "人·自然"学习内容设计——以"动物狂欢节"为例

学习目标:

通过与动物主题相关的综合课程学习,加深对小动物的全面认识;

在画、看、说、比、学等丰富多彩的活动中,渗透爱护小动物、保护环境的公民意识;

通过广域课程相关学习之后,体会小动物与我们的亲密关系,在各项展示活动中获取奖励,感受成长、收获的喜悦。

学科(活动)渗透:

广域课程"动物狂欢节"内容分解

学科渗透	子项目名称	设计者
社会实践	走进动物世界	孙××
语文	《谁的尾巴最漂亮》	孙××
数学	数学绘本:《一寸虫》	王×
英语	Our pets(我的宠物)	沈××
美术	美丽的斑纹	易××
音乐	《小青蛙找家》	张××
科学	鱼尾巴的秘密	许×
体育	快乐的毛毛虫	郁××
综合展示	观看电影	张×
实践作业	1.制作动物小名片 2.秋游、学习任务单 3.设计动物斑纹 4.设计电影票	张×
赏析	4部不同的有关动物的动画片(如《疯狂动物城》《欢乐好声音》《闪电狗》《里约大冒险1》)	张×

　　"动物狂欢节"的广域课程通过查询资料设计"动物名片",经动物园实地考察,了解了动物的尾巴、美丽的"文身"、各具特点的生活特性,学生成了"小小动物学家",拉近了学生与自然的关系。通过学科渗透,更深层次地了解了动物的特征,如了解了鲫鱼的身体结构,知道尾巴的摆动与运动的方向有关;了解动物的"文身",并能将美丽的元素运用于生活的设计;利用数学绘本《一寸虫》感受一寸虫的机智和勇敢,了解并掌握测量长度的方法等。

【案例4-14】 "社会·文化"学习内容设计——以"端午节"为例

学习目标：

通过端午节相关的广域课程学习,全面了解端午文化,了解中国传统文化;

通过系列丰富多彩的活动,激发学生学习兴趣,培养学生的爱国精神;

在"端午节"广域课程相关学习过程中,会分享、会合作,感受成长、收获的喜悦。

学科(活动)渗透:

广域课程"端午节"内容分解

学科	子项目名称	设计者
语文	晨诵(童谣、儿歌、古诗) 午读(中文《端午节》、英文《夏天里的节日》) 课堂:《五月端阳》	陈××
数学	粽子中的数学问题	方××
道德与法治	《中国传统节日之端午节》	
英语	《名称对对碰》(艾草、粽子、赛龙舟等单词)	潘××
科学	解读"五黄"饮食	
美术	做香囊迎端午	张××
音乐	《绣荷包》	张××
体育	斗蛋、趣味划龙舟	班主任
家长课堂	包粽子	方×
社会实践	观看赛龙舟	家长
实践作业	制作书签	学生

通过"话"端午,对端午节的由来等相关文化有了更深切的感知与体验,增长见识,拓宽社会知识面;通过"数"端午,估一估、称一称、算一算等数学

方法了解粽子的重量，发展数学能力；通过"夸"端午，把端午的习俗用生动的语言和绘本推荐给外国友人；通过"唱"端午，感受端午龙舟的节奏与力量感；通过"迎"端午，动手做香袋、编蛋兜等方式锻炼动手操作能力；通过"品"端午，深度解读"五黄"文化；通过"乐"端午，与身边的同学一起斗蛋、赛龙舟，在活动中体会与他人合作的必要性和乐趣。

三、依托社团的学习内容拓展——选修课程

绿城育华小学的选修课是从2005年9月开始探索的，当时学校只有22个班级，600多名学生，专任教师只有60多名。最初是以"才艺天地"的形式出现的社团课程，根据学校的教室、人力资源、场馆设施资源以及学生和家长的需求等而设置。经过多年的不断完善，到2012年选修课程基本定型，依托社团学习开展的选修课程目前有100余个科目，涵盖人文与社会、艺术与生活、数学与信息、科学与技术、体育与健康五大领域。

（一）课程原则

选修课程，顾名思义，就是学生根据自己的兴趣爱好进行选择的课程。因此，选修课程的开发具有以下几个原则。

1. 选择性

首先是课程的选择。在学校课程的顶层设计下，基于国家课程选修课程的开发是有所选择的。如人文与社会领域有阅读科目群、书法科目群、外语科目群（英语戏剧，英语歌谣，英语绘本，西班牙语、法语基础等），数学与信息领域有数学科目群、信息技术科目群（手机 App 编程、C＋＋编程、机器人、汽车 steam、3D 智造等），科学与技术领域有科学科目群（科学实验、天文）、模型科目群（建构模型、4D 搭建、未来工程师、车模、空模、木工等），艺术与生活领域有绘画科目群（陶艺、水墨、色彩、装饰）、舞蹈科目群（含芭蕾、爵士、街舞、民族舞）、器乐科目群（贝斯、吉他、大提琴、长笛、电吉他、尤克里里等）、声乐科目群（合唱、独唱、相声）、生活科目群（含烹饪、毛毡编织），体育与健康领域有棋类科目群（国际象棋、中国象棋、国际跳棋）、球类科目群（含篮球、足球、网球、乒乓球、橄榄球）、游泳、击剑、高尔夫等。经过一学年的实施，对所有的选修课项目课程会进行一轮考核，学生评价不高、实施效果不

理想的课程会被淘汰。当然,新的课程经选修课程管理委员会审核,达到开课标准也会纳入新一年的选修课程开课计划。

其次是学生的选择。选修课程的内容安排,尊重学生兴趣爱好与智能差异,强调全体学生的主动参与,充分发挥学生的自主性。每个新学年的开始,学校都会将集合了课程名称、课程介绍等信息的选修课开课计划提供给学生,学生根据自己的兴趣、爱好特长、学力等,结合家长的意见,自主选择一门适合自己发展的课程进行走班学习。以3D智造课程为例,指导老师通过发布课程简介的方式让学生了解课程(见图4-10)。

图4-10　3D智造课程简介

通过3D智造选修课的课程介绍,学生和家长可以了解到开设的年级、班级的人数以及对选课学生的要求,可以了解到课程"学什么",即学习内容的具体安排;还可以了解到课程学习过程中"怎么学",即建立在独立思维基础上的团队合作、软件建模到最后打印实物的过程。学校将所有的课程介绍梳理之后,上传到选课平台供家长了解,以下是2020学年选修课的开课计划中"科学与技术""人文与社会"领域的部分课程(见表4-12)。

表4-12 2020学年选修课程的部分开课项目

课程领域	课程名称	课程领域	课程名称
科学与技术	鲁班工坊	人文与社会	格林剧社
	STEAM		有滋有味小古文
	未来工程师		主持与控场
	巧手小裁缝		电影赏析
	汽车steam		国际俱乐部
	设计思维		西班牙语入门
	3D智造		法语入门
	创意实验秀		广播/播客/录音
	空模		主持与控场
	车模		英语辩论
	4D创意建构		跟着课文读绘本
	……		……

2. 学科性

选修课程的开发基于国家课程，是国家课程的拓展课程，课程的开发要有学科性，能体现学科特点。在五年级数学备课组团队开发的"魔力数学挑战营"中，教师们以配套的人教版教材为基础，挖掘相关的数学元素，对一些值得探究、适合拓宽的知识从基础知识拓展延伸、数学经典思维拓展、中外古典益智游戏、现实有趣综合实践活动这几个点切入，设计了"走进古典数学""神奇的数""数学小灵通""探究未知数""图形魔法秀"五个主题的课程内容，共15个课时。找到合适的学习内容，还要用数学的方式来组织教学。在五年级的数学选修课中，教师们将和学生们一起经历"独立思考、合作互助、综合分析、辩证思维"的学习过程，以达成"解析情境、建构模型、探寻本质、回归生活"的目标预设。

3. 趣味性

选修课程要兼顾课程的学科性，也要尽可能地提供趣味性较强的课程内容和活动形式。课程内容本身的趣味性、课堂组织的活动形式是激发学生的求知欲、学习兴趣和学习动机的关键。课程开发尽量考虑学生的学习兴趣,在知识的难易程度上照顾到学生在学习和生活中的已有经验,选择贴近学生的学习内容,选取的事例应生动有趣,知识性强的材料也做到化繁为简,化难为易,重点提高学生的学习积极性。在教学过程中尽可能多地采用自主学习、探究和合作的学习方式,以便促进学生拓宽思维、开阔视野,培养他们的创新精神和实践能力。

(二)内容设计

1. 建立总目标体系

围绕教育部规定的学生发展目标和学校办学总体目标,确定学校选修课程总体目标,学校的办学目标是"四化一型",学生的发展目标是"仁爱、求真、自信、开放",围绕此培养目标,那么选修课程的总体目标应是培养学生具备以下几个方面的素养:人道情怀、强健体魄、科学素养、艺术修养、国际视野,这是第一维度的目标。

2. 形成梯度序列

选修课程在总体目标的观照下,各个领域的学科在各个学段、各门课程、课程所处各个阶段及至每个学期、每节课均应确定相应的目标,这样才能让每位执教者、学习者心中有数。以"国学"课程为例,梯度目标体系的建构如表4-13所示。

表4-13 "国学"选修课程目标层级分解表

目标梯度	课程结构	目标内容
一级目标 (课程领域目标1)	人文与社会	培养学生关注人类文化中的先进部分和核心部分,传承文化,传承经典,学会思考,学会理解,树立正确的价值观,重视人,尊重人,关心人
二级目标 (课程领域目标2)	走进国学	国学是我们文化的根,它蕴含中华5000年历史的文化精髓,恒久的修身、治世之道与管理智慧。走进国学的殿堂,感受经典,传承美德,陶冶情操、健全人格、增长智慧
	……	

目标梯度	课程结构		目标内容
三级目标 （课程学科 目标）	走进 国学	亲近经典 ——诗词 吟诵	准确诵读，学习记忆技巧；积累经典诗词；汲取传统智慧，热爱经典文化
		亲近经典 ——小古 文入门	朗读和背诵小古文，初步掌握理解古代汉语的能力
		亲近经典 ——毛笔 书法入门	学习毛笔书法的楷书、行书的书写，学会欣赏书法作品，初步掌握楷书、行书的基本笔法
四级目标 （学年目标、 单元目标）	……	……	每学年（单元）具体目标（略）
五级目标 （教学活动目标）	……		每课时具体目标（略）

学校的选修课程既考虑了不同领域的课程丰富性，也关注了同一课程的层次性、递进性和延续性。以软笔书法选修课为例，学生在一、二年级的时候可以选择初级班进行学习，如果想要继续学习软笔书法，可以进入软笔书法的高级班。再如足球、篮球选修课程，在大课堂的基础上，有一、二年级足球、篮球兴趣班，再往上三、四年级可以参加足球、篮球梯队的学习，五、六年级则参加校队的选修课程。这样的选修课程架构既满足了学生横向多元的选择，又满足了学生纵向的发展与提升。

3. 合理有效地设计教学内容

首先是学期总学习内容设计是合理有效的。"4D"选修课是面向三年级及以上学生动手能力水平设计的形成一学期的内容设计序列（见表4-14）。

表4-14　选修课程"4D"学习内容安排表

学习时间	学习内容	学时	基础学分
第一周	小小科学家——陀螺转转转	2学时	4学分
第二周	小小科学家——魔术肥皂泡	2学时	4学分
第三周	小小数学家——球体变变变	2学时	4学分
第四周	小小数学家——平面和立体图形的转化	2学时	4学分
第五周	小小探究家——双螺旋DNA	2学时	4学分
第六周	小小探究家——建设桥梁	2学时	4学分
……	……	……	……

其次是每一课时的学习内容设计是合理有效的。让学生通过简单的搭建，熟悉各种材料的使用方法。通过简单的平面和立体图形的设计与制作，激发空间想象力。通过主题活动的开展，培养学生科学探索的态度，在活动过程中不断优化与调整，发展学生的动手操作能力，提升思维创新能力，发展综合素养。

(三)案例举样

选修课程有关注学生的实践体验的，有实施项目导向式学习的，有基于同伴互助的学习的，不同的课程内容的设计各不相同，但都是基于提升和发展的实践能力、应用能力、表达能力、表演能力等。以4D课程为例，这是以实施项目导向式学习为主的选修课程，即在一个阶段内师生共同完成任务，在完成任务的过程中学习提升。通过项目学习的形式支撑学生的学习活动，能使学生成为学习的主体。

【案例4-15】　"杭州的桥"教学设计

	第一课时	第二课时
教学目标	1.通过实践活动初步了解杭州的桥，在交流讨论中，分析杭州桥的历史、功能、种类和特点。 2.合作讨论，在交流评价中创新设计杭州的桥，发展学生的分析和评价能力。	1.在小组活动中，学会合理分工，表达与展示。 2.通过具体的制作过程，感受设计和制作的联系与区别，学会根据实际情况及时调整设计。 3.在展示和交流中，学生发现问题、分析问题和解决问题的能力得到提升。

新时代学习：小学生个性化学习的『绿城』探索

	第一课时	第二课时
过程设计	准备:课前学生以小组为单位,通过实地考察、采访、调查等方式去了解杭州的桥。用照片、录像和文字等方式记录。 一、了解"杭州的桥" 1.交流考察活动的收获和心得,发现的问题等。 2.了解和感受杭州桥的历史、种类、特点及功能等。 二、传承与创新"杭州的桥" 1.以小组为单位,讨论设计一座怎样的桥,它的功能、造型、色彩和材料是怎的,讨论这样设计的理由。 2.进行设计。 3.展示设计,其他同学评价、提问和建议。 桥的结构完整,体现现代元素　★ 符合当地环境,有一定价值　★ 有创意,创新　★ 4.修改设计。 三、小结延伸	准备:所需的4D材料 一、引入 这节课,我们要把创意设计做成模型,准备好材料就可以开始制作了。 二、制作"桥" 1.分工 各小组根据前次的设计进行合理分工。 2.制作桥 用4D材料,根据本组的设计,制作心目中的桥。根据实际情况适当调整设计。 3.展示评价 分享展示,与其他组同学交流互动。 (1)讨论评价标准。 (2)提炼并出示评价标准。 合作:人人参与,合理分工与制作　★ 关于桥:牢固,解决问题,创意　★ 展示:演示清晰,突出重点　★ 三、总结反思 1.回顾"杭州的桥"的活动过程,谈收获与不足。 2.讨论确定下一个活动主题:杭州的博物馆。

　　学生先通过实地考察和网络查询等方式了解桥,课上分析桥的历史、功能和特点。整个活动的开展,第一课时重在设计,第二课时重在制作,在活动过程中,学生要结合杭州地理环境,设计与制作有价值、有创意的桥。如"圆形的桥""开合变化的桥",让桥不只是桥。在合作与交流中,不断发现问题并解决问题,同时为下一次活动"杭州的博物馆"的开展积累经验。

第五章

变革:个性化学习的时空重置

　　众所周知,传统教育中的学习时空是指学校、课堂而言的。随着社会经济的发展,今天已经进入了全球化与信息化时代。人们对教育日益关注,对教育的要求日益提高。对于基础教育来说,培养未来合格公民的内涵在不断丰富。对于学校教育而言,顺应时代潮流,着眼未来需求,立足教育改革已是不可推卸的历史责任。而这种改革将体现在教育的方方面面,对传统教育的学习时空进行变革就是其中之一。本章所要阐述的就是个性化学习在时空方面的变革。

第一节　基于个性化学习需求的时间设置

　　课时是教学活动的时间单位，主要依据学生注意力的集中时长和教学活动的难易程度制定。在我国，目前小学各科教学学时统一地采用40分钟，已经沿用了许多年。标准、规范的课时安排，极大地提高了教学的标准化水平，但也忽视了学生的个性差异、课程内容的难度差异以及教师的教学风格差异等。为了使学生得到适性发展，学校一直致力于绿城课程的研究，对课程所需的时间设置也做了相应的尝试。

一、常态课：基础课程的时间安排

　　常态课，一般来说，是指教师在常规状态下所进行的课堂教学课。但是平常条件下，不同的教师上课的质量也会有差别。因此，我们所说的常态课，是指教师基于现实的资源条件，融入个人创造性的劳动，从而呈现出来的有质量的课。这样的课才是真正意义上的常态课，才是课堂教学追求的价值指归。

（一）常态课的课时设置

　　从时间设置的角度讲，常态课就是学校普遍的课时状态，以40分钟或35分钟为一个时间单位的课。常态课的时间设置主要用于基础课程的时间安排，一般而言，常态课的课时设置需要考虑到以下两个方面。

　　1. 学生的年龄与心理特点

　　心理学家的实验研究表明，在一般情况下，7～10岁儿童可以连续集中注意20分钟左右，10～12岁儿童在25分钟左右，12岁以上儿童在30分钟左右。小学阶段的学生年龄在6～12岁，35到40分钟一节的常态课，从开始组织教学到活动开展再到练习落实是符合小学生的心理规律的。

2. 基础课程的内容

根据2015年修订的《浙江省义务教育课程设置及课时安排》，国家课程的基础性课程要求一至二年级每周22～23课时，三至六年级每周25～26课时。其中，道德与法治、音乐、美术每周2节，体育每周4节（其中三至六年级每周3节），语文、数学、英语、科学等课程不同年级周课时也不一样。但这些基础性课程具有普适性，有明确、具体的教学目标和任务，教师熟悉教材、大纲，教材内容完整，有成熟的教材体系，教师在教学过程中可选择合理的教学方法在合理有限的时间里完成教学内容。

（二）常态课课时的一般设置

以一日的作息时间为例，上午从8:20开始，安排40分钟常态课2节，在30分钟的大课间活动之后，直至下午3:00安排35分钟的课共5节，每节课之间安排10分钟的休息与准备时间。

虽然常态课在个性化学习时间中占有比重大，但我们也会根据学科特点、学习内容等进行两节课连排，根据课程的学习内容的需求，动态地将常态课变成长课或短课。

二、长短课：适配特色课程的学习

长短课的时间设置不同于常态课，短课时间有15分钟、20分钟，长课时间有80分钟、120分钟甚至半天，长短课的时间设置主要适配学校特色课程的学习。

（一）长短课的课时设置

一是依据特色课程的学习内容。学校有基于国家课程而开发的校本课程，如美术学科的陶艺、水墨画，信息与科学学科的设计思维、PIPER电脑，英语学科的分级阅读、写作，体育学科的游泳等；也有基于项目学习的广域课程；还有基于社团活动的选修课程。系列特色课程的开发和实施，使原来的单一学科学习变成了跨学科的课程整合，现场考察、互动游戏、创意制作、科技发明、艺术设计等越来越多地出现在特色课程中。这种课时安排必须富有弹性，不仅可以嵌入某门学科的内部，直接在常规课堂时间内开展；也可以是跨越学科界限的课程整合,采用大小课、长短课的方式开展。

二是依据学生多元发展的需求。特色课程打造了课堂生态的多样性,使学生学习活起来,真正成为学习的主体。而长课的设置在课堂学习中可以让学生通过动手、动脑、动口,置身于浓厚的实践情境中,可以让学生更积极主动地参与,教师也能充分地尊重学生的自主学习,保证学生有自主的学习时间。短课的时间虽然短,但是利用短课学生可以进行阅读,做一个演讲,完成一些练习……在有限的时间里使学生得到反复的练习,一方面思维能力与学习能力得到有效提升;另一方面也不会因为时间多、学习任务少而因浪费时间感觉无趣。

(二)长短课设置的操作

一般来说,课程的内容决定是长课还是短课。

1. 关于长课

学科拓展课程、广域课程、选修课程板块的课堂都适合用长课的形式来完成,以保证学生有充足的实践探究时间(见图5-1)。

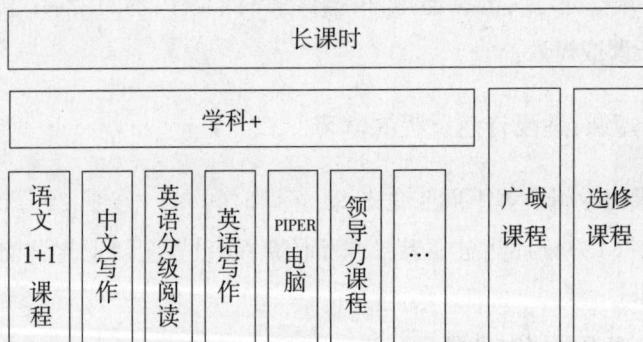

图5-1　长课时设置适配的课程

在以上长课时适配的特色课程中,长课时的设置也不完全一样。有固定在每周进行的长课时如选修课,固定在每周一、周二下午,一次课程的活动时间为60分钟,选修课是全校统一时段走班上课的课程,开展活动的时间必须做到全校一致。也有将常态课两节连排的长课时,如学科＋课程中的美术、写作、英语分级阅读等,这些学科不需要跨年级或跨班级上课,在安排时自由灵活度更高,时间也更充裕,最长可达80分钟。也有临时调整的长课时,如语文1＋1课程和体育校本课程游泳课等,这些课程或是由于涉及跨班级上课的需要,或是需要一些准备的时间,因此都需要安排较长的学习时间,但是不需要贯串整个学期,因此在需要集中时间开展学习活动的时候,会将这些课做临时调整。还有如广域课程需要以年级为单位集中在一周或者几天开展活动,因此确定主题、方案后,广域课程的长课时会有年级组长根据学科整合后,统一协调安排时间,报备学校确认后实施。

除此以外,在学校的课表中还有每周2节自习课,课时为每次60分钟,这2节课的安排相对机动,主要用于年级的广域课程活动,或用于学科＋的语数学科课程或年级体育选修课等。

以信息技术课程六年级的PIPER电脑为例,这是一款可让学生自己动手拆装的简化计算机,通过有趣的故事情节,在完成游戏任务的过程中学习到编程相关知识。它的教学一般分四个环节,即"搭—探—编—创",每一个环节各有特点又相互关联,能保证PIPER电脑课程的有效实施。

由于每个环节有各自必须达成的目标,常态课的教学时间即40分钟的课时是不够用的,在课表的安排上考虑做整合,即用常态课的时间整合晨间诵读的时间或是午间活动的时间,使课堂教学活动时间由40分钟延长到60分钟,确保教学活动的顺利开展(见表5-1)。

表5-1　PIPER电脑课程安排表

DT专用教室(大)课程安排

	周一	周二	周三	周四	周五
晨间诵读 第一节	606班 PIPER电脑	605班 PIPER电脑	602班 PIPER电脑	604班 PIPER电脑	607班 PIPER电脑
第二节	502班DT		507班DT	304班DT	403班DT
第三节		505班DT	501班DT	402班DT	404班DT
第四节	302班DT	303班DT	504班DT	301班DT	503班DT
午间活动 第五节	601班 PIPER电脑	502班DT	608班 PIPER电脑		603班 PIPER电脑
第六节	508班DT				506班DT

2. 关于短课

短课时间主要用于语文、英语、数学的学科＋特色课程中，一般一节课为15分钟或20分钟。语文学科，在短课中会组织开展诵读、赏析、演讲等活动；英语学科，则会利用短课组织有主题的口语交流活动；数学学科，则会利用短课进行一个知识点的讲授，数学文化、数学思想的传授以及典型错例的订正等，也可以开展一些简单、易操作的数学游戏，如用扑克牌计算24点等。

（三）长短课时的实施

在教学过程中，教师从教学目标出发，选择和设计各种类型的长短课，精心设计不同组织教学方式，能够促进教学目标的达成，提高课堂教学效率，让学生有充足的活动时间。以下是语文1＋1特色课程中的"新闻稿撰写"的一个案例。

【案例5-1】 采访问题的设计

一、在社会大环境中引出课堂主题（5~8分钟）

1.师介绍：当今社会已进入"自媒体时代"。

①由学生在生活中常见常用的微信、公众号等引出，简单了解"自媒体时代"。

②赋予学生神圣的身份：自媒体时代，人人都是记者，人人都是新闻传播者。我们每个媒体人身上都应有责任感和使命感。

2.共梳理：一篇采访新闻稿的诞生需要经过的过程。

设计问题—采访记录—整理信息—完成稿子

3.引重点：本节课重点突破"设计问题"。

二、在课堂实践中探究"问题的设计"

实践活动一：模拟采访NBA巨星麦迪（8~10分钟）

1.播放NBA巨星麦迪35秒的视频，并简单介绍麦迪。

2.假如你是当时在现场的一名体育记者，赛后你获得了采访麦迪的机会，你会问他什么问题？填写采访提问单。

3.模拟记者招待会的采访，梳理出学生们会提的几类问题。

实践活动二:小组合作,比较研究著名记者的提问与我们的提问,归纳整理(15分钟)

1.出示著名记者克雷格·萨格尔现场采访麦迪的图片,简介克雷格·萨格尔。

2.小组合作,比较著名记者萨格尔采访麦迪的问题和我们设计的问题,探究萨格尔的提问好在哪里。

3.交流、整理,一个好的问题应具备哪些因素。

4.教师激励评价,送出一个"三不"锦囊。

①不问模糊抽象的问题;②不问大家都知道答案的问题;③不问令被采访者难堪的问题。

实践活动三:基于采访任务卡,团队合作设计采访问题(20分钟)

1.新闻就在身边,让我们从生活中发现采访素材。下发采访任务卡。

(1)采访主题:关于阅读、关于习作、关于书法、关于综合性学习……一切和语文有关的话题,每个组自选一个。

(2)采访对象:小学语文教育专家(你们熟悉的一位语文教师)。

(3)你们团队想要采访的主题是:

(4)针对这个主题,你们团队想向专家提的两个问题是:

  问①:

  问②:

2.要求:①小组讨论,决定采访主题;②小组合作,设计两个采访问题。

3.选取两份,比较反馈:哪个问题更好? 好在哪里?

4.取长补短,精益求精,二度修改所设计的问题。

5.一一展示各组的任务卡,生生互评各组设计的采访问题。

6.学以致用,即兴提问。现场采访刚才设计的问题质量进步最大的小组。

三、在课外实践中运用"设计的问题"(3~5分钟)

1.课后,带着任务卡上的问题去采访语文老师吧! 记得做好采访记录。

2.教师激励评价,再次送出一个"三要"锦囊。

①穿戴要整洁;②态度要诚恳;③说话要有礼。

从"采访问题的设计"这个教学案例中，可以很清楚地看到教师在教学过程中一共进行了三次课堂实践活动，三次活动层层递进，激发了学生的课堂兴趣和学习动力。每一次学习活动的组织，都能尊重生本，充分挖掘每一个学生的合作、探究、整理、归纳、评价等能力，使课堂生成得到最大限度的提升。由于长课时提供的时间保障，每一个环节学生都有足够的时间去吸纳信息，进行处理，再与同伴碰撞，输出信息，真正实现课程的教学目标，达到促进学生发展的目的。

长短课时的设置，使学生成了真正的学习者，他们有了充足的时间去体验和参与学习的整个过程；改变了教师的教学观和教育方式，教师将不受时间的约束，组织教学的方式、教学过程的交流方式、师生之间交往的方式都有了改变；提高了课堂效率，长课时让学生参与到课堂教学中来，照顾到每个学生，短课时教师直奔主题，精讲精练，针对重难点内容提出问题、解决问题、拓展问题，充分调动学生的积极性，在有限的时间内完成教学内容。

三、自主课：学习发展与支持中心的学习

自主课的时间设置不同于常态课、长短课，一般可以安排在午间、课外或者校外。自主课的时间配置主要用于个性化、差异化教学，既有面向学潜生的学习支持中心课程，又有面向学优生的学习发展中心课程。

（一）自主课的设置依据

自主课的设置依据是学生差异化教学、个性化发展的需要。每个学生都是独一无二的学习个体，有着不同的学习需求和发展目标，常态课、长短课能够关注到学生群体差异，但在及时了解每一个学生的学习状态和进度，给予不同阶段的学生所需的教学支持上还不能达到最佳效果。自主课的设置目的就是能灵活地使用不同的教学工具或教学方法，帮助不同程度的学生尽快参与到课堂活动中去有效地构建差异化教学模式，帮助学生实现个性化学习。

（二）自主课的开设内容

自主课设置如图5-2所示。

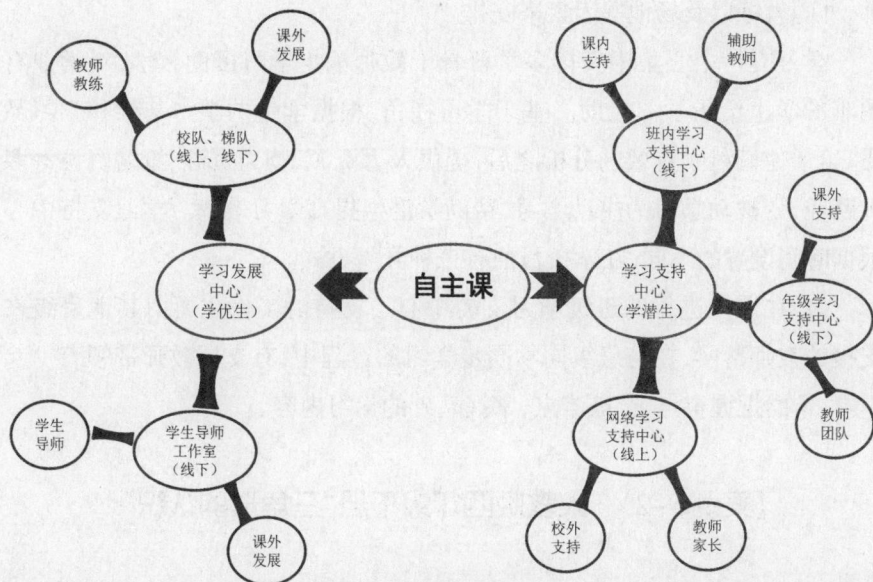

图5-2　自主课设置

自主课的开设主要面向学生群体的两端:学潜生和学优生。学潜生需要提升基础能力,学优生需要发挥自身特长,学习活动的组织方式有线上学习和线下学习两种,其中线下学习以课外的补充学习为主。

(三)学习发展与支持中心

学习发展中心指向学优生或特长生,集中了多学科骨干教师,外聘专业教练,特长学生承担教学指导任务,对学有余力的学生或有某方面兴趣爱好及特长的学生给予学习加持。提供新知识的学习或增加训练强度,不断发展特长,发扬长处。学习发展中心结合学科特点、指导者情况在学校目前有以下两种开展方式。

一是以学生导师为主体开展的学生导师工作室。根据自愿报名与导师考核的方式产生工作室的学生导师,再由学生导师结合自身的特长开展相关活动。学生导师工作室的活动时间一般安排在午间,每次活动时间为30分钟,一周活动一次。

二是以发扬学生特长为主导的各类校队、梯队。校队、梯队的成员需要通过入队考核,活动的时间一般安排在上学之前或者放学后,结合指导教

师、外聘教练以及场地等因素来安排。

学习支持中心集中安排多学科骨干教师承担学习援助教学，对学业有困难的学生给予学习援助。基于学习视角、根据学生的学力基础和学习品质、给予他们科学有效的分析之后，提供人力资源、物力资源、策略资源等多种路径，变被动学习为主动学习，帮助学潜生提高学习效率。学习支持中心根据时间设置的不同，在学校目前有三种开展方式。

（1）在课内进行的班级学习支持中心。支持的工作主要由其他班级来支援的教师落实，在与班级同学同步学习的过程中，有支援教师带领着一起学习，帮助把握重点，突破难点，掌握基础的学习内容。

【案例5-2】　人教版四年级下册"三角形的认识"

课题	三角形的认识	
探究新知	学力程度	学潜生
	学生姓名	厉××，王××，宋××，张××，陈××，赵××
	学习基础	学习基础薄弱，学习力不强，学习自觉性不够，上课容易开小差
	教室分区	课内学习支持中心
	学习方式	教室指导学习或师生共同学习
	学习过程描述	先由指导老师进行主体教学活动，再由支持教学的潘老师协助教学内容的实施，了解三角形的高，尝试画一画三角形的高；在潘老师的指导下，找到直角三角形的高，并能画出斜边上的高

不同的课型支持教师介入的时间有差异。以一般的新授课为例，在一节课40分钟的时间分配上，主导教师与全体同学互动交流的时间在20~25分为宜，支持教师在这期间主要以观察学潜生的学习情况为主，对开小差的学

生及时给予提醒。

（2）在课外如午间活动、晚间活动时组织开展的年级学习支持中心。基于学生的学力分析，以年级为单位同质组班，抽调各班学潜生组成课后学习支持中心。学习支持中心由教研大组牵头，备课组具体负责落实的管理体制。具体流程如图5-3所示。

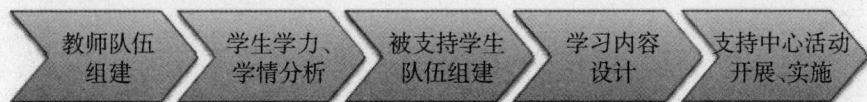

图5-3 数学学科年级学习支持中心具体流程

年级学习支持中心的内容是紧紧围绕一学期的教学内容结合学生的学习情况展开，主要是学生不易掌握或者容易出错的内容。

（3）在校外依托网络进行线上活动的网络学习支持中心。需要借助微信、钉钉等社交软件，通过"群交流、群分享"等方式在网络上进行及时的沟通与联系。课外网络学习支持中心的设立，教师可以随时随地关注学潜生的学习状况，学生能够随性地不断重复学习，加深对课堂学习内容的理解。

自主课的设置给不同的学生得到不同的发展打造了平台，创造了机会。通过自主课的学习，学潜生的学科学习基础打得更扎实，学习更有信心；学优生的特长得以发挥，学科能力更加凸显。

第二节　满足个性化学习需求的空间重置

随着时代的快速发展和社会呼吁个性化教育的需求，传统教室的问题也日益凸显。教室的设计、布置、文化创意存在同质化现象，年级、学段特征不明显；教室只承载单一的学习功能，而缺乏多元视角等。因此，一场空间重置的教室革命势在必行，要让教室为学生而建，让学生成为教室最核心的使用者；要构建更多样化的场馆学习，让整个校园都是学堂。

一、常用教室变"资源化学室"

重新建构儿童的教育空间，首先要从我们的教室做起，实现以教师为中心到以学生为本的教学理念的转变，从"儿童视角"出发，将教室建设成多种区域的资源库，并让各种资源相互产生"化学反应"，这样才能引起学生真实的参与和体验，触及他们的内心世界，从而引发主动、积极地学习。

（一）分区学习，差异导学

在学校进行课堂教学改革的过程中，我们面临的一个最大问题就是学生基本没有自己的学习节奏。无论是学优生还是学潜生，都跟着课堂既定的教学节奏"齐步走"，这样势必会导致学生两极分化。为了解决这个问题，学校以教室功能化分区为突破口，提供学生能自选节奏的空间，从而优化课堂教学，提升教学质量。

1. 自选分区：三个中心，多个平台

怎样进行教室空间变革呢？首先，我们从概念进行重构，"教室"体现的是以"教师"为主体的空间意识，而"学室"则凸显了以"学"为中心的建设意识。

"学室"的概念凸显了以学生学习为主要功能的建设意识。首先进行了资源化建设。将教室建设成丰富的资源库,有生物角、图书角、教具与学具、公用的词典查阅、互联网等,学生可以根据自己的需求,在必要时进行自由的学习或体验。最关键的是将教室进行合理的功能分区,分为常规教学与学习区、自主学习中心、互助学习中心、学习支持中心、讲演示范、学生作品展示区、成长故事区等(见图5-4)。各教室在此基础上可以进行临时性调整和优化。

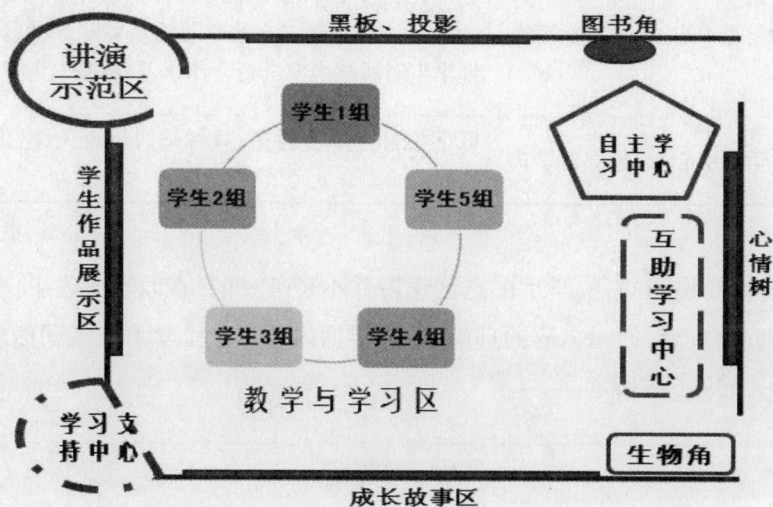

图5-4 "教室"转"学室"——功能分区示意图

　　其中,学习支持中心、互助学习中心、自主学习中心是专为学生适性学习需求而开设的,课堂中,学生可以根据自己的学力和学习方式喜好的需求进行自主选择分区学习。

　　2. 分区学习:协同教学,循环体验

　　将"教室"转变为"学室"不是简单的空间变革,而是引发教师进行学教方式的变革。我们的做法是,学科教师根据学生的预习情况、平时学习能力,由学生自己选择合适的学习区域,教师提供指导意见,然后进行分区学习(见表5-2)。

表5-2 学生分区学习实施表

学习区域	教学方式	过程说明
学习支持中心	师生帮扶式	教师先在学生基础上进行讲授引导，帮助学生把握重点，引导学生突破难点，学生主要通过教师讲授的方式，或者自己学、教师辅导的方式，掌握学习内容
互助学习中心	合作探究式	教师先引导学生对所学内容有一个初步的认识，为学生进入互助中心的学习活动奠定基础；再引导学生对所学内容进行合作学习，启迪学生智慧
自主学习中心	独立自学式	以学生自主练习为主，教师适时进行关注，巡回指导

有必要说明的是，学生的选区学习并不是唯一的，在教学实践中，学生可以随着自己对教学内容的理解加深，根据内需在三个学习区域间循环进行学习，如图5-5所示。

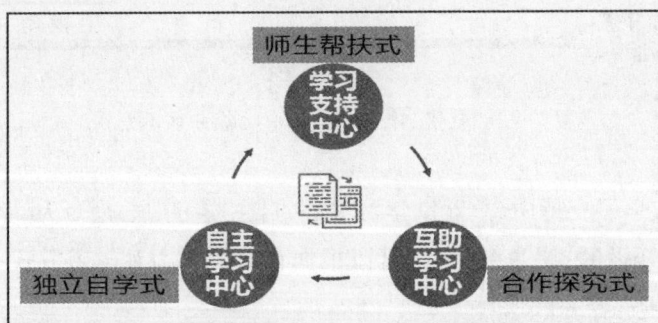

图5-5 三个学习中心循环图

为了让大家能够更好地了解学生分区学习的具体实施，下面以一节数学课为例进行分析。

【案例5-3】　人教版一年级下册"100以内数的认识"

课题	100以内数的认识		
学力	A.学潜生	B.中等生	C.学优生
学生	张XX、李XX等7人	王XX、刘XX、方XX等7人	高XX、吴XX等8人
学习基础	基础偏弱,学力不强,自律性不够	基本把握学习内容,喜欢合作完成,需要探讨学习	学习基础好,学习能力强,大部分通过自学习得知识
分区自选	学习支持中心	互助学习中心	自主学习中心
学习方式	教师指导或师生共同学习	小组合作探究,教师辅导	自主练习、PK,教师适时巡视
学习过程简述（探究新知）	主教老师 ①7个学生与教师围圈团坐,教学内容的实施,用实物小棒估一估、动手数一数,初步认识100以内的数 ②检测:练习检测效果	辅教和助教老师 ①探究:协助带领7个学生,在小棒、计数器、数位卡片及小正方体的材料中,引领学生认识100以内的数 ②检测:互动学习后,学生独立完成挑战性练习	教师巡视 ①游戏:8个学生两两分组,利用"数字骰子进行减法算式得数比大小"的游戏,骰子上是20以内的数,自主学习,适当变化 ②总结:策略方法提炼
学习现场图示			

对上面的课例进行分析,我们可以发现学生的分区学习具有以下四个明显的特征。

（1）同步学习：分组学习中，学生学力相当，完成同一学习任务用时和学习效果也同步。

（2）循环体验：大约10分钟后，三个区域的学生进行流动循环，类推完成。

（3）协同教学：至少两位教师要课前备课，分配时间，做好指导细则和要领，协作完成。

（4）异步发展：因为各自选区学习时间不一，各自的发现和收获学习的效果是有差异的——自主学习中心和互助学习中心的学生，是先学后验证，更有助于提高学习能力，自主学习的学生也更能提升学习素养；而学习支持中心的学生在经历了教师指导之后，互助学习、自主探究，则达成了逐步巩固和提高的学习效果。

（二）空间打造，环境育人

空间变革带给学生的不仅是学习方式的改变，也是德育方式的改进；不仅是环境空间的打造，也是学校文化的熏陶。好的教室布置是"神形兼备"的，布置的背后体现了班级的管理理念，与学校理念、班级目标、价值体系融合，同时以学生为主体，让每一个学生都有展示的机会和空间，让孩子爱上教室，爱上学校，更好地成长。

好的教室布置一定是"润物细无声"的。绿城小学的教室就是如此，在孩子心中，学校已经不再是简单意义上的"学校"，而是他们学习的家园。

1. 以童心打造魔幻教室

孩子的内心是充满童趣的，他们每时每刻都在向往一个神奇魔幻或者美好有趣的世界。想象一下，如果把哈利·波特的霍格沃茨魔法学院搬进我们的校园，那孩子们会是多么喜爱，每天都会期待早早来到学校学习，这份对学校的热爱之情会转化为对学习的兴趣和对老师、同学的爱。因此，将教室打造成一个孩子们内心憧憬的世界，就是一种无痕的教育。以下为学校一、二年级各班精心打造的教室名称（见表5-3）。

表5-3　一、二年级教室名称一览表

班级	教室名称	班级	教室名称
一(1)班	爱丽丝漫游仙境	二(1)班	神奇动物园
一(2)班	爱莎和安娜的王国	二(2)班	彩虹分队
一(3)班	太空漫游	二(3)班	青蛙乐园
一(4)班	米奇妙妙屋	二(4)班	大象王国
一(5)班	迪士尼乐园	二(5)班	毛毛虫之家
一(6)班	小小花果山	二(6)班	疯狂动物城
一(7)班	飞屋环游记	二(7)班	银河护卫队
一(8)班	海底总动员	二(8)班	超能陆战队

从表5-3中列举的一、二年级16个班的教室名称就可以看出,这一间间教室充满着无限的创意和童心,富有童趣。

【案例5-4】　教师为孩子打造精神乐园后的心得

一(7)班班主任郦老师:一年级新生学习和生活的教室要充满童趣,孩子们才喜欢。教室设计的灵感来自电影《飞屋环游记》。希望孩子们也能和主人公一样,有梦就去追,遇到难题时,去体验、经历问题解决的过程。教室的布置也藏着对孩子的希望——在这个美丽的教室快乐起飞,越飞越高,越飞越远。

二(7)班班主任黄老师:每个孩子都是地球上的星星,如果育华是一个大大的宇宙,那我们班就是奇妙的银河了。"银河护卫队"是每位"宇航员"展示的舞台,让每一个孩子都在银河中队里成长,在银河里闪闪发光。

二(4)班班主任汪老师:孩子们都很喜欢大象的友好善良,大象又是陆地上最大的动物,希望班里的每个孩子都把自己最闪亮的优点亮出来,同时欣赏、吸纳别人的优点。

从教师们的心得体会中可以看出,这些充满童趣的班级名称并不仅仅是一个名称而已,在这些名称中隐含的是学生的希望和憧憬。

2. 为育人设计管理细节

当然，一间"教育无痕，润物无声"的教室仅仅有神奇魔幻的环境是不够的，教室的主要功能还是育人。展示区、积分墙、阅读墙、阶段目标栏、名言警句区……教室的每个角落都藏着教师们在管班育人上的"小心机"。

阅读墙上贴满了孩子们的读书心得。每读完一本书，他们便习惯在阅读卡上记录，有时候是随手写下所思所感，有时候是摘录了书中打动人心的句子。"让阅读成为一个习惯。"在这个阅读空间，大家一起交流、讨论，一起在阅读中蜕变（见图5-6）。

图5-6　阅读墙的一角

电影课程展示区里是孩子们最新的电影观感。最近，他们看了教师推荐的电影《心灵捕手》《当幸福来敲门》《何以为家》《死亡诗社》等。与经典对话，尝试写影评，一起在思考中蜕变（见图5-7）。

图5-7　电影课程展示区

有创意的教师把积分奖励做成了经典游戏"大富翁"的样子，每一步都是孩子们的小心愿。里面还藏着"挫折教育"——有一处是没有任何奖励的"谢谢惠顾"，告诉孩子们，遭遇挫折很正常，不要轻易放弃，继续加油，会走得更远(见图5-8)。

图5-8 "大富翁"积分墙

把每一项班级工作写在转盘上，孩子们每周在这个"工作转盘"上转一转，找到自己的小任务。垃圾分类、关灯、擦黑板、分派点心……做每一项都兴致满满(见图5-9)。

图5-9 工作转盘

像这样的管理细节设计，在我们的教室空间打造中还有很多，在此不一一列举。每一项细节都体现了绿城小学教师根植于内心的育人理念：让学生成为教室的主人，让每一个孩子都有展示的机会和空间，爱上教室，才能更好地成长。

二、专用教室变"师生研究室"

一直以来，绿城小学都在努力创办一所理想的学校，成为孩子成长发展的孕育场。我们尊重学生的个体智能优势，满足学生个体差异需求，扬个性之长，让每个孩子都能拥有属于自己的成长跑道，发挥各自的优势，拥有一片属于自己的蓝天。这是将"专用教室"变"师生研究室"的初衷，也是目标。

（一）师生合作，规范建设

把专用教室变成"师生研究室"，成为师生共同享用的场所。那么，在这一改变的过程中，就需要师生共同合作建设。

1. 资源共享，共同打造

学校现有科学实验室、天文台、创想工坊、创客教室、美术教室、音乐教室等专用教室30余间。专用教室是针对学科学习时进行功能建设的，但一直以来都是以专用教师管理为主，形成了教师为主使用的专用教室，学生要使用非常不方便。学校进行了一项比较大的变革，就是将教师专用教室打造成师生共享的"师生研究室"。让更多有特长、感兴趣的学生来"研究室"进行学习和研究（见图5-10）。

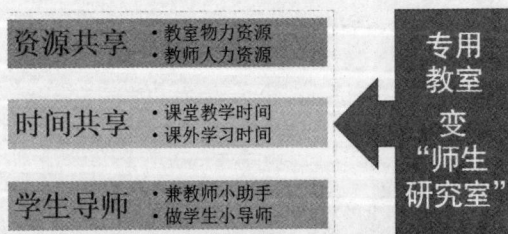

图5-10　专用教室变"师生研究室"

如图5-10所示,在师生研究室里,一切资源都是教师和学生导师共享的。教室的物力资源共享,研究室里的乐器、实验器材、体育器材……学生导师可以合理使用,但也有保养和整理的义务;教师的人力资源共享,学生导师随时都可以邀请学科教师一起参与研究和指导;课内外的学习时间共享,教师可以在师生研究室进行课堂教学,学生一起参与,学生导师可以在课外任何时间进入研究室研究,并邀请教师共同参加。每个学生导师既是教师的小助手,更是其他学生的小导师。

2. 自愿申报,严格遴选

师生研究室由教师导师、学生导师和学员构成,学生导师的遴选过程是非常规范严格的。学校在学生自主申报的基础上,采取面试、学生问卷、访谈等方式,进行学生导师的遴选,最后公示学生导师名单,并颁发导师证书。图5-11为学生导师选拔流程。

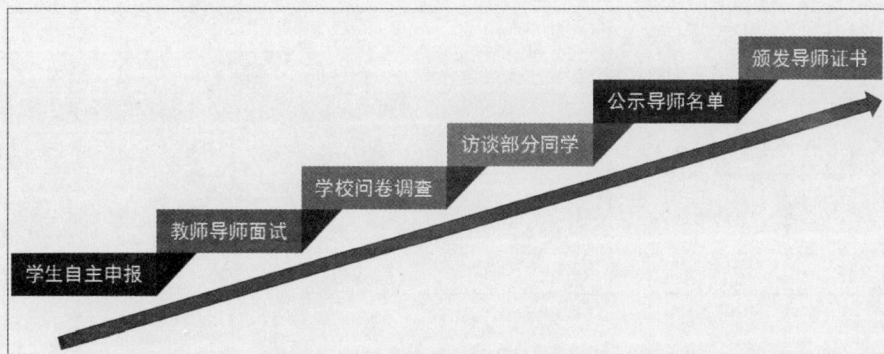

图5-11 学生导师选拔流程

经过多次遴选,学校先后聘请了60多名各年级有一定特长的学生为师生研究室的学生导师,共建设了18个师生研究室。同时也安排10余名教师导师跟进管理,与学生导师共同研究并适时指导。以下为2019年"师生研究室"名称及导师汇总表(见表5-4)。

第五章 变革:个性化学习的时空重置

表5-4 2019年"师生研究室"名称及导师汇总表

序号	师生研究室名称	活动时间	学生导师	教师导师
1	陶艺	每周三中午	506杨××、402李××、402刘××	易××
2	儿童画	每周三中午	405潘××、505朱××	戴××
3	中国画	每周一中午	506林××、405吕××	潘××
4	动漫绘画	每周二中午	506聂××、503黄××	毛××
5	油画	每周三中午	604王××、606刘××	傅××
6	毛笔书法	每周一至周四中午	601陈××、505申屠××、504汤××、503杨××、405陈××	曾××
7	Scratch编程	每周一中午	608曹××、俞××、周××	王××
8	乐高机器人	每周一中午	503路××、506敬××	郭××
9	摄影	每周一中午	607徐××	张××
10	机关王	每周二中午	406傅××、505黄××、506胡××	汪××
11	电子设计	每周二中午	马××、余××、张××等	庞××
12	创意实验	每周四中午	郑××、蒋××、程××、金××	许××
13	创想工坊	每周四中午	202刘××、艾××	俞××
14	模型工坊	每周二中午	604何××、陈××	陆××
15	尤克里里(1)	每周一中午	301徐××	张××
16	尤克里里(2)	每周二中午	403吴××、301王××	王××
17	电声乐队	每周三中午	403吴××、404顾××、405林××、徐××	张××
18	格林剧社	每周二中午	405方××、李××	潘××

学校还为这些学生集中颁发了导师证书(见图5-12),在这一过程中,学生不仅感受到这是一项荣誉,也明白了这更是一份责任。

图5-12 学生导师与导师证书合影

这些学生导师既享有一定权利,也必须履行多项义务;既当学生,也做"小导师",他们不仅收获了荣誉,还提升了责任感,更加自主学习。

学校赋予学生导师的权利有:①和专任教师共同拥有专用学室;②在不干扰课堂教学的情况下,具有随时进入专用学室的权利;③具有首先拜专任教师为师进行学习的权利;④具有指导同伴学习的权利;⑤具有和教师一起营建工作室环境的权利。

学生导师必须履行的各项义务有:①学生导师采用申报制,学期结束要接受考核,根据考核实施"优续劣退";②小导师有指导同伴学生的义务,要求一学期至少指导3位有兴趣学习的同学;③要按规定开放时间,准时开放工作室;④有义务协助教师导师开展其他活动;⑤小导师能够定期举办学生作品展览或会演,推广自己的工作室。

(二)教人教己,共同成长

18个师生研究室有60多位学生参与,学生不仅开展自主实验研究,而且学生教学生,形成良好的辐射。根据"学习金字塔"理论,教也是一种高级学习,因此,学生导师在教授同伴的学习中共同成长。

1. 个性特长得到发展

学生在工作室小导师的引领下,兴趣特长得到了长足的发展。仅2019年,学校就有20余名学生在儿童美术馆举办个人书画展,50余名学生出版美术作品集,40余人次在区级以上绘画比赛中获奖,30余名学生发表了个人童话或小说,6名学生成为浙江省体工大后备培养苗子,10余名学生成为影视小童星。

此外,学生跳跳糖乐队多次受邀请到市级活动中进行展示,学生演唱类、舞蹈类、创作类作品在区级以上的比赛中获奖30余项,校诗歌朗诵队在国际文化节中取得"三连冠"的好成绩,校车模队在全国车辆模型比赛中勇夺第一名。

2. 精神世界得到成长

师生研究室的建设,不仅推动了学生个性特长的发展,还激励了更多学生学习的兴趣以及对爱好特长的执着追求。更重要的是,在得到展示、获得荣誉,被聘为学生导师后,这些学生的获得感和成就感得到了提升,学习的自信越来越高，精神文化世界得到了成长。四年级学生徐××在被聘为尤克里里研究室的学生导师后，家长在微信朋友圈如是说。

【案例5-5】 四年级学生徐XX家长的感言

记得有一次跟小朋友在车上听孔子的故事，听到故事里说孔子在他年轻的时候就开了书院，带了很多学生……那个时候小朋友就说将来他也要开自己的尤克里里书院，带很多学生。没有想到，梦想这么快就实现了。

"独乐乐不如众乐乐"，因为热爱音乐，因为热爱尤克里里，所以我们更带着推广尤克里里的使命，希望以后从3岁到100岁的国人，都会弹尤克里里。这样的文艺氛围，是不是让你也心怀天下，热血沸腾？

目标很远大，也很难实现。可是一步一步总会靠近目标，这样的事是不是也很有意义？希望小朋友会是个做实事，也乐意帮助别人的人。

生活除了努力工作、努力学习，还有沙滩、海浪和尤克里里。嗯，当小导师是个很不错的开始，坚持、热爱、谦逊，去感受那些可贵的品质，在历练中一起成长吧！

最后，再次感谢育华小学对孩子们兴趣的支持，对你们的创举表示钦佩！

家长的一番肺腑之言，看了让人很感动。一个小小的师生研究室，一本薄薄的学生导师证书，原来还承载了许多孩子和家长对热爱的追求，承载了很多孩子根植于内心的梦想。这难道不是他们精神世界的一次成长吗？

三、专用场馆变"项目俱乐部"

在实践中自我培育、互助发展，是提升教学质量的一项重要策略，还孩子们一个自选的实践空间，孩子们定会还你一个很大的惊喜。鉴于这样的初心，学校利用体育、美术、科学等各个专用场馆成立多个"项目俱乐部"，并以俱乐部式的管理机制进行运营。"项目俱乐部"的成立是学校空间变革的又一重大举措。

（一）"俱乐部"组建原则

在把专用场馆变为"项目俱乐部"的过程中，为了保证这种变革的顺利进行，我们确定了三条基本原则。

1. 公平自愿的原则

学校先通过多种途径宣传，帮助学生了解各"项目俱乐部"的组织形式、活动内容、参加办法等，让学生主动来参加各俱乐部。采取自愿报名的形式选择专项俱乐部进行学习或训练，对于来报名的学生采取一律公平的原则，不能因为人数的限制而禁止学生报名，如果的确没有足够的教学资源，可以通过沟通建议其参加其他俱乐部。

2. 以学生为主的原则

项目俱乐部是以学生练习活动为主、教师指导为辅的教学组织方式。它强调的是学生主动学习和锻炼，充分调动教与学的双边关系。在组织学生参加俱乐部活动的过程中，教师的适时引导和鼓励是有必要的，但同时要充分尊重学生的自主选择权和自主活动权，在组织活动时要为学生营造一个自主讨论、组织、操作、交流和评价的良好环境与氛围。

3. 坚持校内外结合的原则

项目俱乐部应以校内教育为主阵地，充分利用校内的场地资源、物力资源和人力资源。同时也要发挥校外教育的独特功能，促进校内校外教育的有机结合，有选择地寻求家庭教育和社会教育的支持，努力创建良好的课外教育环境。如邀请家长到一些团队竞赛的现场，使家长更深入地了解孩子的训练情况，又如组织和外校的队伍进行友谊赛，让学生在实践中成长。

（二）"俱乐部"运营模式

项目俱乐部组建以后，就进入了具体的运作。在实践中，我们经过多次分析、研究，最终确定了项目俱乐部的运营模式。

1. 队伍建设：自组团队，自聘教练

（1）管理团队。既然是"俱乐部"式管理，那么一个出色的管理团队是很重要的。一般情况下，一定是全部由教师组成这样的管理队伍。但基于学生为主的原则，我们让教师和学生公平地进行俱乐部主任竞选，竞选投票多者，负责组建俱乐部管理团队并明确分工。如果该俱乐部参与学生较多，就

第五章 变革：个性化学习的时空重置

159

采用分时段、分组使用的方式公平使用。一批热爱运动、科学等的学生，自愿申报竞选成为俱乐部管理成员，又自觉地在学习中进行俱乐部式管理，这就是真实生活中的学习。

（2）学员招募。其他学生根据自己的兴趣爱好、专项特长、发展目标等自由选择加入各项俱乐部。在人数允许的情况下，各俱乐部必须招收每一位来报名的学员。如果实在由于教学资源不充足，人数超过了限制，那也要与学生进行个别沟通，鼓励他加入另外的俱乐部。同时，各俱乐部中的各种活动也是由学员根据时间和兴趣，自愿选择项目参加。这是对学生意愿的尊重，也是为他们减负。目前，学校已利用专业场馆，根据学生的自愿报名，成立了八大项目俱乐部，如表5-5所示。

表5-5　学校"项目俱乐部"汇总表

专业场馆名	项目俱乐部	专业场馆名	项目俱乐部
儿童阅读中心	阅读俱乐部	天文台	天文俱乐部
儿童美术馆	美术俱乐部	音乐教室	音乐俱乐部
体育综合馆	体育娱乐部	英语戏剧教室	戏剧俱乐部
安全体验教室	安全俱乐部	生活楼	生活俱乐部

2. 教学组织："课堂化"实施，课内外联动

（1）课堂活动，规范运作。学校规定各俱乐部的运作，要非常突出其教育本性，采取课堂化实施。当然实施方式是多样的，可以在俱乐部内进行常规的课堂学习，如阅读俱乐部的阅读交流课，美术俱乐部的作品展示欣赏课，天文俱乐部的天文知识学习课等；也可以开展有趣的观察探究活动，如安全俱乐部的安全知识学习等；还可以带领学员到现场开展实践体验活动，如体育俱乐部的训练与比赛，美术俱乐部的学生个人作品展，安全俱乐部的安全逃生体验等。在不同的场馆，其教育的目的和基础属性也略有差异，如表5-6所示。

表5-6　各项目俱乐部课堂实施方式及教育目的一览表

项目俱乐部名称	"课堂化"实施方式	教育目的
阅读俱乐部	故事屋、绘本岛、整本书阅读、漫阅读、阅读交流课等	培养阅读兴趣和方法,提升语文素养
美术俱乐部	陶艺课、纸工造型课、工业作品设计课、服装设计课、书法课、作品展示欣赏课、学生个人作品展示活动、艺术大讲堂等	激发学生学习美术的兴趣,使学生形成基本的美术素养
体育娱乐部	篮球、乒乓球、羽毛球、游泳、网球训练与比赛等	培养和发展学生的体育特长
安全俱乐部	安全知识学习、安全技能训练、安全逃生体验等	提高学生安全意识,学会安全基本技能和逃生方法
天文俱乐部	天文知识学习课、日常天象观测活动、大型天象观测活动等	激发学生的天文兴趣,使学生获得基本的天文知识
音乐俱乐部	合唱、舞蹈、尤克里里、流行乐队的训练与比赛等	培养和发展学生的音乐特长
戏剧俱乐部	英语戏剧课堂、英语戏剧表演等	学会戏剧表演技巧,提高英语素养
生活俱乐部	包饺子、做馄饨、做香袋、叠被子比赛等	学会多种生活技能

　　疫情复学期间,安全俱乐部开展了多次应急训练,下面以其中的某一场景为例,可以感受到学校项目俱乐部课堂实施的运作规范。

【案例5-6】 疫情应急课堂演练

　　演练目的:课堂上教师要随时关注学生健康状况,与班主任合作协同,掌握正确处置方式。

　　参与人员:数学教师1名、班主任1名、学生若干

　　演练准备:PPT背景、桌椅若干套、教材若干

【流程1】课堂教学中发现学生B无精打采、干咳、打喷嚏。

第一幕：（现场）

教师上课，学生B突发咳嗽。

教师询问情况，学生回答不舒服。

教师联系班主任："喂！×老师，你们班的×××不舒服，你马上到教室来一下。"

【流程2】数学教师打电话给班主任，班主任进班带学生B到临时隔离室，其他学生保持原地不动。若为班主任自己任课，则联系年级组长或其他教师帮助管理在班学生。

第二幕：（现场）

班主任（戴口罩、手套）到教室，给该生戴上口罩，打电话联系校医："曹医生，我们班有个孩子不舒服，我马上带到隔离室，麻烦你看一下。"

班主任将该学生带到学校隔离室。

上课教师：其余同学待在原位不要离开，我们继续上课。

从这次的课堂演练，我们可以看到俱乐部的课堂组织是规范有序的。有明确的课堂目标，有充分的课前准备，有详细的预案，还有认真的排练和有序的组织。这样的演练，效果是深入人心的。

（2）场馆学习，内外联动。现在，学校很多项目俱乐部的场馆都与校外的场馆或基地建立了联动关系，将校外的资源引进校内，也鼓励学生们的实践活动从校内走向校外。

2017年6月，由NBA和体育职业学院合作组织的亚洲精英训练营NBA关怀行动活动走进学校体育馆，体育俱乐部篮球训练班的学员全体参与其中（见图5-13）。四位篮球巨星以篮球为语言，为学校篮球俱乐部的孩子们上了一堂生动的篮球训练课。他们向小球员们展示了传球、运球、三步上篮的标准动作和要领，细致入微，照顾到每个球员的动作指导。小球员们也是抓住这一难得的机会，竭尽所能模仿球星的动作和要领。孩子们完成后很自然地与球星击掌相庆。

图5-13　NBA关怀行动走进学校篮球俱乐部

　　2018年3月,浙江省篮球后备人才储备基地为学校授牌,我们的篮球俱乐部成了省级篮球后备人才储备基地。《青年时报》报道如是说:浙体院战略携手绿城育华(见图5-14)。

图5-14　《青年时报》报道:浙体院战略携手绿城育华

2019年2月，中国网球协会少儿网球发展联盟与学校网球俱乐部合作，"中国青少年网球后备人才训练基地"落户育华。

2019年9月，浙江图书馆与学校儿童阅读中心携手，让首家阅读新基地落户绿城，共同建立了"浙江图书馆绿城育华教育集团分馆"，为师生们精心挑选了4000余册品类丰富的图书，为阅读俱乐部的孩子们带来了更多的阅读福利。

浙江图书馆不仅带来了书籍资源，还为师生们召开了"开学第一课·图书馆信阅服务与数字资源利用"的专题报告（见图5-15）。"信阅服务"是浙江图书馆打造的以信用为手段、以用户需求为导向的"浙江省公共图书馆信用服务平台"。读者可以体验凭借"信用"免读者证、免押金成为图书馆用户，足不出户，尽享百万藏书的服务。

图5-15 "图书馆信阅服务与数字资源利用"专题报告现场

此外，学校儿童美术馆与浙江美术馆建立友好关系，成为浙江美术馆的流动展览馆。以学校儿童美术馆的各项活动为例，也能发现场馆学习的意义。

浙江美术馆为我们美术俱乐部带来了工作坊进校园、流动美术馆进校园、"浙江美术馆馆藏杨可扬作品展"等丰富多彩的展览活动。在儿童美术馆的"大讲堂"上,浙江美术馆的韩老师为同学们带来了一堂精彩的水粉课——《水的色彩》,介绍了名画《日出·印象》。

在韩老师的课堂上,学生们认识了印象派的代表人物之一——法国印象派画家莫奈,知道了他于1872年在勒阿弗尔港口画的一幅写生画,描绘了港口的清晨,表现了水的质感。理解了印象派的画家常常户外写生,尤其喜欢坐着船在水面上,以非常快的手速,用不同的色彩、光线、阴影来记录他们所看到的水面变化的一个个瞬间。

像这样的校内外场馆或基地的联动还有很多,这些都为项目俱乐部的学生实践提供了更多的互动空间。近两年,学校足球、篮球队连获杭州市比赛一等奖,橄榄球队获全国U10组冠军。校合唱团、舞蹈队、流行乐队多次赴区、市甚至国际的活动展演,团队获奖项目覆盖全学科。另外,学生在习作、科技、绘画等方面的个人获奖占比高达48.5%。

什么是儿童立场?我们的理解是站在儿童的角度来思考我们的教育教学。今天,学校做出的空间变革,目的是让孩子们适性成长。未来,我们在进行空间变革时,会听取儿童的想法,收集儿童的创意,让儿童参与学校的环境建设和空间打造,这样的校园才真正是儿童理想的学习乐园。

《中国教育现代化2035》重点部署了面向教育现代化的战略任务,要创新人才培养方式,推行启发式、探究式、合作式等教学方式以及走班制、选课制等教学组织模式,培养学生的创新精神与实践能力。在这样的时代背景下,我们要立足当前,着眼未来,以新时代优质教育为发展目标,完善学校的教学改革。

目前,学校空间变革带来的辐射作用已经非常明显,也取得了丰硕的成果。未来,我们将在数字化空间领域、文化空间领域做出新的探索,进一步打造空间变革助力减负增效的绿城品牌(见图5-16)。

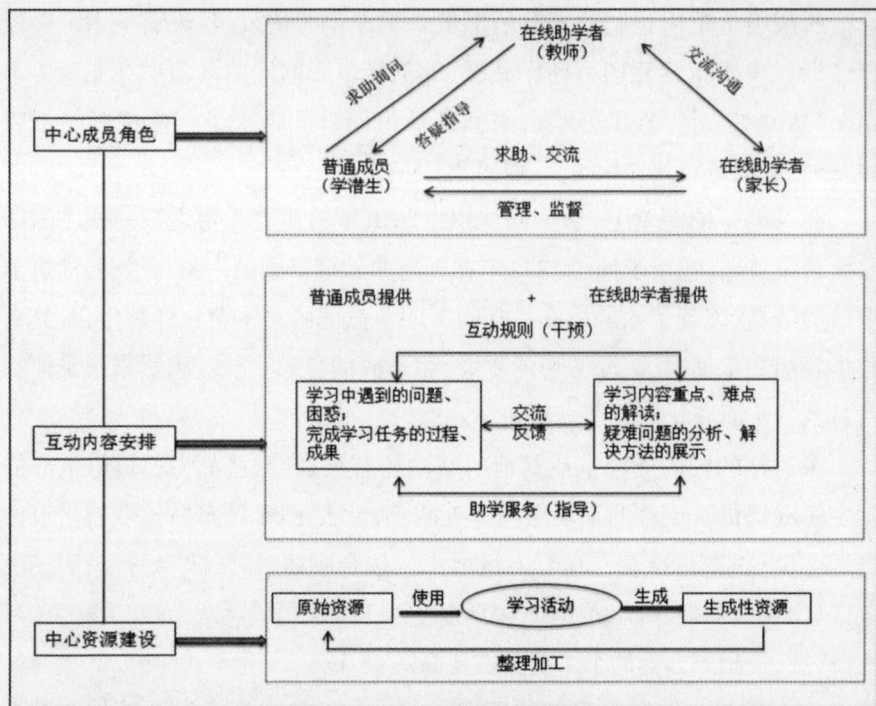

图5-16　课外网络学习支持中心

第六章

转型:个性化学习的方式变革

学习是人类与生俱来且伴随一生的本能,今天的教育是为了培养孩子适应明天社会的关键能力和必备品格。因此,学习方式变革是教育改革的核心,也是个性化学习着力想转变的。基于此,学校重点探索了基于意义建构的单元统整学习、结构化学习及沉浸式学习,逐步深化了基于跨域探索的设计学习、行走式研学以及项目化学习,将每一个学习者视为拥有独立人格的个体,尊重其个性成长,又重视其身心成长,同时也关注不同学生的潜质,激发学习的内驱力,帮助他们形成个性化的学习品质,引导每一个个体主动学习、张扬个性、健康成长。

第一节　基于意义建构的学习方式变革

所谓"意义"，从解释学视角来理解，就是文本与作者、文本与学习者以及三者之间的联系。教育学家皮亚杰认为，人作为学习主体具有自己的认知结构，但这种认知结构既不是主体先天形成的，也不能强加在主体身上，它是在认知过程中被建构起来的。

一、意义建构的概念内涵

意义建构是个性化学习实践的基础，尤其在国家课程的学习中，我们强调意义建构学习，目的就是使教师、学生、知识三者整体性发展。知识的意义建构是指在课堂中以教材知识为基础，通过一定的学习活动，促进师生对知识间联系的深刻与独特理解，从而达到知识的掌握和新知识的生成这一终极目标的连续学习过程。简言之，知识是意义建构而来（见图6-1）。

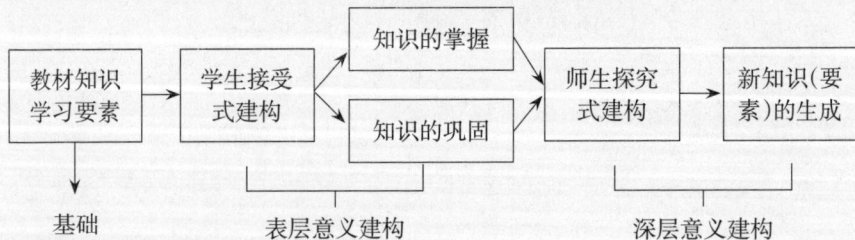

图6-1　意义建构学习示意图

二、意义建构的学习特征

在课堂教学和学习中，文本、文字和符号是主要的客观呈现，学生是主要的学习主体。只有主体和客观呈现之间产生互动与建构，知识才能有效生成。从知识学习的角度来看,意义建构在个体学习中主要体现为:以教材知识为基础,学生通过教师的引导,结合自己已有的知识与经验获取新知识,从而达到对语言点的理解与掌握。同时,师生通过对教材文本的再次开发,赋予文本以新的含义,并通过师生的协商与沟通、对话与交流,进而创生出新知识。意义建构具有以下特征。

(一)教材统整是意义建构的基础

教材统整是以教材单元内容为载体,围绕学段目标、学期目标以及单元要素,在知识要点、学习活动、能力培养和课外拓展等方面进行全盘考虑的一种策略,它是意义建构的基础。师生作为共同的学习者,在理解教材的基础上,对文本教材进行二次开发、统整,这样,师生在同文本对话中不断激发出新知,并为全体学习者所共识。

(二)创设情境是意义建构的抓手

有了对教材的理解和统整之后,创设一定的学习情境,对于意义建构来说非常重要。我们在教学实践中发现,课堂融入戏剧元素可以让学生在情境中学习、在情境中体悟。知识本身是独立于学习主体而存在的,而多样的情境创设可以形成不同的意义建构过程,从而更强调学生作为学习主体的重要性。

(三)多维互动是意义建构的核心

多维互动的课堂环境是意义建构的核心,我们的课堂中,师生互动是一种双向、交互影响的过程,它不是一时性、间断性的,而是连续、循环的。同时,多维互动还是一个在教师和学生之间不断相互影响与循环往复的过程。

三、意义建构的学习方式

在意义建构学习中,通过对整个教材体系的解读,从整体视域出发,对教材进行二度开发与重组,我们探索并实践了语文统整式学习、数学结构化学习以及英语沉浸式学习。

(一)语文统整式学习

1. 基础特征

语文学科的统整式学习,首先,从课标和大语文的视角解构教材,剖析单元语文的要素与单元编排内容之间的关系,视为"解构";其次,从内容的增删关联,学习的预学、分享、反馈的翻转等进行"重构";再次,在语言学习中发现规律,并运用规律进行"变构";最后,实现语文学科的"意义建构"(见图6-2)。

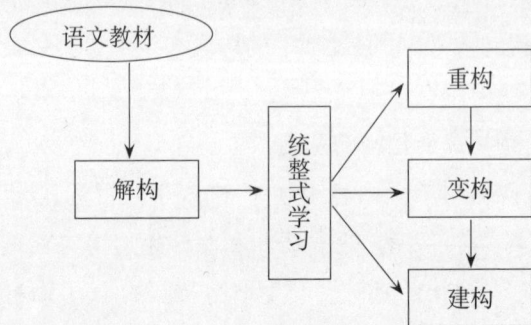

图6-2　语文统整式学习示意图

文本解构是基础,奠定了教学的深入研究;教材重构是要点,实现了内容的革新;学法设计变构是策略,为单元统整教学创造条件;学习建构是核心,促进能力达成。

2. 实践操作

我们在实践中,主要依托教材进行文本解构,以调序和拓展的方式重构,根据学生学习基础的支架设计进行变构,以实现学生知识和能力的体系建构。以统编版语文教材为例,详细阐述统整式学习的教学操作。

(1)解构:切中肯綮,"三观"视角精解文本。解构文本主要采取从整体到部分的层次不断推进,先从宏观上把握语言要素,对课标要求进行合理的分解与教材文本形成对应建构,只有高屋建瓴地鸟瞰文本,才能完成文本核心内涵的整体解构。

第一步,立体宏观:学段视角分解课程目标。语言往往是文章的核心和灵魂,而语言中的篇章结构又是核心中的核心,就语言表达一般性来说,往往有一些线索贯通,抓住这些线索,就能提领而顿,百章皆顺。从第三学段的角度看,文章中的明线往往就是文章的结构线,分别有按时间顺序、按地点变化顺序、按事情发展顺序、从事物的几个方面等。因此,不妨进行分学期的分解对应,便于更好地实施并达成课程目标。以叙事性作品的把握主要内容为例,方法、目标与学期形成了对应(见表6-1)。

表6-1　第三学段阅读、习作部分要素的学期分解

课标要求 年段学期	叙事性作品 把握课文主要内容	修改自己的习作
五年级上册	要素法:文中圈画找出叙事的四要素,再串联概括	运用修改符号,在老师或家长的指导下,修改字、词、句等基础内容
五年级下册	小标题:分成几个板块或段落后,写出小标题梳理	自己能够修改基础内容,学习对照习作要求修改自己的习作,教师批改学生修改
六年级上册	①课题拓展:借助课题补充内容概括 ②段意归并法:将各段按段意写,再归并	修改自己的习作后,学习修改同学的习作,并互相探讨,能写出修改建议
六年级下册	简要表达:以"主人公+事件"的句式,整理表达主要内容	在听取同学或老师的修改建议的基础上,二度修改自己的习作

表6-1中的修改自己的习作,怎样学会呢? 也是采用了分解到各学期的办法,形成了学段视角的课标达成的学期要素,从而更容易操作完成。

第二步,截面中观:学生视角解读语文素养。从一个学期整体看,梳理出阅读教学的一条学习主线,有助于提升教师对阅读学习的整体把握。以六年级下册为例(见表6-2),阅读要素可以分为三类:一是说明议论性文章,体会用具体事例表达观点;二是查阅资料和整理资料,很明显,查阅资料,只是查找后对资料进行阅读理解;而整理资料,需要通过比较分类、筛选、精简、概括、提炼等方式进行;三是叙事性文章的阅读要素,分清主次,体会详写;了解梗概,把握主要内容,交流阅读感受,体会文章情感表达,关注人物描写,体会人物品质,借助资料加深对课文理解等。很明显,这几项都是叙事性作品的篇章阅读要素,但是从单元分布来看,又各有重点,便于学生一步步学习掌握。

表6-2 六年级下册阅读要素梳理表

单元	主题	阅读要素	相关课文	阅读给习作的基础
第一单元	民风民俗	分清内容的主次，体会作者是如何详写主要部分的	《北京的春节》《腊八粥》《古诗三首》之《寒食》……	在认识详略的基础上，分清文章主次，发现作者的写作目的——呼应详细写出重点
第二单元	外国名著	了解梗概，把握名著的主要内容，就印象深刻的人物和情节交流感受	《鲁滨逊漂流记(节选)》《骑鹅旅行记(节选)》《汤姆·索亚历险记(节选)》	梗概与原著对照，发现两者之间的异同，明白梗概写作的规律——呼应写梗概
第三单元	习作单元	体会文章是怎样表达情感的	《匆匆》《那个星期天》，习作例文《别了，语文课》《阳光的两种用法》	阅读中发现几种抒发情感的方式，借鉴学习运用到习作中并运用修改——呼应习作策略
第四单元	革命理想	阅读时关注神态、言行的描写，体会人物品质。查阅相关资料，加深对课文的理解	《古诗三首》之《马诗》《石灰吟》《竹石》……	阅读时发现表达人物志向、人物品质的描写时的细致——呼应习作细致描写
第五单元	科学精神	体会用具体事例说明观点的方法	《真理诞生于一百个问号之后》《表里的生物》……	学习表达观点的多维和想象的丰富——呼应习作科幻故事写作的想象丰富神奇
第六单元	综合学习:难忘小学生活	学习整理资料的方法	《回忆往事》《制作成长纪念册》《老师领进门》《作文上的红双圈》……	综合性学习过程中，增强体验，加深情感，便于融情于成长纪念册制作、方案制作与赠言写作中

从表6-2中可以知道,叙事性作品的阅读要素把握仍然是主流,但同时要学习说明议论性文章的说明观点的方法,编好阅读要素的经线。经线编好之后,阅读教学的目标导向就清晰了,便于相应地开展习作教学研究。

第三步,落点微观:单元视角详解语文要素。从一个单元来看,统编版教材从三年级开始,都安排了一个篇章页,篇章页主要有两个方面内容,一方面是表达单元人文主题;另一方面是表达语文要素:阅读要素、习作要素,从而将课文、语文园地、习作、词句段运用等形成一个有机的整体(见图6-3)。

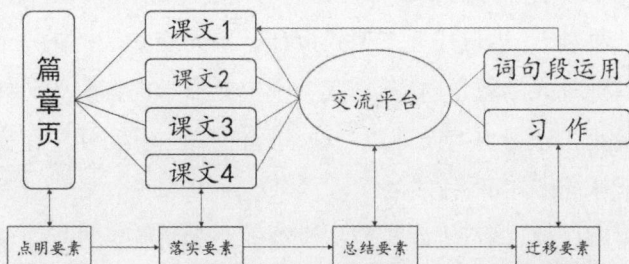

图6-3 单元视角详解语文要素与编排关系

(2)重构:由表及里,学期统整教材内容。从编者的角度,学期内容的编排是有一定规律可循的,但是从学习的角度,还是需要从寒暑假的衔接等进行二度革新,便于优化学习效果。

一是单元内重构:让内容学习更有效度。教材五年级上册"走近毛泽东"单元,一反编排顺序,先从陆游与毛泽东的《卜算子·咏梅》对比入手,比较学习,发现毛泽东的豪迈气概与伟人胸怀;再学习《长征》,对比长征的艰苦数据;接着学习《青山处处埋忠骨》感受凡人情怀,与《开国大典》中毛主席映照,两相呼应,领袖胸怀跃然纸上;最后学习《毛主席在花山》。一经调整,人物形象就更丰满,落实语言表达。

二是跨单元重构:让内容个性更有厚度。主要有基于内容的整合和基于语言学习的整合等。将《鲸》和《松鼠》整合,能发掘一般说明文与文艺性说明文表达的语言形式各异。

三是课内外重构:让内容范围更有宽度。五年级下册一组综合性学习

"走进信息世界"，因为编排时间差异，选文内容已然落后于时代，亟待更新。教学时，拓宽视野，增加了《到国际空间站去上班》《信息高速公路》等一组文本学习，内容不仅更宽，而且更有时代意义。

（3）变构：以生为本，优化单元统整设计。重构教学内容，为学习者创造了比原生教材更好的学习内容。这为进一步做好统整式的教学设计奠定了较为坚实的基础。

首先，深耕重点，进行链状预学式设计。单元内统整主要是指在单元内容大致不变的基础上进行学习设计的变革。这项变革是从预学开始的，从预学开始，便于让学生自主学习时就发现单元语文要素的核心要点。

其次，巧耕难点，进行任务支架式设计。单元统整是指在一个单元的基础上，链接其他单元的教学内容，使其为本单元教学内容服务。任务支架式的设计，目的是将学习内容设计成一种学习任务的支架，学生在完成学习任务后，自觉就达成了知识、技能的学习。

最后，融耕体验，进行主题探究式设计。跨学科统整是指教学时关注本单元课文内容的特点，进行戏剧化、综合实践化表达，让学生在转换语言中学习语言，动手实践中学习语言。

（4）建构：策略创新，探究统整学教范式。单元统整教学有助于探索课堂革新，单元统整教学主要采用比较、勾连、项目式三种方式进行课堂学教范式的变革，取得了一定的研究成效。

一是发现秘妙，运用单元统整教学的反复比较策略。俄国教育家赞可夫说："比较法，是比较好的方法。"采用比较的方式学习，有助于让学生在看似模糊的语文学习中，较好地把握文章结构的秘妙、语言表达的秘妙、遣词造句的秘妙等，从而把握文章的形式。

二是深化认知，运用单元统整教学的多元勾连策略。勾连是学习语文、学好语文的一大秘诀。首先，勾连有助于唤醒旧知，让学生的学习不会重复地从零起点开始；其次，勾连能将已学知识和新学知识建构起纽带与桥梁，便于轻松学会新知；最后，学习了新知能够和旧知建成体系，不断深化和整合，有助于培养学生的温故知新能力。

三是关注应用，运用单元统整教学的项目式探究策略。中国学生发展核心素养颁布之后,引发了教育教学的深度改革,启迪了各学科教学对学生素养培养的教学革新。语文核心素养,从某种层面来说,就需要从课程层面、项目探索层面进行有效革新,从而达成素养培养。

跨学科统整的项目式学习,以课程标准为核心,往往以学段为基础,有助于提升教师的课程设计能力,有助于培养学生各方面的综合素养。

以语文四年级上册第八单元"故事会"为例,从单元意义建构视角来解读文本,然后进行意义建构学习设计,课堂通过三个学习活动推进,以体现语文统整式学习。

【案例6-1】 语文四年级上册第八单元"故事会"

学习活动一:回顾经典,比较四则历史人物故事的相同之处。

(1)看图识故事

《王戎不取道旁李》《西门豹治邺》《扁鹊治病》《纪昌学射》

(2)同桌讨论,发现四则故事的相同之处。

预设:①写的都是谁做了一件什么事(历史人物的故事)。

②都是按照事情发展顺序写的(都有起因、经过、结果)。

③主要人物都是真实的历史名人(正面的)。

④人物身上都具有美好品质(机智、善于观察、正义、为民除害、坚持、刻苦等)。

学习活动二:借助故事情节表格,合作准备故事会。

(1)正是这些特点,使这些历史人物故事成了流传2000多年的经典。之所以在历史长河中没有渐渐消逝,除了有像列子、司马迁、褚少孙等有心人将它们记进史册之外,还有民间百姓的口口相传、代代相传。今天,我们也要来做做"经典传颂人",讲好这些故事。

(2)思考:怎样才能把故事讲好。

(3)师生共同探讨"把故事讲好"的方法。教师一一板贴。

预设:

★按事情发展顺序说。

★抓主要内容说。

★用恰当的语气、动作和表情。

★借助情节图或情节表格的提示。

★仪态自信大方。

(4)出示课堂学习单中的故事情节结构表。

扁鹊治病	有一天	扁鹊发现蔡桓侯皮肤上有小病，蔡桓侯说自己很好
	五天之后	

纪昌学射	开始练习的时候（练眼力）	练习把极小的东西看得很大
	取得这样大的进步之后	
	后来	

(5)观察表格，发现异同：重点内容展开。

(6)小组合作，准备故事会。

①在《西门豹治邺》《扁鹊治病》《纪昌学射》中选择一则进行准备。

②可推荐一名同学代表，也可以多名同学合作，参加最后的故事大会。

③合作细化情节表格，尤其注意重点内容详细展开，其他内容适当省略。

④代表说给组员们听，组员们根据评价标准提出建议，帮助改进。

学习活动三：举行故事大会，评出"故事大王"

(1)出示标准，宣布开始。

(2)小组代表，登台展示。

(3)生生互评，教师采访。

(4)教师总结，隆重颁奖。

这节课很好地诠释了意义建构学习的价值,教师通过对教材文本的解构,基于单元视角,学生通过三个学习活动完成故事会的意义建构。

首先,关注意义建构的情境。学生通过比较故事的相同点和不同点,将自己置于某个故事情境中,沿着某个逻辑结构分析故事、理解故事。学生在处理这些情境所呈现的信息时,彼此势必会产生不同看法,这就是意义建构的基础,意义建构就是要在不断协商中达成共识。

其次,关注意义建构的合作。这节课非常强调师生之间、生生之间的合作,这是意义建构必不可少的学习路径。在相互合作中,学生之间可以进行观点的相互补充,促进每一个认识主体更好地理解自己和别人的观点,从而精练和完善相关的知识结构。

最后,关注意义建构的互动。知识内容实质上不是简单的灌输和移植,而是学习者主动建构知识意义的一种活动。在这节课中,比较异同、合作准备、举行故事会等活动很好地促进了课堂互动,师生各自在课堂的不同环节扮演多重角色,在不同阶段角色发生着变化,更促进师生双方在意义建构的具体学习活动中彰显积极的主体参与意识。

3. 指导策略

语文统整式学习是让学生在多文本的比较综合中学习,在同类文本的归并发现中探索,是一种知识运用的学习,更好地落实了语文基础学科的属性,落实了人文底蕴的基础,培养了学生的学会学习,相应的学习方式也是一种全新的探索。

(1)言文统整:语言学习中涵养人文主题。目前,统编版语文教材较之前有明显改良,三年级以后,都有一个单元篇章页,简明告知单元人文主题,明确告知阅读学习要点和习作表达要领,这样安排有利于达成语文阅读与习作两大关键要素,意义建构学习就是要在人文主题的篇章学习中凸显语言学习。

(2)读写统整:阅读主线中巧糅习作暗线。传统语文单元教学,总是在一个单元的阅读教学之后,才在语文园地学习时出示习作进行练习,习作的主题和语言表达要领与阅读学习没有关系,统编版教材本身也是整体编排,更有利于开展意义建构学习,并且做好阅读与习作的同步学习。

（3）语思统整：语言学习中领悟表达思维。统编版教材编排时设置了阅读策略单元和习作例文单元，便于集中学习策略性知识和技法性知识，也有助于培养学生的语言，发展学生思维。意义建构学习进一步把这种优点延展至每一个知识的学习中，关注学生语言学习的同时发展学生的思维。

（二）数学结构化学习

数学是一门结构的科学。在实际教学中，学校探索了结构化学习，以数学思想方法、核心概念与内涵要素去建立良好的认知结构，从内容、目标、载体等方面进行创新，促进学生运用关联思维综合化理解数学本质，从传输教授走向意义建构。

1. 基础特征

结构化学习是指在小学数学学习中，教师基于对数学知识体系的理解和学生认知结构的了解，从整体视域出发，引导学生发现单个知识之间的联结点，整合结构化内容、突出结构化设计、实施结构化教学，从而引发学生深度学习的一种学习过程、学习方式。结构化学习的内涵：①强调起点、建立结构；②突出关联、表征结构；③培养思维、应用结构（见图6-4）。

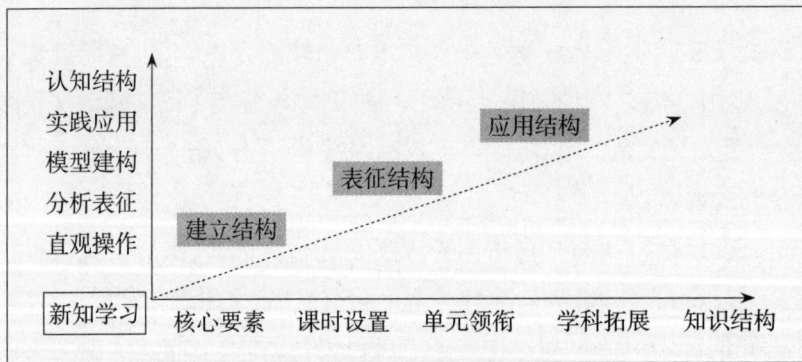

图6-4　结构化学习示意图

（1）建立结构：是指学生以数学思想方法、数学核心概念为抓手，将知识经验的获得与头脑中的积累建立起相应认知结构的能力。

（2）表征结构：是指运用简单的数学符号或图形以及适度的类比联想来揭示和表征数学结构关系及内涵的综合能力。

（3）应用结构：是指学生在学习过程中，将储存在头脑中的结构关联模型便捷、有效地提取和转化，并解决实际问题的能力。

2. 实践操作

将原来的数学常态化学习变形为结构化学习，不是要改变原来的学习体系，而是更注重知识之间的关联，认知之间的联结，用整体视角对教材进行重组和优化。

（1）基于单元视角的整合。同一单元不同内容、同一领域不同单元，这是数学教材呈现的特点。基于单元视角的统整教学，就是要尝试构建多个任务，以任务串或任务链将单个知识进行串联，打破教材课时安排，重新设计，这样就避免学生"只见树木，不见森林"，有利于学生形成结构、积累经验。

（2）基于方法理解的建构。方法理解是学习数学的关键，无论是概念还是算理或应用，都需要学生根据已有经验进行自主建构，所以在实践中，基于方法理解的建构教学，就是通过聚焦问题，让学生产生关联，然后进行思维引领和探究分析，用自己的理解表征结构，再检验实践，从而发展思维。

（3）基于问题解决的迁移。任务即迁移，学习即迁移，数学强调在回顾、关联、分析、对比、交流、分享中学会迁移，从而解决问题。基于问题解决的迁移教学，可以通过方法迁移、策略迁移，促进学生建构新的思维方式，有助于学生从被动学习转向主动学习。

【案例6-2】 人教版数学五年级上册第三单元
"除数是整数的小数除法"

环节一 课前预学，初步建构

问题情境：Tina去超市买了4卷胶带贴，一共花了22.4元，请你帮忙算一下，如果买1卷需要付多少钱？

尝试解决：用不同的方法来解答，可以用以前的方法，也可以用你自学的未曾学过的方法。

环节二 交流分享，表层建构

第一步：选择有代表性的三种计算方法，用课件呈现出来，学生分享自己的计算过程。

方法1	方法2	方法3
20÷4=5(元) 2.4÷4=0.6(元) 5+0.6=5.6(元)	$\begin{array}{r} 5.6 \\ 4\overline{)2\ 2.4} \\ \underline{2\ 0} \\ 2\ 4 \\ \underline{2\ 4} \\ 0 \end{array}$	224÷4=56(角) 22.4÷4=5.6(元)

在分享交流中,学生是这样回答的:

方法1:先用整数20除以4得5元,再用剩下的2.4元除以4得0.6元,这样合起来就是5.6元,也就是每卷胶带贴是5.6元。

方法2:用竖式计算,先用22除以4,商是5,余数是2,然后把4落下来,再用24除以4得6,最后在商中间点上小数点。

方法3:将22.4元转化成224角,这样按整数除法计算,224角除以4得56角,最后再还原成用"元"做单位,也就是5.6元。

第二步:对上面的三种计算方法进行对比,发现之间的相同,完成对小数除法的计算原理的表层建构。通过交流讨论,学生发现这三种方法的计算原理是一样的,即竖式计算就是横式计算的另一种表达方式,竖式的每一步都是由横式演变而来,这样,学生逐步从对知识的个体理解转变为群体对知识的协商理解。

方法1	方法2	方法3
20÷4=5(元) 2.4÷4=0.6(元) 5+0.6=5.6(元)	$\begin{array}{r} 5.6 \\ 4\overline{)2\ 2.4} \\ \underline{2\ 0} \\ 2\ 4 \\ \underline{2\ 4} \\ 0 \end{array}$	22.4÷4=5.6(元) ↓ ↑ 224角÷4=56(角)

环节三　课中探究,深层建构

前测数据显示,学生对小数除法相关知识已有一定的了解,但商中间有

0的除法依然是学生最为薄弱的学习内容。学生在交流分享中,初步理解小数除法的竖式计算原理,但未能融会贯通,所以我们继续做课中探究,达到深层建构。

探究任务:竖式计算,观察并思考小数除法竖式计算时要注意什么。

课件出示:①34.8÷15=　　　②28÷16=　　　③1.26÷18=

探究建构:相同的是都按整数计算方法来计算,然后在商上添上小数点,不同的是34.8除以15是除不完的,需要在末尾添0继续除;在竖式计算中,除了要按整数试商的法则进行计算之外,还要特别注意什么时候添0,什么时候点上小数点。

环节四　巩固应用,发展能力

将小数除法的横式与竖式进行意义沟通,进一步理解算理,同时从正向运算转向逆向运算,又可以帮助建立小数除法的知识体系,由单一思维走向整体思考。

选一选		填一填
A.表示84个1 B.表示84个0.1 C.表示8个1和 　4个0.1 D.表示8个0.1和 　4个0.01	$\begin{array}{r} 0.17 \\ 12\overline{)2.04} \\ \underline{1\ 2} \\ \underline{8\ 4} \\ \underline{8\ 4} \\ 0 \end{array}$	①不计算,直接填 20.4÷12=(　　) ②方框里应填几? $\begin{array}{r} 0.18 \\ 12\overline{)2.\Box\Box} \end{array}$

设计一道已经完成的竖式计算,它可以与其中某一步的算理联系,也可以迁移到被除数小数点移动之间商的变化情形,这样建立一套由算理解读、竖式表征、意义建构组成的认知系统,从而让学生从整体上理解小数除法的意义,而不仅仅是计算法则。

该课作为小数除法的单元起始课,对学生进行了学习前测,发现:约89%的学生能正确进行小数除法的竖式计算;约11%的学生的错误集中在商的中间有0的情况;约71%的学生对竖式算理的理解还是一知半解。基于此,尝试将教材的例1、例2、例3进行整合,例1以"课前预学＋课堂分享"的方式进行算理的探究,例2、例3则与例1进行对比,归纳小数除法的算法,并将例3进行改编,以提升学生对小数除法意义的理解,从而体现数学学科的结构化学习。

3. 指导策略

首先,建立联系是关键。在所学知识与已有认知之间建立联系,从而梳理出能够解决新问题的方法,这一步是关键。所谓"温故而知新",在上述案例中,第一个建立了小数除法与整数除法之间的竖式联系,第二个建立了竖式计算与横式计算之间的联系,第三个建立了计算法则与意义算理之间的联系,学生在建立联系中完成了小数除法的深层建构。

其次,尝试探索是核心。与已知概念之间建立联系之后,尝试探索是最核心的一步,是检验方法能否迁移成功的有效手段。知识来源于认识主体对认识客体的能动反映,未经认识主体的理解、反思和体验,认识客体还不能上升为知识。尝试探索就是通过自己的思考,去理解知识所包含的本质特征、意义内涵。

最后,关联结构是深化。数学是一门自我建构的学科,未经学生思考、探索的概念,不会引发学生深度理解,更不会触发学生迁移应用。将知识置于数学结构中,关联结构中包含的所有意义,这是意义建构学习的深化,也是学生实现自我建构的基础。只有这样,学生才能具备"逻辑清晰、思维敏锐、体系完整"的意义建构能力。

(三)英语沉浸式学习

近年来,学校一直在探索基于教育戏剧的英语沉浸式学习,将戏剧元素、戏剧策略等融入英语课堂,让学生在角色代入、表演中完成英语学习的意义建构。

1. 基础特征

基于教育戏剧的沉浸式学习,是将戏剧策略、戏剧表演运用于教学的一种学习方式。在小学英语故事类学习的课堂教学中,教师基于教材体系和学生个性天赋,通过戏剧游戏、故事创编、戏剧展演、自主拓展四个环节,激发学生的英语学习兴趣,提升学生对英语故事的理解,促进学生在戏剧表演中体验故事的内涵,在合作与互动中提升语言综合能力,发展学生的语言素养。其意义主要体现在以下几个方面。

(1)真实体验促进学生有差异的发展。沉浸式建构可以在课堂上给孩子们搭建差异化的真实体验活动,尊重学生的主体性,让学生在主动参与和体验中学习兴趣得到激发,学习质量得到差异化的发展。

(2)思维畅想促进学生有个性的感悟。学生在戏剧表演中,不仅完成语言知识和阅读技巧的习得,更能真正地参与其中,通过自我独白、同伴间谈话、小组间表演等多种活动形式,促进学生有个性的感悟。

(3)语用展示促进学生有潜力的成长。在英语课堂中,沉浸式学习突破了传统教学单一展示模式,通过表演、写作等多元化的活动,为学生搭建更多语用的平台,充分挖掘学生的潜力,真正提升学生的语用能力。

2. 实践操作

沉浸式学习是将戏剧策略运用于小学英语教学中,创建"戏剧游戏、故事创编、戏剧展演、自主拓展"的小学英语课堂新形态,改进学习方式,在真实的情境体验中,落实真正的语言应用。在英语课堂中,沉浸式学习通过四步推进(见图6-5)。

戏剧游戏 开启学习前奏 → 故事创编 落实语言知识 → 戏剧展演 深化文本理解 → 自主拓展 挖掘故事内涵

图6-5　沉浸式学习流程

(1)戏剧游戏:开启学习前奏。戏剧游戏是一种语言化的趣味性游戏,通过形式多样且专业化的戏剧游戏,从而达到和谐环境创建、团队认同感建立和团队协作力提升等效果。

(2)故事创编:落实语言知识。阅读故事,理解故事,并梳理故事的语言知识,然后选择适当的戏剧策略做活动的设计,通过体验化的活动,在过程中习得词汇,操练重点句型,落实语言知识。

(3)戏剧展演:深化文本理解。基于故事情节的片段或整体戏剧展演是一种很好的语用创新。这是一种高阶思维活动,真正做到了语言的实践应用,在戏剧展演中,学生的各项能力都得到了发展。

(4)自主拓展:挖掘故事内涵。课堂中自主拓展活动可以采用内容和形式的多元化创新,从而更好地挖掘故事的内涵。创演故事结尾,创写整体故事都是很好的自主拓展活动,通过这些高层次的活动让学生的语用能力得到更深层次的提升。

【案例6-3】 小学高段英语"Merry Christmas,Mr Wolf"（《圣诞快乐,狼先生》）

第一板块:戏剧游戏

游戏名称	游戏方式	实施效果
报数游戏	学生围坐成圈后开始报数游戏,从"0"开始报数,下一个站起来报数字"1",再下一个报数字"2",以此类推,但当同时有两人站起来报同一个数字时则为游戏失败	该游戏是一种很好的破冰游戏,调动了课堂的气氛,让学生在一种放松的氛围内融入课堂
"让我们一起来做"Let's...	老师给予一定的指令,让学生们来扮演一个或多个角色。Let's be a happy pig. Let's be a tree. Let's be a Christmas tree. ...	1. 故事词汇预设感知:pig, wolf,tree ,gloves 2.该戏剧游戏让学生在集体表演中打开自己的肢体,起到了热身效果
道具袋	老师拿出一个道具袋,然后让学生来摸里面的物品,并且说一说是什么物品,根据物品来猜一猜故事中可能会发生什么	1. 故事词汇预设感知:wolf, glove,gift 2.学生摸物品,描述物品,并猜一猜故事情节,这一过程不仅打开了思维,同时为故事的学习做了铺垫

第二板块:故事创编

故事开端,基于戏剧策略之"视频片段"和"人物独白",导入故事,并做角色扮演,初步入境。

情境设计	故事创编	效果呈现
小猪过圣诞	1.老师设定一个主情境"忙碌的圣诞节"，然后让学生分组扮演为圣诞节忙碌的小猪 2.每个小组设定一个细化的小"主题"，比如，装扮圣诞树，准备圣诞大餐等，让学生合作设计语言和动作 3.情境表演，在老师的音乐引导下，小组一个个做表演	1.语言框架应用：It was cold and snowy before Christmas, the pigs are busy._____ 2.戏剧策略"视频片段"，基于情境进行小组合作创演，给学生提供了一次真实且契合的生活经验的语用平台
饿狼入小镇	1.老师角色入戏做示范扮演，自编语言，并用夸张的神情和动作来扮演饥肠辘辘的狼 2.学生入戏情境体验，自编语言，并加入夸张的神情和动作做角色扮演	1.语言框架应用：Wolf: I am very hungry._____ 2.基于戏剧策略"人物独白"，教师和学生情境入戏做角色扮演，深入体会，印象深刻

故事深入，基于戏剧策略之"思维追踪"和"座谈会"做思维启发性语言活动，学生入情入境，在真实的情境体验中思考、表达和表演。

情境设计	故事创编	效果呈现
小猪未捕不幸摔倒	1.学生全部躺在地上，并根据自己的理解和想象加入声音与动作扮演摔伤的狼 2.情境体验，说一说此刻"作为狼"的感想	1. 词汇：caught, threaded, fell down 2."思维追踪"是一种高阶的思维启发性语言活动，学生在真实的情境体验中进行思考、表达和表演
小猪齐开会	1.教师扮演猪村长，学生扮演猪村民，一起来开会 2.就"是否救饿狼"话题做辩论	1. 词汇习得：wake up, woke up, injured, bandage 2.基于戏剧策略"座谈会"的辩论活动是一种高阶的思维启发性活动。集体入境就一个问题进行讨论和辩论，这是一种真实的语言交流，同时培养了学生的批判性思维

故事高潮,基于戏剧策略"视频片段"做片段表演,同学们创意化的表演非常具有想象力和思考力。

情境设计	故事创编	效果呈现
小猪闹误会	1.狼继续想吃猪,但因为被绑住嘴巴不能正常发声,小猪们误认为是在感谢自己 2.小组合作,进行片段的创作和表演	1.语言框架应用:Wolf: I will eat you. Little pig:May be he says thank you to us 2.该片段是故事的高潮,抓住"误会"这个点,同学们创意化的表演非常具有可观性
圣诞平安夜	1.圣诞夜到底发生了什么呢?教师提供道具"红色的手套" 2.小组合作,自我创编故事结尾,并做表演	故事结尾是开放式的,小组合作,自编自创,自导自演,多样化的结尾表演很具有可观性

第三板块:戏剧展演

通过基于戏剧策略的多样化戏剧活动,整个故事完成了体验和创编,非常可贵的是,整个故事每一个片段和语言都是学生的自我原创,在完成剧本的审稿后,接下来就将进行故事展演,学生分角色、分语言进行故事的演绎,此刻的演绎应该说变得更加自然和自信,因为所有的情节都在故事创编中体验过,演绎后,故事展演准备中小演员们可以做更多关于表情、动作和情感的揣摩。最后故事展演非常成功,学生非常投入,语言表达、故事演绎和情感抒发都很到位。

学生戏剧表演瞬间

第四板块：自主拓展

在自主拓展活动中，教师并未给学生设计故事的结尾，而是让学生根据自己对故事的理解进行故事结尾的创编和表演。像上述案例中，狼和猪可能会成为好朋友，一起愉快地度过一个圣诞节。也有可能狼虽然得到了猪伙伴的帮助，但还是恩将仇报准备把猪吃掉，小猪得知消息后团结一致，最终在圣诞夜将狼赶出了猪小镇。允许学生头脑风暴、天马行空，充分享受戏剧带来的体验和感悟。

在上面这个案例中，教师通过课堂中的四步推进过程，体现了英语沉浸式学习的一般操作流程。

3. 指导策略

基于教育戏剧的英语沉浸式学习，将学习过程真正还给学生，让学生在体验戏剧的整个过程中学习英语，在教学中我们要关注三个操作策略。

（1）关注个体，分层递进。教育戏剧策略有很多类型，对应的活动也有所区别。比如，"思维追踪"锻炼的是学生个体的独立思考，"座谈会"适合全班性的集体活动，充分调动每个学习者的参与度，而"回音巷"则是可以小组形式开展，也可以全班集体开展的语言活动。不同的戏剧策略对应不同的活动，教师要根据相关戏剧情境与学生的学习特点来设定，关注个体，分层递进。

（2）关注差异，螺旋上升。学生的学习是有差异的，戏剧策略的运用应当与学习差异相辅相成、互相促进。戏剧策略"回音巷"的高阶语言活动难度是最高的，思辨类活动往往需要较好的逻辑思维能力和语言表达能力，为此，教师可以设计示范和语言支持框架。

（3）关注生本，选择创新。戏剧策略的应用不是固定不变的，教师可以根据特定的英语情境调整和优化，甚至是创新。在教育戏剧的课堂中，教师和学生既有师生关系，更多的是情境中的人物关系，选择怎样的戏剧策略，需要教师和学生共同商定，并非教师"一言堂"。

除了戏剧策略运用之外，课堂还需要适当布置一些场景，体现戏剧的基本样态。可以到小剧场进行上课，便于实现情境模拟，也可以引导学生使用教师提供的道具来表演……这样的表演方式，目的是促进学生真切地进行语言转换，身临其境地在运用中学习语言。

第二节　基于跨域探索的学习方式变革

相对单科学习,跨域探索强调学科与学科之间、学科与生活之间的联系,学科学习与生命成长之间的内化。跨域探索就是打通学科界限,打通学校知识同现实生活问题的联系,培养学生解决真实的复杂问题的能力,发展学生能够跨界学习和思考。

一、跨域探索的概念内涵

跨域探索是在意义建构基础上做出的学习方式变革,它着眼于培养人的综合素养,要求学生协同合作创造性提出解决问题的项目实施方案。结合来自不同学科的知识进行跨域探索,并交织运用相关学科知识,解决问题完成任务。一般跨域探索学习的流程是从学习生活中确定研究主题,提供探索问题和学习任务包,让学生自主选择进行综合化学习,各学科教师采用跨学科集体备课方式研究教学,然后实施全过程跟踪指导与评价(见图6-6)。

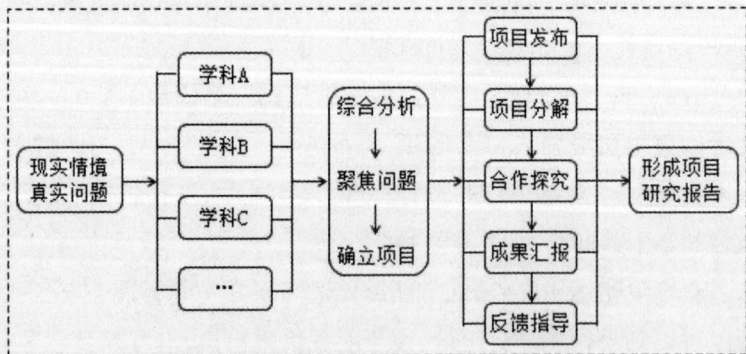

图6-6　跨域探索学习展开图

二、跨域探索的学习特征

陶行知先生提倡"生活即教育""社会即学校",跨域探索重在跨学科、联系生活与社会等的学科融合学习,其核心是跨界、整合、协作,具备以下学习特征。

(一)研究与解决的是现实情境下的真实问题

真实合理的情境是学习的重要一环,在情境中解决真实的问题,可以帮助学生明晰学习目的,提高探索的兴趣和动力。真实的问题就是跨域探索的主题,在我们的实践中,这些主题并非教师指定,而是由全体学生共同协商确立。它既可以是校内外社会环境中遇到的实际问题,也可以是当地或国家正在遭遇的大事。

(二)内容上关注的是学科间大概念的统领

跨域探索是回答问题、解决问题、处理问题的过程,这些问题往往都很宽泛、很复杂,涉及多个学科甚至全部学科,学科领域很广。但它还是以学科为依托,以整合见解、构建更全面意义为目的,聚焦的是学科间大概念的统领。

(三)跨域探索注重的是培养高阶思维能力

所谓高阶思维能力,简言之,就是分析、综合、评价和创造能力。在一个主题背景下,学科内容往往整合学习,互融互促。这种跨学科学习可以帮助学生强化高阶思维技能,也可以帮助学生在不同学科领域间建立更完善的认知体系和更有意义的学习。

三、跨域探索的学习方式

新一轮科技革命呈现出多学科、跨领域交叉融合创新态势,对未来人才的知识结构与能力素养提出了新的要求。我们在跨域探索的学习方式改革中,诞生了设计学习、行走式研学和项目化学习,以适应未来人才培养需求。

(一)设计学习

学习包含基于理解的学习,还包含基于设计的学习,设计学习能够让学生在学习过程中培养动手能力、项目计划能力、项目执行能力、问题解决能力,以及组建团队时认识同伴的合作交往情绪培养和领导力养成。培养学生将来走向社会、面对工作和项目时的解决能力与创新能力。

1. 基础特征

设计思维(Design Thinking,DT)核心是培养学生的创新能力。DT是基于真实场景的真实学习,通过五步教学流程,即同理心、定义、头脑风暴、原型制作、测试,让学生全过程展开学习的体验、思考、实践和创作等,最终培养学生的综合独特性、合作能力和自学能力。在DT学习中,所有的教学都围绕着"创意、创构、创想、创造、创生"而设计展开,一切师生的教学活动都以"创新"为导向。目前,学校已在一至五年级开展设计思维的学习。

2. 实践操作

设计学习遵循五步教学流程:同理心、定义、头脑风暴、原型制作、测试。同理心是在观察洞察后,通过交谈等方式了解客户的真正需求。定义是理解客户真实需求并清晰描述问题。头脑风暴是提出尽可能多的点子解决问题。原型制作是制作产品,提供测试的产品原型。测试是用于用户测试,反馈原型进行修改反复的过程。在教学中,引导学生以"人的需求"为中心,通过团队合作解决问题,获得创新,通过这五步教学流程使课程教学有序化(见图6-7)。

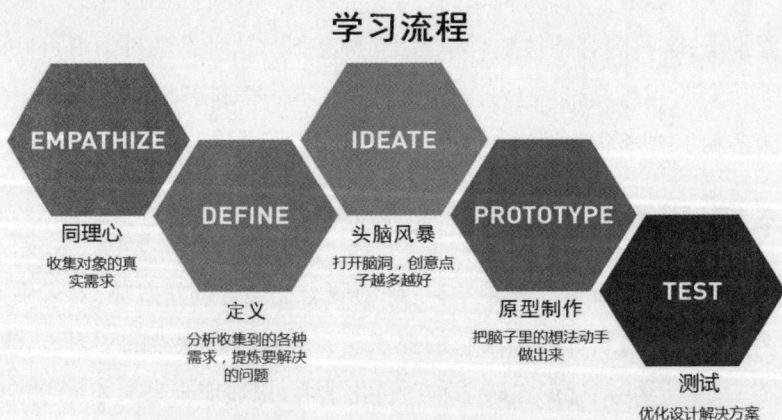

图6-7　设计学习课型图式

为了能够更好地说明实践操作,下面以"座椅设计"为例,进行五步教学流程的解析。

(1)同理心——发现需求

Step 1:设计思维步骤回顾。通过展示PPT带领学生快速复习设计思维的五个步骤。

Step 2:任务发布。3~4人一组,每组得到一张用户画像表,学生通过阅读用户画像,寻找用户需求,根据需求进行头脑风暴设计用户专用座椅,小组合作做出原型,进行展示。

(2)定义——提炼需求

Step 3:挖掘需求并定义问题。A.以孕妇为例,示范分析孕妇对座椅的需求;B.助教老师随机分发用户画像;学生阅读该用户画像,展开独立思考;C.以孕妇为例讲解需求陈述表的填写;D.进行小组讨论,最终定义该用户的两个需求,填写需求陈述表。

(3)头脑风暴——解决需求

Step 4:头脑风暴。A.每位成员独立进行头脑风暴,结合用户需求设计座椅,不只是外观上的,而是结合功能上的;B.小组讨论。互相展示自己的作品,最后选取一个设计或优化结合大家的方案重新画一个设计稿。

(4)原型制作——实现需求

Step 5:原型制作。标明分工,分工合作,共同进行原型制作。采用小组合作的方式进行原型制作,让小组成员之间紧密合作,不断实现思维创意,实现顾客需求。

(5)反馈评价——验证需求

Step 6:作品展示。任务发布及展示准备(10分钟);每组轮流介绍自己组的作品,不超过2分钟。介绍内容包括:A.设计对象及其需求;B.座椅外观及功能特色;C.分工。

Step 7:反思。教师引导提问,学生发言:

◇哪一部分适合选用哪种材料,为什么? 如果还有时间,你会再修改哪些地方?

◇如果重新再做一遍,你们小组哪些地方可以做得更好? 你有哪些发现和收获？

展示反馈评价的过程是展示作品制作的过程，也是汇报原型制作的思维过程，更是借鉴学习的过程。原型制作非常锻炼学生的动手能力、合作能力和探究能力。

设计学习在实施过程中，从筛选主题到最后的产品发布，前后需要经历一个比较长的周期，在这个周期中，学生以小组合作的方式进行学习研究。

【案例6-4】 预防近视产品创意设计

（1）现实情境下的真实问题

预防近视刻不容缓。数据分析，目前我国近视人口已超6亿人，其中近视的重灾区是10~18岁的青少年，我国青少年近视发病率已超过其他国家，高居世界第一。据统计，2020年我国青少年近视率超50%。

（2）设计学习的项目计划

课时	内容	时间（小时）	地点
1	采访与调研近视成因及预防		各场所
2	调查报告分析反馈，需求分析，问题定义	1	创想工坊
3	个人头脑风暴及团队设计	1	创想工坊
4	团队方案征询方法指导	20	创想工坊
5	面向社会征询团队方案意见		各场所
6	团队方案修改及材料预算、原型制作	1	创想工坊
7~9	原型制作	3	创想工坊
10	原型制作、产品征询意见指导	1	创想工坊
11	迭代、产品发布	1	创想工坊
	产品后期		

（3）产品发布会

学习活动	Step 1:回顾项目(3分钟) Step 2:走廊式参观与反馈(15分钟) ①介绍参观注意事项。路线要求、填写反馈单、给予点赞。 ②有效反馈具体要求:友好、具体、字迹清晰。 ③针对反馈进行分析,展现批判性思维。 Step 3:产品迭代(15分钟) ①小细节修改产品,大方面修改方案。 ②安全使用工具。 Step 4:产品发布(12分钟) 围绕以下三点发布:第一,说说为谁开发的产品。第二,说说产品的亮点。第三,说说产品如何改进。 ①学生准备发布。 ②学生上台发布。 ③学生互动点评。 Step 5:总结(1分钟)

3. 指导策略

（1）理解过程,体现项目学习的意义。从需求出发,能够催生洞察力及解决方法,并能够理性地分析和找出最合适的解决方案,是培养学生创造力的方法。设计思维(DT)则在此基础上更加强调以社会发展中"人的需求"为中心,先发现问题,再通过高效的团队协作和一切可能的技术方式,创造性地解决问题。通过设计思维为导向的产品导向性学习,达到真正意义上创新能力的培养,而不是倾向于技能和技术的学习。

（2）创新设计,实现项目学习的接轨。大单元、长课时设计:课堂教学采用单元设计的方式,设计了120分钟的长课时学习;涉及艺术、语文、材料科学、物理学、社会科学等多门学科知识的整合。

培养目标明确:设计思维课程的培养目标,是为了培养学生的创新能力,培养学生的批判性思维,培养学生的合作交际能力。信息时代的到来,创新能力、探究能力、跨学科素养等成为未来人才的发展目标。

（二）行走式研学

学校开展的"行走式研学"主要指研究性学习，它不是游学，也不同于成人的科学研究。它是基于儿童的视角，以素养发展为目标，让学生在更自主、更广阔的空间里学习。

1. 基础特征

（1）学习场所从教室走向校内外。与传统的由各学科教师依托教材面向全体学生进行知识传授的方式相比，行走式研学的学习场景越来越丰富多样。在我们学校，学习不再只发生在教室里，校园里每个角落、每处建筑都是儿童学习的场所，而校外学习基地、研学据点则是学习场所的外延扩张，总之，凡是学生能行走到的地方，都可以设计成学生研学场所。

（2）学习内容从单一走向多学科。学校所探索的行走式研学不是单一的学科教学，而是多学科的综合化学习。单一的分科学习主要关注学科内容与知识、方法的获得，而行走式研学则聚焦学生面对真实、完整的情境，统整知识、方法、经验和情感去解决问题的能力，即在共同主题背景下的"多学科并行学习"，这样更有利于促进学生的整体发展。

（3）学习方式从独学走向合作学。当代学习科学认为，学习是一种社会文化现象，要重视学习者之间的互动、交流、讨论，强调"我们可以从伙伴那里学习"。行走式研学在实际中一般都采用合作学习的方式，具有相同志趣、风格相近的学生组成学习共同体，学习就可以基于共同话题、任务，在不同的共同体中随时发生。

2. 实践操作

目前在学校里的系统化和正式学习都被设计成分科课程以帮助学生通过学科课标和课本，在课堂上有组织、有计划地获取和掌握知识，其优势不言而喻。我们在基于分科课程学习的基础上推进"行走式研学"，培养学生知识的转换和生活实践能力。

（1）以年级组为单位制定主题。在实际操作中，以年级组为单位制定研学主题。年级组就是一所小型学校，涵盖学校课程设置里所有学科及学科教师。围绕学校发展中的现实问题，贴近学生实际生活的真实情境，结合各学科的学习内容制定研学主题。比如，春秋游研学、毕业研学等。

（2）以备课组为单位设计细化。研学主题确定之后，由各学科备课组进行设计细化。首先是研学的周期，根据主题项目预计完成时间来制定；其次是各学科涉及的内容，主要结合学生目前正在学习的概念，以任务驱动的方式设计；最后是研学成果的形式，可以单学科呈现，也可以学科整合完成。

（3）以共同体为单位实施操作。行走式研学将任务及任务管理的理念应用于学习中，创设基于问题解决的有挑战性的任务和环境，让学生以学习共同体为单位进行合作探究，学习共同体中设置一位组长，在组长的带领下，每个成员都分工明确、任务清晰，在完成任务的过程中形成系列作品或研究报告，同时也体现了研学对知识的应用以及对世界复杂性的关注。

【案例6-5】 以时间为轴而设计的六年级毕业研学

按学生的在校时间，设计相关子项目（子任务），具体的学习大致可以分为以下环节：发布研学子项目→组建研学共同体→制订研学计划→具体操作→研学成果汇报→研学指导反馈。整个研学过程都是以学生为主，包括制订研学计划、实践操作、成果汇报等，每一个环节学生都亲历其中，具体过程见下表。

研学子项目	涉及学科/研学方式	实践操作	成果汇报	指导反馈
毕业纪念册	融合语文、美术、书法、摄影等学科元素，通过综合实践活动，进行个性化设计	设计排版制作	集中展示个人收获	班级家委会审议师生共同商议
"数"记成长	入学到毕业时的身高、体重、视力、阅读书本、识字、习作篇数、成绩指数等方面	收集数据绘图制表	成长小报合作展示	现场指导个别指导
育华"智"造	结合学校科技节，以科学为主，涵盖美术、艺术、数学等学科，"智"造一座育华城	设计方案购买材料制作模型	模型展示功能介绍	从功能角度从美观角度从实用角度
"我"的传承	教一年级小朋友唱校歌，为学校做一件值得纪念的事……	设计形式调查需求具体实施	录播录像计划书	合影反馈演示指导
……	……	……	……	……

第六章 转型：个性化学习的方式变革

整个毕业研学大概持续一个月时间，从项目制定到成果汇报，均由学生或学习共同体独立完成，一切以学生为主体，教师只是引导者、协助者。通过毕业研学让感恩之心得以展现，让学生在研学中感受到六年的成长与历练，感受到老师为此付出的辛苦与劳动，也感受到同伴之间的友谊。通过毕业研学也让学校文化得以传承，研学中很多项目都与学校文化相辅相成，通过这样的研学经历让毕业生对学校文化有着一种全新的认识和感悟。与此同时，毕业生将学校文化传承下去，让育华气质一脉相随。在毕业研学中，更让学生的学习能力得以发展，整个研学过程都是学生自主设计、自主完成，有的是个人独立完成，有的是小组合作协商完成，涉及的学科也并非一门，而是多学科元素的融入，既让六年来所学知识得以应用，又让自身能力得以发展。

【案例6-6】 以空间转换而设计的五年级春游研学

校内完成认知性研学，校外进行实践性研学。五年级在一次西溪湿地研学中，学生在校内对西溪湿地的风景、人文景观、历史等进行了研学，然后真正走进西溪湿地，并且带着之前研学的知识以及研学任务卡。

西溪湿地研学任务卡

一、寻访湿地生物

1.探寻一种感兴趣的植物。
（用画图或文字描述它的主要特点）

2.找寻一种喜欢的动物。
（用画图或文字描述它的主要特点）

二、寻访人文景观

1.记录几座不同类型的桥。
我找到的桥：_____桥、_____桥、_____桥。

2.我搜寻到河渚街有_____（多少）家不同的店铺，
其中我最喜欢的是_____（哪一家），原因是_____。

3.我在河渚街找到了_____（多少）种特色小吃，其中我最喜欢的是_____（哪一种），
这种小吃的特点是_____。

通过这样的研学,学生行走在校内"虚拟"的西溪湿地,从网络、书籍中了解西溪湿地的相关知识,然后行走在"真实"的西溪湿地,在空间转换中完善了行走研学之旅。

3.指导策略

陆游诗曰:"纸上得来终觉浅,绝知此事要躬行。"行走式研学是在固定式学习基础上的一次创新实践。经过几年的探索,总结出行走式研学的几点操作策略。

(1)关注校内外相结合的行走。在行走式研学的过程中,学习场所不再固定不变,而是从校内走向校外,让学生真正"动"起来、"走"起来,在行走与操作中学习,这与"做中学"理念不谋而合。所以,在具体操作中,尽量多设计一些任务和活动,促进学生去尝试、去研究。

(2)注重多学科相融合的研学。行走式研学往往关联的不只一个学科,而是多学科并行,所以在具体设计实施时要尽量多考虑学科特质,让学科之间能够真正融合,不是仅仅把几门学科粘在一起,而是思想和方法的融合创新。

(3)尝试大概念相整合的探索。行走式研学要以学科为依托,更要以超出单科研究的视野,关注行走中研究的复杂问题的全面认识与理解。所以,在具体实施中要有明确的、整合的研究方法和思维模式,鼓励学生在大概念的引领下对全新领域的实践探索。

(三)项目化学习

哈佛大学教授、教学论专家达克沃斯说过,知识领域如果可获得,它必须以全部复杂性呈现出来。当我们过于简化了课程,也就消除了学习者与之建立联系的具体方面。而项目学习的魅力恰恰在于为学生的学习提供了知识的全部复杂性,让学生基于项目而生长。在绿城小学,基于PIPER课程的项目学习,是为培养具有专业根基、强大思维、卓越动手能力的复合人才而设计。

1.基础特征

PIPER电脑是一款可让孩子自己动手拆装的简化计算机,通过有趣的故事情节,在完成游戏任务的过程中学习到编程相关知识,能让学生在快乐中学习，又兼顾到科学知识的教学意义。在PIPER电脑项目化学习中，通过"搭、探、编、创"四个学习阶段，经历一个完整的堆栈创造生态系统，从而塑造自我的创新力和创造力。它具有以下基础特征。

（1）软硬结合的升级，从硬件组合到系统编程。PIPER电脑，使软硬件教学彼此支撑、紧密结合，其内置的编程体系，使学生能直接学习编程知识、探究编程项目，紧密衔接各内容的学习环节，提高学习效率。

（2）教育体系的重建，从单一程序到全面开发。现阶段小学信息技术的教学内容，属于分科教学模式的产物，为此基于STEAM教育理念而重建教育体系，从单一程序走向全面开发，使学生了解更具体、理解更透彻、掌握更扎实、运用更充分、体验更深入。

（3）成长价值的再造，从机械训练到协同开发。引入PIPER电脑教学载体，教学过程从"建构"到"解构"再到"创构"，寓教于乐，突出"兴趣性""活动性""层次性""选择性"，充分满足学生个性化学习需求，同时又促成学习前的头脑风暴、学习中的交流协作、学习后的分享评价，化机械训练为协同开发。

2. 实践操作

为了让更多的学生学习PIPER电脑课程，学校在六年级各班开设PIPER电脑课程的项目化学习，保证每周有一节大课的时间来进行课程实施，并给每一位学生配备PIPER电脑。

PIPER电脑课程的教学一般分为四个环节，即"搭—探—编—创"，每一个环节各有特点，又相互关联，能保证PIPER电脑课程的有效实施。

（1）搭：在拼搭中建构。学生6人一组，共同学习图纸，探讨搭建步骤，揣摩图纸细节，摸索着共同搭建PIPER电脑。在拼搭的过程中，允许学生犯错、试错、纠错，最终完成拼搭。

（2）探：在操控中体验。当PIPER电脑搭建完成后，就可以进入故事模式，一般流程有：代入故事情节→观看项目教学动画→探索元件使用方法→搭建通关简易电路→填写完善学案→继而完成任务→自评互评总结。

（3）编：在开发中优化。故事作为一种学习载体，被所有学生接受。学生在通关故事模式后，进入编程模式，了解项目实现的现实意义，观看项目教学图文动画,探索Blocky语言编程方法,软硬件结合实践,搭建编程所需电路,填写完善学案,最终完成任务。

(4)创:在创造中升级。通过拼世界和识世界后,运用已掌握的知识,结合个人元件和教室内共享的素材、工具,创造、开发新项目,如红绿灯、圣诞树、智能门灯、智能车库等项目。

【案例6-7】 PIPER课程中"生命的声音"

学生已经在科学课上接触过声音的部分知识,有一定的基础。同时,学生能够初步利用面包板和杜邦线来实现传感器的搭建,从而掌握面包板和树莓派GPIO的连接使用。另外,学生对于PIPER课程中游戏的故事模式也有了一定的了解,能够通过游戏中的提示,合理地将软件和硬件结合起来进行操作,完成关卡任务。基于此,我们设计的教与学活动如下表所示。

环节	学习过程	学习活动	设计理念
项目确立	1.回顾:在之前的关卡中,修复了太空望远镜,搭建了控制器,闯荡了迷宫 2.确立:搭建一个传感器,通过一座神秘的彩虹桥	1.相互交流:回顾之前的学习,开启PIPER思维模式 2.讨论主题	通过故事情境来设计学习项目,有利于激发学生的学习兴趣,也有利于承前启后
项目尝试	1.任务说明:根据提示,通过这座彩虹桥 2.代表尝试:选一位学生来尝试通过彩虹桥	1.尝试项目:利用PIPER电脑独立尝试 2.发现问题:在尝试的过程中遇到问题	这是一个尝试的过程,学生在这个过程中学会如何提出问题,也进一步清楚项目的指向
项目研究	1.寻找提示:帮助学生找到屏幕上的提示,并根据提示找到相应的硬件 2.连接安装:帮助学生一起安装蜂鸣器,并指导学生完成项目书 3.项目演示:指导学生根据项目书进行项目演示	1.独立寻找屏幕提示 2.安装电脑硬件 3.完成项目书 4.根据项目进行演示	学生在自主探究中完成相应的电脑操作,既有知识概念的学习,又有相应硬件的组装及演示,从而达到软硬件相融合的项目学习

环节	学习过程	学习活动	设计理念
项目总结	1.根据前面的操作,总结蜂鸣器的功能及原理 2.指导学生完成项目书 3.指导学生游戏通关	1.在教师的问题引导下,总结项目的原理 2.配合项目进行通关游戏	在项目总结中提升自己的学习能力,在游戏通关中发展自己的操作水平

3. 指导策略

在PIPER电脑课程的教学实践中也需要设计一些操作策略,帮助PIPER电脑课程得到有效的实施。

(1)问题诊断:创造释疑平台。在PIPER电脑课程的实施过程中,通过问题诊断创造释疑平台。问题释疑包括重症问题重点诊、轻症问题简要诊、远程问题远程诊,即按问题的属性进行诊断、解决:共性大问题,重点讲解,即时讲评;个性、零散的小问题,简要解答,随堂解决;内容完整、主题明确的范例,示范展示,美化改进;非正式学习问题,远程自助,交互点评。

(2)社区交互:促进创意诞生。在PIPER电脑课程的实施过程中,通过社区交互促进创意诞生。社区交互包括学生主动了解调查社区存在的问题,探讨社区问题解决方案,回到课堂头脑风暴,合作制作产品原型,针对现状不断迭代,最终让PIPER电脑走出校门,回报社区。针对不同场景,进行针对性编码设计,作品多样呈现,整个过程所有人受益,学习效果大幅提高。学校有九个作品如愿走出校园,并于2020年10月在浙江省低碳馆的展厅与公众见面。

(3)竞赛推荐:构建卓越环境。在PIPER电脑课程的实施过程中,通过推荐"校科技节竞赛"来构建卓越环境。竞赛推荐包括四个层面:学生,依据需求,分组自评,组内互评,学案归档;班级,遴选班级作品,竞赛PK;学校,全员票选得出最佳,全校表扬并展出;社区,试用最佳作品,反馈使用体验,学生迭代修改,进入新循环;教师,总结经验,归纳教训,帮助学生将优秀作品分享于现实空间和虚拟空间。

第七章

助力:个性化学习的管理创新

个性化学习的管理主要从两个方面进行创新实施,一方面是个性化学习组织方式的变革实施,另一方面是个性化学习的评价革新。这两个方面紧密联系,又相互补充、对应。个性化学习的组织方式和传统学习的组织方式有较大差异,学校做了以下几个方面的创新探索:第一,全校走课,即全校学生打通的自由选课,便于学生根据自己的兴趣爱好选到适合的课程学习,从而在组织方式上发生根本性变革。第二,同级走班,让同一个年级的学生在特色课程学习时,能够进行走班学习,以达成自己的学习目标。第三,同班走组,将固有的教学组织方式打破,根据学生的学力基础,进行分层分组组织学习。第四,全息激励性评价,是在已有学校学业评价基础上的革新与综合,评价形式更加优化与多元,凸显学科分项等级评价、展示性评价、学分制评价。助推学生更好地发展,让评价为学生发展服务。

第一节　个性化学习的组织方式变革

由于遗传、环境、教育与个体主观努力程度不同，学生个体之间总是存在着或多或少的差异，他们在知识经验、学力基础、兴趣爱好等方面均存在着一定的差异。哈佛大学心理学家加德纳经过多年的研究认为，人类智力多种多样，个体智力是一种多种能力的结合。发展心理学研究表明，随着年龄的增长，个体之间的身心差异诸如兴趣爱好、性格特长等越来越明显。教育固然以学生全面发展为目标，但并不意味着对所有的学生都统一要求，更不意味着要求每一个学生在每门课程上都平均用力、平均发展。学校教育应该适应学生的个别差异，赋予每个学生选择性发展的权利。个性化学习在不加重学生负担的前提下，开展全校走课、同级走班、同班走组的学习组织方式的变革，旨在引导和促进学生个性的生动发展。

一、全校走课：满足不同兴趣学生的学习需求

学习，对于我们每个人来说都是苦乐交织的。因为学习是一个探究和发现的过程，需要克服困难，刻苦努力，也正是在这个过程中，我们不断地发现自身的潜能，获得一种不断超越自我的快乐，而一直支持我们快乐学习的支柱就是兴趣了。所以说"兴趣是最好的老师"。个性化学习组织方式的变革，满足了不同兴趣学生的学习需求。

（一）操作定义

全校走课是指学校在每周的周一、周二下午各一小时的时间设定选修课程，学校设置选修课程管理小组，课程实施时间全校统一。学生根据自己的兴趣爱好、学力特长等，结合家长指导意见，自主选择一门课程进行走课

学习,学习时间为一学年。这时的班级成员中就可能存在一至六年级的不同年级,多个班级学生一同上课的混龄同班景象,而年龄差异、学力差异促进了学生的"同步学习、异步发展",形成了"同一课堂,不同年级"的场景。不同班级的学生,形成自主多元,从而要求教师对学生学习组织方式做出相应的变革,以适应这种跨年级、多班级,同兴趣、异步走的学生的学习,让学生的发展更加自主,又具有更多个性化的发展平台。

(二)操作流程

1. 搭建丰富可选的课程

选修课程是学校基于"为每一位孩子提供适合的教育"的办学愿景,根据学生的兴趣爱好和个性特长,通过学校让学生选课和学生自主秒课等方式,设计的可供学生选择且满足学生个体需求的课程。因此,课程主要是以学习领域和学习内容为标准进行建构的,为学生的个性爱好发展提供了平台。在每个领域逐级、逐层划分,将每个学科的选修课程又根据学生年龄的不同而分得更小、更丰富(见图7-1)。

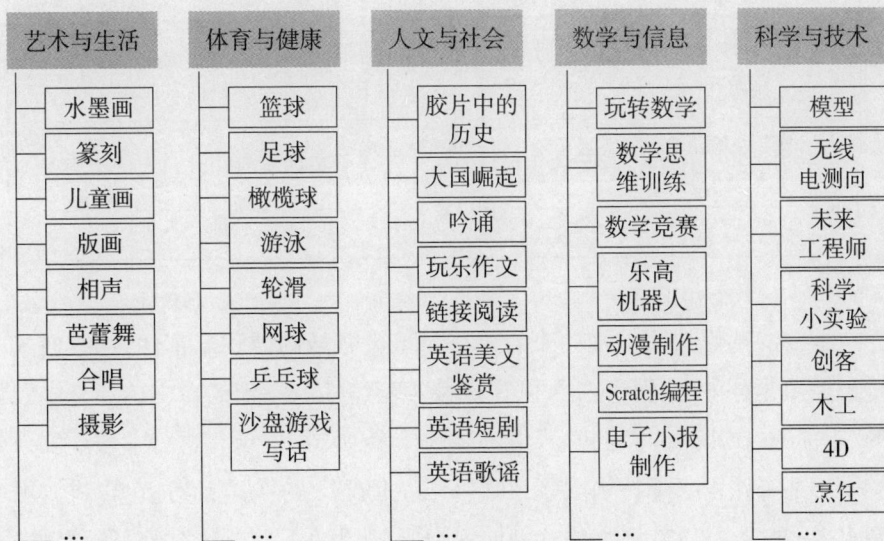

艺术与生活	体育与健康	人文与社会	数学与信息	科学与技术
水墨画	篮球	胶片中的历史	玩转数学	模型
篆刻	足球	大国崛起	数学思维训练	无线电测向
儿童画	橄榄球	吟诵	数学竞赛	未来工程师
版画	游泳	玩乐作文	乐高机器人	科学小实验
相声	轮滑	链接阅读	动漫制作	创客
芭蕾舞	网球	英语美文鉴赏	Scratch编程	木工
合唱	乒乓球	英语短剧	电子小报制作	4D
摄影	沙盘游戏写话	英语歌谣		烹饪
…	…	…	…	…

图7-1　学校选修课程设置

从图7-1可以看出，每一个学科领域均开设了10门以上的课程，内容非常丰富，而且课程之间的分科相对均匀，学科与学科之间具有一定的均衡性。选修课程考虑综合性、层次性等因素，按照不同年级的学习维度、不同的年段学习标准进行分类分级。以艺术与生活领域的课程为例，见表7-1。

表7-1　选修课程艺术与生活领域菜单（部分）

	课程名称	适合年级		课程名称	适合年级
艺术与生活之美术书法类	水墨画	三至五年级	艺术与生活之器乐表演类	少儿芭蕾（初级班）	一、二年级
	色彩课堂	一至四年级		少儿芭蕾（高级班）	三至五年级
	陶艺（初级班）	一至三年级		民族舞蹈（初级班）	一、二年级
	陶艺（高级班）	三至六年级		民族舞蹈（高级班）	三至五年级
	动漫创编	四至六年级		爵士鼓	一至三年级
	硬笔书法（1）	一、二年级		尤克里里	一至三年级
	硬笔书法（2）	四至六年级		古筝	二至四年级
	篆刻	五、六年级		相声表演	三至六年级
	软笔书法（初级班）	一至三年级		小主持人	三至六年级
	软笔书法（高级班）	四至六年级		童话剧	一、二年级
	……			……	

学校的选修课程从横向来看考虑了五大领域的课程丰富性，从纵向来看也关注了同一课程的层次性、递进性和延续性。学生的自主选择是多元的、丰富的，在小学六年的学习中可以选择多种不同的课程进行学习。如果学生对某一课程兴趣特别浓厚，在进行基础阶段的学习之后，还可以进入更高水平的学习。以软笔书法选修课程为例，学生在一、二年级的时候可以选择初级班进行学习，如果想要继续在软笔书法的学习上有延续、有提升，还可以进入软笔书法的高级班继续学习。这样的选修课程架构既满足了横向的多元选择，又满足了纵向的深入发展，在这个平台上，学生得以更好地发

展自我。

2.实施自主选课

选修课程强调全体学生的主动参与,充分发挥学生的自主性。学生及家长需要了解开课计划。选修课程的开课项目因学习效果、学生的受欢迎度等原因,每一学年的项目都会有所调整。自主选课流程见图7-2。

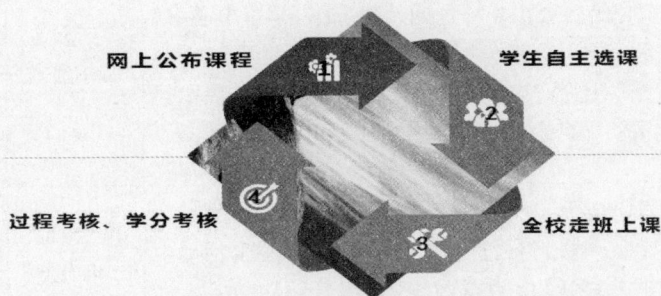

图7-2 自主选课流程

每年8月底,学校将所有的社团活动课程进行校网公示,公布社团活动课程的名称、社团活动课程的内容、考核项目、课程的额定人数、课程活动形式、任课教师、所需材料等非常详尽,便于学生进行选择(见表7-2)。

表7-2 选修课程开课计划(部分)

课程	课程简要介绍	适合年级	时间安排
趣味乐高	乐高积木,以其形象逼真的卡通造型,为孩子们带来奇思妙想的创意思维,让他们的各项能力在拼砌搭建中得到充分发展,在乐高的奇妙世界享受快乐	一、二年级	二品
科学小实验	设计好玩的科学小实验,使学生感知科学的奥秘和趣味,对科学产生浓厚的兴趣	一年级	二品
奇趣串珠工坊	可爱的金鱼、萌萌的苹果、晶莹的玫瑰、闪亮的手链……这就是我——神奇美丽的七彩串珠。串珠活动不但能锻炼你的动手能力,培养你的耐心细致,还能发展智力	二至五年级	二品

课程	课程简要介绍	适合年级	时间安排
彩扣饰品设计	利用色彩丰富的扣子，通过自己的想象，设计出有独特创意的饰品	二、三年级	二品
育华创客	通过细心观察，发现身边可以变得更美好的事物，然后去探寻合理的解决方案，学习电子、编程、结构建造等相关知识，最后去动手"造"起来。比赛、Maker Fair、创客嘉年华会是展示风采的平台	三至六年级	四品
探究科学	学生亲历科学探究活动，利用生活中常见材料和工具进行科技创制，在做中学，在探究活动中收获科学知识和学习能力	三至五年级	二品
4D	想拥有一个亲手制作的陀螺吗？想做出一个全世界独一无二的过山车吗？想了解金字塔的构造吗？来参加4D吧。可以一起设计与创作不同主题的作品，进一步丰富空间观念，提高合作能力，培养创新意识。让我们一起来——见证奇迹	三至六年级	二品
未来工程师	从实际生活出发，利用科学中的机械、建筑、动力能源等多个原理，设计出具有挑战性的创意机关，通过任务式、情境化的学习模式，你将体验到课程中"一触即发"的快感和乐趣	三至五年级	二品
设计思维	设计思维通过移情（同理心）深挖需求，聚焦真正的问题所在，在团队成员的协作下进行头脑风暴、原型制作、收集问题反馈和测试迭代，来培养学习者解决"人"的问题所需要的一系列能力和素养，是一种有创造性、人性化解决问题的思维模式	一至六年级	二品
创意木工	一台机器，一块木板，自己设计，动手切割，实现无限创意。旋转的机器带你进入一个美妙的木工世界，用你的巧手实现自己的小小设计师之梦	四至六年级	二品

课程	课程简要介绍	适合年级	时间安排
未来电脑	PIPER电脑，即"我的创意盒"，是一款可以让孩子自己动手拆装的简化计算机，通过有趣的故事情节，在完成游戏任务的过程中学习到编程的基础知识。在PIPER电脑课程的学习中，孩子们通过"搭、探、编、创"四个阶段，经历一个完整的堆栈创造生态系统，从而塑造自我的创新力和创造力	六年级	二品

以科学与技术板块的部分课程为例，在选修课程的开课计划中，学生以及家长可以非常清楚地了解到课程名称、课程介绍、可供选择的年级等信息。根据这些信息，学生可以结合自己的兴趣、特长发展所需和自己就读的年级，与家长、班主任一起商量，选择适合自己发展的课程。

3. 规范选课操作

选修课程的选课方式，根据课程的目标设定分为两种：一种为"师生"即指导教师和学生之间的双向选择。学校的选修课中，有一部分课程是按照学校办学特色，根据学校的发展需要而设的，如足球校队、梯队、篮球、网球校队等，这些课程作为学校的传统特色课程，由上课的指导教师自主到各年级各班挑选自愿参加的学生，综合学生及家长意见最终确认选课，组成班级进行授课，这种选课即双向选择。为充分尊重学生的自主性，指导教师根据一定的选拔要求确定预选名单后，会以"确认书"的方式征求学生及其家长的选课意见。

除这些相对"特殊要求"的课程外，其他选修课程均由学生根据自己的兴趣爱好自主选择组建新班级，即另一种选课方式——学生凭兴趣爱好的单向选择。绿城小学目前拥有48个教学班，近1500名学生，为满足学生自主选择需求，学校开发了选课平台。选课前，学校将开课信息公示，供学生及家长参考，同时学校会对选课操作进行培训。在选课平台上统一开放时间，学生可以自由选择自己喜爱的课程（见图7-3）。

选修课程选拔确认

家长：

您好！您的孩子已经被选修课的足校(校队)课程的指导老师提前选拔录取,这门课程需要学习一学年,特向您及孩子征求意愿。

同意参加　　　不同意参加

家长签字：

杭州绿城育华小学
选修课网上选课操作指南
前期准备

1.关于浏览器, 大家尽量使用 IE 浏览器兼容模式和 360 浏览器兼容模式。

2.各位同学提前登录校园网站（www.hzlcyhxx.com）,查看是否能够正常登录。如有问题,联系班主任进行修改。(忘记账号,可以自行查询;忘记密码,联系班主任进行复位。一年级新生密码默认状态下为123456,请登录后及时修改。)

3.通过校园网站首页公告（红色标题）,查看相关课程介绍(页面预计 9 月 8 日中午展现),每人限报一门,选择好几个合适的课程作为备选。(提醒：为保证网络能够顺利进行,9 月 9 日 8:30 后输入校园网地址后将直接跳转到选修课报名系统登录页面,选修课程的介绍页面将不再显示,同学们提前选好几个课程作为备选,注意课程的年级范围。)

图7-3　选课操作示意图

双向选择和单向选择相结合的选课方式,都是以充分尊重学生的自主为前提,因此学生在选课成功后,都能以一种积极的心态参与到所选择的选修课程的学习中。

(三)组织管理

为了推进丰富多样的选修课程实施,学校专门成立选修课程管理领导小组,校长担任领导小组组长,分管教学副校长担任副组长,整个领导小组负责对选修课程做出总体规划和评价,调动全校力量,明确职责,加强过程管理。

1. 明确管理职责

(1)各职能部门职责。副校长:负责学校选修课程的策划与管理;负责为成果展示提供资源保障;组织对课程的实施进行评价;与外聘教师进行联系、协调。教务处:负责选修课程实施的时间安排、教师调配、学校教学资源的组织、学分登录等。总务处:负责为选修课程的实施提供后勤保障和安全保障。教学处:负责组织小组成员检查教师对选修课程的实施情况。

(2)指导教师职责。第一,选修课程指导教师是所承担课程的开发者和研究者,负责本科目的研究开发和教育教学管理工作。第二,选修课程指导教师是选修该课程班级的管理者和指导员,负责该选修课程班级的管理和建设,负责班级学生的学习与指导。第三,选修课程指导教师在开展教学活动的过程中要抓住选修课程的特色,大胆实践与改革,更新教学内容,改变教学方式,创新教学模式。选修课程指导教师是选修课程教学工作的联系人和协调者,不断调整教学策略,加强管理,保障选修课程教学有序有效地进行。第四,选修课程指导教师是课程教学活动状况及学生学习情况的评价者,负责课程记录开设情况的相关信息,对课程效果进行自行分析、自行评定,负责采取与课程特点、学生实际相符合的考查评价方式,根据学校学分制管理的有关要求科学评定学生成绩,并撰写教学体会、课程总结或研究报告。

2. 过程考核记录

选修课程管理小组一般每隔一周组织队伍开展选修课程实施情况大检查,每次检查内容都有侧重,目的是方便教师及时调整、改进下一阶段选修课程实施。以2019学年第一学期第六周检查为例(见表7-3)。

表7-3　选修课程检查记录表

教学场地	课程项目	检查内容	检查反馈
行政楼三楼	DT		优点：1.课前准备认真、充分,内容有趣味。2.学生有兴趣,参与度高。建议：组织教学还可以加强,对学生的课堂表现需要有一定的规范
行政楼四楼	合唱团（二年级）	1. 教师到位情况 2. 课堂教学组织、开展情况 3. 辅助管理教师的在岗情况（除合唱为固定辅助管理,其他外聘组的辅助管理教师都是走动的）。 时间允许的话,建议每组时间不少于10分钟	优点：1.教师上课认真,学生专注、学习效果好。2.对学生的学习态度和成绩有一定的要求与奖惩。建议：对特别调皮的学生除了严肃批评外,还可以想一些教学策略来吸引他们
体育馆三楼	击剑		优点：1.老师组织认真,能针对学生的问题,给予个别辅导。2.学生喜欢,参与度高。建议：低年级孩子的穿衣时间还可以紧凑些,课堂时间的利用率还可以提高
体育馆四楼	街舞		优点：1.老师组织认真,示范到位。2.能对学生进行个别指导,规范动作。建议：1.提高课堂有效时间的利用。2.依据孩子的特点和接受能力来进行舞蹈动作的教学
体育馆一楼	游泳		按常规正常开展,能关注到孩子入水时间和洗换时间
儿童美术馆	版画		优点：1.老师组织认真,能针对学生的问题,给予个别辅导。2.学生喜欢,参与度高。建议：近期可以抽查
三号教学楼三楼	冰球		优点：1.老师组织非常认真,要求严格。学生在实际操作后能够有针对性地指出每个学生的问题,并给予方法点拨。2.学生年纪小,老师严中有爱,孩子学得开心。建议：近期可以不用检查

教学场地	课程项目	检查内容	检查反馈
三号教学楼 三楼	相声		优点:1.老师示范到位,组织认真。2.学生喜欢,参与度高。建议:近期可以不用检查
三号教学楼 四楼	魔术		优点:1.老师组织认真。2.学生参与热情高。建议:近期可以不用检查
科艺楼 五楼	空模		优点:1.老师组织非常认真,学生在实际操作后能够有针对性地指出每个学生的问题,并给予方法点拨。2.节前一次去检查也是非常认真地在组织教学,学生参与度高。建议:近期可以不用检查

从表7-3中可以清楚地看出某一个项目教师在课程实施过程中,有哪些优点,哪些不足,针对不足之处,管理队伍及时跟项目教师进行交流、沟通,督促教师整改,改进下一阶段项目课程实施。

3. 学生多元发展

学校提供不同的选修课程,供有不同兴趣爱好的学生选择。学校学生兴趣广泛,以某班某五位学生为例(见表7-4)。

表7-4　XX班五位学生2017—2019学年选课统计表

班级	姓名	课程项目		
		2017学年	2018学年	2019学年
8班	周××	水墨画	篮球	编程
	陆××	橄榄球	摄影	英语戏剧
	张××	创客	创客	创客
	王××	足球	游泳	魔方
	徐××	编程	乐高机器人	编程

表7-4中这五位同学每学年所选择的课程项目几乎都不一样,周同学在2017学年选择的课程项目是水墨画,2018学年他选择的是篮球课程,2019学年他选择了编程,而陆同学分别选择了橄榄球、摄影、英语戏剧。三个学年中,他们所选择的课程项目都不同,对不同课程项目都有兴趣,都想去尝试一下,从而找到自己最感兴趣的这一课程。

表7-4中,张同学在2017学年市创客比赛中荣获一等奖,因而他在2018、2019两个学年中都选择了创客这一课程项目,看来张同学已经找到了自己的兴趣点,未来会朝着创客这个方向发展。

学校尊重学生的兴趣爱好和成长规律,激发他们的潜能,激励他们多元发展,个性发展,为每一位学生的明天积蓄成才的力量,开发100余种选修课程,为每一位学生提供最适合他们发展的教育。

二、同级走班:满足不同目标学生的学习需求

同级走班是学校根据学生的差异进行教学组织方式变革的一大举措。同级走班的探索,为每一位学生获得更好的个别化发展提供教学组织上的有力支撑。

(一)操作定义

同级走班是指在同一年级的课程中,将某一课时的上课时间完全统一后,学校开发一套可供学生选择的同一学科的特色课程,学生根据自己的特长和兴趣爱好进行选课并走班学习,从而为学生的差异发展提供必要的支持。学校现在一、二、六年级进行了体育学科教学革新,开展了体育"1+1"特色课程建设。

体育"1+1"特色课程建设是指体育学科在小学第一、三学段所进行的课程改革实验,其核心是从课程层面对小学体育教学进行有效革新,调整体育课时结构,整合现有教材教学,指向体育学科核心素养,增加可供学生选择的体育特色课程内容,实施自主选班的革新教学方式。

1. 整合·拓展·提升:革新课时及内容安排

体育"1+1"特色课程有特定的含义,即前一个"1"是指常规体育课,后一个"1"是指体育特色课。以当今小学体育第一、三学段每周安排4课时的

标准,前一个"1"为调整或整合内容的2节新常规体育课,由于课时进行了调整浓缩,势必在教学内容上进行整合,教学方式上大力革新;后一个"1"为补充、拓展后的1节特色体育课,特色体育课有系统的设计与教学安排,后文将详述,此处不赘述。如图7-4所示。

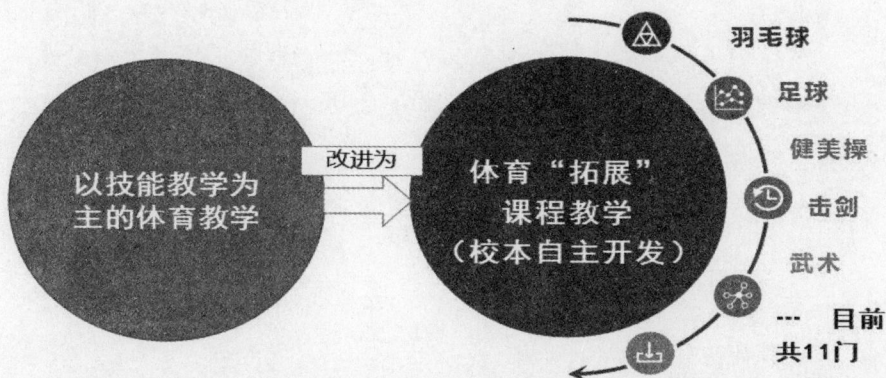

图7-4 小学第一、三学段体育课程的调整

2. 自主选班·走班上课:革新教学组织形式

前一个"1"的新常规体育课,采用原行政班进行教学,引进板块综合设计教学,重组和整合教学内容,改进学习方式。后一个"1"的特色体育课,则采用"学生自主选择,教师录用选择"的双向互选模式(见图7-5),采用走班上课的模式,保障学生兴趣、个性、特长的发展,促进教学革新。

图7-5 特色课程双向选择示意图

学校会统一发放告家长书,便于让学生和家长共同选择心仪的课程进行走班学习。下面是学校给六年级学生发放的《选课告知书》。

【案例7-1】 选课告知书

_____同学：

你好！

为了更好地满足大家对体育运动的兴趣，本学期开始，学校在六年级开展体育拓展课程学习。将会开设以下课程，请各位同学选取自己感兴趣的一个项目课程。感谢你的合作！

姓名：_____

班级：_____

性别：男（　）　女（　）

感兴趣的拓展课：

足球（　）

篮球（　）

网球（　）

高尔夫（　）

游泳（　）

传统体育项目——跳皮筋等（　）

啦啦操（　）

羽毛球（　）

乒乓球（　）

橄榄球（　）

武术（　）

学校通过这样的方式，让家长和学生在清晰的告知书中进行选择，挑选自己喜欢且合适的课程进行学习，满足学生的个别需求。

（二）操作流程

体育"1＋1"特色课程的设计是在保障学科核心素养培养不变的前提下，拓展和补充体育教学特色内容，从而形成整体教学设计。

1. 规范流程,优化人力资源和课程内容

在小学第一、三学段体育现行教材基础上所开展的"1+1"特色课程建设研究,是从学校层面进行的整体设计,避免班级之间的不平衡,保障人力资源。

(1)规范特色课程项目申报、评估流程。体育"1+1"特色课程的开设,采取项目负责制的管理体制。具体流程如下:先由教师自主申报特色课程项目,然后由学校组织专家组进行项目评估,最后学校公示后宣布实施(见图7-6)。

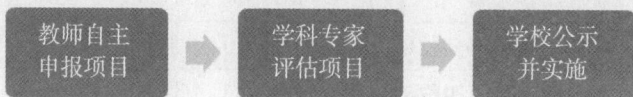

教师自主申报项目 → 学科专家评估项目 → 学校公示并实施

图7-6 体育"1+1"特色课程项目申报评估示意图

教师自主申报项目,需要填写统一的申报项目书,预设课程实施的愿景目标,列举课程建设的教师人力资源优势,充分预估开展教学所需要的场地条件与需求。专家组评估时,在对几个分项进行打分后,择优选择合适的项目。学校公示,让教师、学生、家长都知晓,公示无异议后,再考虑细化实施。

(2)综合开设系列特色课程。在公示基础上,学校选定在二年级开设羽毛球、橄榄球、足球、乒乓球、健美操、啦啦操、击剑、高尔夫、篮球、武术、网球11个项目,实施项目公开,提交给学生自主申报。

(3)配置优质教师资源。由于开设的体育"1+1"特色课程项目远远超过班级数,因此,学校就调配了其他年级的体育教师(以项目自主申报的教师为主)为各年级学生授课,从而保证了体育"1+1"特色课程的教学。

2. 整体设计,保障拓展课程内容的序列化

体育"1+1"特色课程的内容建设,首先要从一学期的课程内容安排入手,保障学期内容的宏观安排;其次要从课时内容的教学设计入手,体现学习内容的层级推进。

(1)总体设计,细化目标,做好学期内容的循序渐进。仍以二年级的体育"1+1"特色课程教学为例,其中任意一个特色课程项目都具有经过验证的学期内容规划方案。这些方案是实施学期教学的总体方案,为进一步落

实到课时设计奠定了基础。下表7-5是体育"1＋1"特色课程中"儿童啦啦操"的学期设计,充分体现了啦啦操的分散动作学习和整套动作完成的融合。

表7-5　特色课程项目一览

课程名称:啦啦操	
课时安排	内容安排
1	啦啦操套路第一、二段16个8拍(辅助练习:基本姿态/步法)
2	啦啦操套路第三段8个8拍(辅助练习:手形)
3	啦啦操套路第四段8个8拍(辅助练习:力量)
4	啦啦操套路第五段8个8拍(辅助练习:柔韧)
5	啦啦操套路规范前5段动作(辅助练习:跳跃)
6	啦啦操套路第六段8个8拍(辅助练习:形体姿态)
7	啦啦操套路第七段8个8拍(辅助练习:柔韧)
8	啦啦操套路第八段8个8拍(辅助练习:力量)
9	啦啦操套路第九段8个8拍(辅助练习:形体姿态)
10	啦啦操套路第十段8个8拍(辅助练习:跳跃)
11	啦啦操套路第十一段8个8拍(辅助练习:柔韧)
12	啦啦操套路第十二段8个8拍(辅助练习:力量)
13	啦啦操套路第十三段8个8拍(辅助练习:柔韧)
14	啦啦操套路第十四段8个8拍(辅助练习:形体姿态)
15	啦啦操套路个人与小组展示评价与提升

从表7-5中的学期安排来看,本课程教学从分段分动作的方式入手,在课堂中采用动作分解化教学,从而降低学生的学习难度,初步掌握啦啦操的基本动作。经过一学期的学习和练习,儿童能完成啦啦操成套动作,阳光自信地展示自己,在学期结束时,能够呈现完整的啦啦操套路。跟着音乐的节奏,个人或者小组能自信地展示。

(2)细化安排,简化环节,落实课时内容的层级推进。在完成学期序列内容安排后,教师还需要对每一课时的教学内容进行设计。但是,体育"1＋1"特色课程的课时教学设计,将打破传统的过于详细的教学设计方案,而且采用简案的方式进行设计,引导教师课前做好深厚的知识积淀,注重学生课堂生成的引导,体现生本主体的课堂教学目标(见表7-6)。

表7-6　"啦啦操"之一的课时教学设计

课程名称:啦啦操	课时内容:第一、二段动作内容
课前准备:音乐、啦啦球	
课时目标: 熟记前2个8拍的动作,能将学过的动作串联	
教学内容: 1.热身 2.讲解啦啦操手持球动作 3.第一、二段16拍动作学习 4.小组展示 5.听音乐跟动作 6.放松	

这堂课的教学设计,课时目标、教学内容让人一目了然,避免了过于琐碎的教学流程,体现了三个方面的优点:第一,从整体上看,采取了板块教学的设计,教师易于操作;第二,采用了活动化的教学设计,引导学生通过几项教学活动来实现教学效果,充分地保障了学生学习主体的地位;第三,落实到一个教学点,教师必须对一个教学点的内容进行深入备课,了解相关内容和深化的内涵,便于教学中能够左右逢源,随机点拨。整体规划与课时细化相结合,保证了特色课程的教学实施有效落地。

(三)组织管理

1. 同一课程,不同学生发展不一样

经过一个学期体育拓展课程学习,不同学生在学习同一门课程时,其学习发展是不一样的,这就是差异。学校教师非常尊重个性差异,激励学生多元发展。还是以"啦啦操"课程为例,如表7-7所示。

表7-7 啦啦操课程学生发展统计表

课程项目	姓名	发展情况
啦啦操	陈××	熟练掌握啦啦操套路第十四段，个人展示形体姿态优美，柔韧性好
	曾××	掌握啦啦操套路第十四段，个人展示形体姿态较优美，柔韧性一般
	李××	只掌握啦啦操套路第十三段，个人展示形体姿态一般，柔韧性一般
	郑××	只掌握啦啦操套路第十一段，个人展示形体姿态一般，柔韧性一般

从表7-7中可以看出，陈同学在"啦啦操"这个课程领域是典型的学霸，"啦啦操"展示就成为她的特长，而郑同学的表现就很一般。学校要做的是为学生创造多种多样的体育拓展课程，给每个学生以多样化的选择，使其扬长避短，从而激发每个人潜在的能力，为不同特长、不同目标的学生提供个性化的课程服务。

2. 同一教学流程，学习效果不一样

经过一个学期体育拓展课程学习，同样的老师，同样的教学流程，其最后的学习效果却不一样，这就是差异。学校教师非常尊重学习差异，激励学生不一样的发展。以"网球"课程为例，如表7-8所示。

表7-8 学生学习效果统计表

教学流程	学习效果	
1.热身，跑步游戏；2.学习正手挥拍动作；3.正手挥拍50次，共挥拍两组；4.个别辅导，纠正正手挥拍；5.听哨音练习正手挥拍；6.游戏：高抬腿绕球场跑；7.本节课小结	有收获	75%学生(邵××、杨××、朱××、将××、金××)
	有收获，但是收获不大	22%学生(章××、李××、贾××、乐××)
	没有收获	3%学生(叶××、赵××)

从表7-8中可以看出,在同样的教学流程实施下,有75%的学生学有所获、学有所得;有22%的学生有收获,但收获不大;有3%的学生没有收获。这就是我们常说的"同步学习、异步发展"。学校要做的是为不同层次的学生创造差异教学,实施个性化教学支持,激励不同的学生在原有的基础上更上一层楼。

3. 问卷调查,满足学生的学习需求

为了了解学校学生体育拓展课程的学习现状及学习效果,深入掌握体育拓展课程教与学存在的问题,进一步改进学校体育拓展课程教学,学校进行了问卷调查。本次问卷调查表,分别从课程喜欢度、指导教师喜欢度、学习收获、下学期选课等方面设置了六个问题,对全体二年级学生进行问卷调查。

【案例7-2】 二年级体育拓展课程问卷调查

亲爱的二年级同学们,本学期的体育拓展课程接近尾声,为了使下一学期的拓展课程能更好地为你服务,特邀请你填写本次问卷。

1.你的姓名(　　　),性别(　　　),班级(　　　)。

2.本学期你参加的体育拓展课程是(　　　)。

A.篮球　　　B.网球　　　C.羽毛球　　　D.橄榄球　　　E.乒乓球

F.足球　　　G.健美操　　H.啦啦操　　J.武术　　　K.高尔夫

L.击剑

3.你喜欢本学期参加的体育拓展课吗?(　　　)

A.喜欢　　　B.一般　　　C.不喜欢

4.你喜欢给你上课的指导老师吗?(　　　)

A.喜欢　　　B.一般　　　C.不喜欢

5.通过这学期的学习,你觉得自己有收获吗?(　　　)

A.有　　　B.有收获,但是收获不大　　　C.没有收获

6.下学期的体育拓展课程你最想选择的是(　　　)。

A.篮球　　　B.网球　　　C.羽毛球　　　D.橄榄球　　　E.乒乓球

F.足球　　　G.健美操　　H.啦啦操　　J.武术　　　K.高尔夫

L.击剑

体育拓展课程学生问卷调查数据统计表

项目	3题(喜欢课)	4题(喜欢老师)	5题(收获)	6题(下学期最想选)
羽毛球	A.喜欢88% B.一般12% C.不喜欢0	A.喜欢88% B.一般12% C.不喜欢0	A.有79% B.一般21% C.没有收获0	12%
橄榄球	A.喜欢80% B.一般20% C.不喜欢0	A.喜欢60% B.一般40% C.不喜欢0	A.有80% B.一般20% C.没有收获0	1%
足球	A.喜欢88% B.一般12% C.不喜欢0	A.喜欢88% B.一般12% C.不喜欢0	A.有79% B.一般21% C.没有收获0	30%
乒乓球	A.喜欢72% B.一般21% C.不喜欢7%	A.喜欢72% B.一般28% C.不喜欢0	A.有57% B.一般43% C. 没有收获0	11%
健美操	A.喜欢77% B.一般15% C.不喜欢7%	A.喜欢100% B.一般0 C.不喜欢0	A.有46% B.一般54% C.没有收获0	9%
高尔夫	A.喜欢84% B.一般16% C.不喜欢0%	A.喜欢100% B.一般0 C.不喜欢0	A.有100% B.一般0 C.没有收获0	8%

统计数据显示：有80%以上学生喜欢本学期开设的体育拓展课，100%学生喜欢高尔夫和健美操的指导教师，通过本学期的学习，觉得自己有收获的学生超过70%，下学期的体育拓展课程中，选择足球这门课程的学生人数最多，其次是羽毛球、乒乓球，其中最想选橄榄球的只有1%。数据告诉了我们不太受学生喜欢的课程，下一阶段，学校将做出调整，开发新的体育拓展课程，以满足学生的学习需求。

三、同班走组：满足不同层次学生的学习需求

教室在传统的学校教学中是固定不变的。随着学校教学改革的不断深化，固定的教室在一定程度上制约了改革的推进。于是，我们设想对教室的内在结构进行改变。也就是说，从外观上看，教室还是那个教室，没有任何变化，但是教室的内部却发生了变化，即将教室划分为若干个学习中心，学生可以根据自己的学习需要，选择学习中心，从而在传统的教室中实现了选择性学习。

(一)操作定义

同班选区是指在一个教室里或固有教学环境的场馆里，根据学生的学力基础和喜欢的学习方式，如自学、合作学习等，自主选择合适的区域进行学习，这种尊重学生的学习节奏和学习兴趣的学习方式，往往能激发学生主动学习的热情，达成良好的教学效果。

(二)操作要点

1. 去讲台后的教室整体布局

"教室"这个概念，凸显教室中学生学习主要场所的建设意识。教室进行合理的功能分区，将教室大致分为教学与学习区、自主学习中心、互助学习中心、学习支持中心、讲演示范区、作品展示区、合作学习区等(见图7-7)。不同的教室结构会略有差异，但主要项目区域的安排是大致相同的，体现了学习的延续性和共同性。

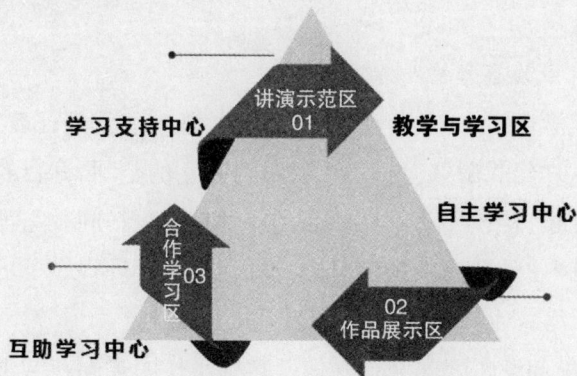

图7-7　教室内部功能区设置示意图

其中，学习支持中心、互助学习中心、自主学习中心的学习区域是指为学习另有需求的学生开设的独立学习区域，在课堂教学中，学有余力的学生根据自己另外的学习需求，可以离开教学与学习区，进行自主学习。学习资源区是指教室建设成丰富的资源库，有生物角、图书角、教具与学具、公用的词典查阅、互联网等，学生可以根据自己的需求，在必要时进行自由的学习或体验。

从以上分区中可以看出，教室已经走出了传统教室的规整与统一，更多地体现了学生学习的自主与自由，凸显了教室文化的丰富与多元，突出了学生学习主体地位。

2. 按需摆放桌椅，尊重教学实际

教学与学习区主要是指学生和教师进行教学互动的区域，占教室建设的主要部分。但与传统教室布置不同的是，在资源教室里，体现的"学室"意识更浓，取消了教师的讲台设置，取消了秧田式的学生课桌椅安排统一模式的限制，鼓励教师根据课堂教学需要进行桌椅摆放。教师根据教学需要，先后探索出马蹄形、四人小组合作型、半圆形、扇形等多种课桌椅的排列方式。

当教学需要小组互动时，可以将几张桌子靠在一起，面对面排列，便于直接交流与讨论；当教学需要进行故事会或演讲时，桌椅可以摆放成一圈或几圈的大"U"形，故事会或演讲的主角居于"U"形缺口的中央，既突出主角，又实现倾听者的公平；当教学需要进行课本剧表演时，也可以将桌椅放置在教室一角，腾出大片空间布置成舞台……多种多样的桌椅摆放只是为了实际教学的需要。

3. 让教师成为有力的人力资源

在传统教学环境中，教师在上完课之后，基本上就离开教室，到办公室集中办公。这样给教师办公提供了安静与独立的空间，其目的指向是为教师服务的，其服务性质相对单一。而现在学校在每一间教室都设有教师工作角，这个教师工作角为教师随时进行教育教学管理提供了可能。教师在教室里有一个相对独立的工作角，有以下几大好处。

（1）让教师和学生之间充分平等。教师工作的空间与学生的学习空间在同一个大空间里，化解了师生之间的隔阂，将师生的工作与学习融为一体,师生平等,为学生的主动积极学习提供了动力,为师生自由交流奠定了基础。

(2)让教师成为辅导教师成为可能。设立教师工作角,也相当于设立了一个学生的学习支持中心。当课堂上有个别学生遇到学习困难,而主导教师要指导其他大多数同学学习,无法分身顾及时,工作角中的教师就可以在短时成为辅导教师,对学生一对一辅导。当然,这个学习支持中心不仅仅局限于课堂教学中,下课后,学生也可以带着自己的疑难问题或思维困惑、学习烦恼等,到教师工作角去求助。

(3)教师成为替学生排忧解难的人力资源。教师在知识、阅历、生活经验等方面都积累了非常宝贵的经验,而学生在很多方面还是一个求知者,教师在教室里就为学生随时交流提供了便利;当学生遇到一些现场发生的同学矛盾、心理困惑等,在同龄人之间无法得到很好的解答时,就需要教师主动参与,为学生排忧解难。同时,教师工作角产生的个人作品,也是学生课余学习的范本。

(4)教师短时成为合作伙伴。当课堂教学需要进行小组合作交流时,学生之间既可以同学之间小组合作,也可以师生之间小组合作。而工作角的教师就可以是师生合作时的共同参与者,共同合作完成一个项目的交流、讨论、指导等。

总之,教学环境资源化教室构建,有助于营造良好的学习环境,有助于增进师生之间的平等意识,为学生自主学习、个体发展提供了可能。

(三)教学实施

差异教学强调:教师了解和测量学生的差异是进行差异教学的前提,学生的差异不仅是多方面的,而且是动态发展的。学生的个体差异决定了学生发展的不平衡性和理解知识速度水平的差异性。在班集体教学中,教师不仅要关注学生的共性,还要关注学生的个体学习能力的差异。学生个体学习能力包括知识技能、学习风格、表达能力、合作能力、态度习惯等重要因素,并由此合成一种"学力",详见图7-8。

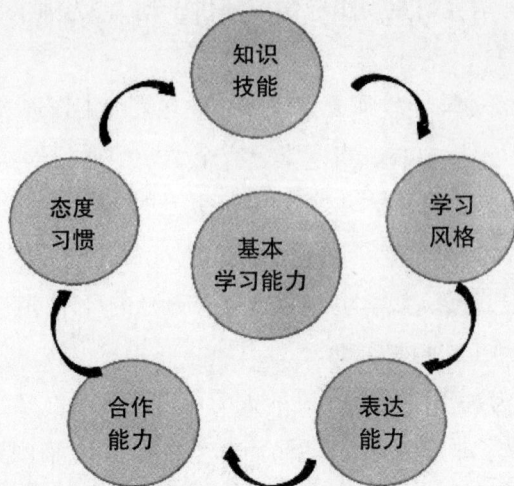

图7-8　基本学习能力图解

根据图7-8的基本学力构成要素,学校研究小组将授课班级中的每一个学生进行了量化评分,根据这些数据,在确定教学目标时可以细化到个人,从而使教师在组织课堂教学的每一个环节都可以做到有的放矢(见表7-9、表7-10)。

表7-9　学情分析量化标准

以数学学习能力为例	学习能力				态度习惯
	知识技能	动手能力	逻辑思维	表达能力	
3分	基础知识完全掌握,知识体系较全面、完整	动手能力强,能够灵活而有创造性地为学习服务	能够正确合理有序地进行思考,逻辑性强,很严密	表达能力很好,善于把自己的思想、情感、想法和意图,用语言、表情、动作清晰地表达出来,并善于让他人理解	1.对学习意义有明确认识,懂得学习的重要性 2.有良好的学习习惯 3.在学习中能体验愉悦的心情。遇到困难会主动寻求办法和帮助

以数学学习能力为例	学习能力				态度习惯
	知识技能	动手能力	逻辑思维	表达能力	
2分	基础知识掌握较好，有个别知识漏洞	动手能力一般，但能够按要求在规定时间内完成学习任务	能够准确有条理地思考问题，但在观察、比较、分析、推理、综合等某一方面能力较弱	表达能力较好，能够用自己的语言和方法将自己的思想与情感基本表达出来	1. 有积极主动的学习态度 2. 学习习惯有待进一步改善 3. 能在老师或家长的帮助下克服学习中的困难，具有积极上进的态度
1分	基础知识掌握较弱，有比较多的知识漏洞	动手能力较弱，需要老师或同伴帮助	思考问题比较混乱，没有条理性	表达能力较弱，需在老师的引导下表达自己的部分想法	1. 学习动机不明确，需要家长和老师不断提醒 2. 学习习惯不好，但能在老师和家长的提醒下改进
0分	基础知识漏洞很多，都没有掌握	动手能力非常弱，在老师或同伴的帮助下仍有困难		不能用语言、表情、动作表达自己的思想，并让听者明白	学习习惯不好，不愿正视自己的问题，在学习过程中遇到困难时会采取逃避或抱怨的态度，有厌学的情绪

等级划分：优＋（14～15分），优（12～14分），优-（10～11分），良（8～9分），合格（8分以下）。

表7-10 学情调查量化统计

姓名	学习能力					总分	备注	等级
分项目	知识技能	动手能力	逻辑思维	表达能力	态度习惯			
鲍××	3	3	3	3	3	15		优＋
余××	3	3	3	3	3	15		优＋

姓名	学习能力					总分	备注	等级
分项目	知识技能	动手能力	逻辑思维	表达能力	态度习惯			
卢××	3	3	3	3	3	15		优+
俞××	3	3	3	3	3	15		优+
余××	3	3	3	3	3	15		优+
孙××	3	3	2	3	3	14		优
柯××	3	3	2	3	3	14		优
曹××	3	3	3	3	2	14		优
陈××	3	3	3	3	2	14		优
关××	3	3	3	2	2	13		优
杨××	3	3	2	2	3	13		优
孙××	3	3	2	2	3	13		优
高××	3	3	2	2	3	13		优
宋××	3	3	3	3	1	13		优
洪××	3	3	2	2	3	13	轻微抽动症	优
项××	3	3	2	2	3	13	轻微抽动症	优
樊××	2	2	2	3	3	12		优
钱××	3	2	2	3	2	12		优
……								

绿城课堂的实质是"面向每一个,关注每一个,发展每一个,为每一位孩子提供适合的教育"。因此,在绿城课堂教学中要充分关注学生的个体差异,适应每一个孩子的发展需求,努力追求"个别化"的教育理想。那么,学校如何在数学学科学习时进行"个别"教学呢?具体操作如下。

学校在每一间教室都设有三个不同的学习区域,这三个不同的区域代表三个不同的学习中心,三个学习中心的学习任务同步进行。每一个中心的学习任务都不同,但最终达成的学习目标是一致的:第一个是学习支持中心,由一名教师带领学生一起学习;第二个是自主学习中心,学生两两一组竞赛学;第三个是协助学习中心,由另一名教师进行协作教学。

由于学习区域不一样,学习方式也明显不同:在学习支持中心,采用的是帮扶式,主要是教师引导学生学,帮助学生把握重点,引导学生突破难点,学生主要通过教师讲授的方式或者自己学、教师辅导的方式,掌握学习内容;在自主学习中心,采用的学习方式是自主式,主要以学生自主练习为主,教师适时进行关注,适时巡回指导;在协助学习中心,采用的是协作式,主要是教师引导学生对所学内容有一个初步的认识,为学生进入支持中心的学习活动架桥沟通,促进学生启迪智慧。为了更明确地了解分组教学具体实施的课型课例,下面以一节数学课的教学为例进行分析。

【案例7-3】 人教版五年级上册"植树问题"案例

<table>
<tr><td>课题</td><td colspan="4" style="text-align:center">植树问题</td></tr>
<tr><td rowspan="8">探究新知</td><td>学力程度</td><td>学潜生</td><td>中等生</td><td>学优生</td></tr>
<tr><td>学生姓名</td><td>金XX、王XX、刘XX、郑XX等7人</td><td>徐XX、刘XX、方XX等7人</td><td>高XX、吴XX、张XX等8人</td></tr>
<tr><td>学习基础情况</td><td>学习基础薄弱,学力不强,学习自觉性不够</td><td>能够基本把握学习内容,需要探讨学习,喜欢合作完成</td><td>学习基础好,学习能力强,大部分通过自学习得知识</td></tr>
<tr><td>教室分区</td><td>学习支持中心</td><td>协助学习中心</td><td>自主学习中心</td></tr>
<tr><td>学习方式</td><td>教师指导学习或师生共同学习</td><td>教师引导学生学习,初步构建模型</td><td>自主练习、两两PK</td></tr>
<tr><td>学习过程描述</td><td>由合作教学的顾老师协助教学内容的实施,用实物绳子剪一剪、动手数一数间隔数,用实物模型摆一摆小树,初步感知植树问题的模型</td><td>邹老师自己带领7个孩子,在课件、实物、图片及模型的材料中,逐步引领孩子感悟植树问题的三种模型,互动学习之后由孩子自己独立完成挑战练习</td><td>8个孩子两两一对,从不一样的变式学习材料中,看谁先能找到是哪种类型的植树问题,再画图解决</td></tr>
</table>

　　在分组学习中，学生的学力相当，他们完成同一个学习任务所用时间也比较同步。课程在十几分钟之后，三个区域的学生进行流动循环，当所有的学生亲历了每一个区域的学习活动之后，本次课程在师生共同整理、归纳学具中圆满结束。

第二节　个性化学习的评价变革

学校设计适合孩子发展的课程,培养学生五大核心素养:人道情怀、科学素养、强健体魄、艺术修养、国际视野。注重学生每一方面的发展,要求教师、同学和家长从不同角度发现学生的优点,大家都知道该学生的优点,激励其不断进步,这是学校采用"全息激励性评价"的宗旨。

全息激励性评价不仅将学生学习的能力、成果纳入其中,还对学生的学习态度、学习方法同等关注,注重形成性评价对学生发展的作用,从而促进学生更好地健康成长。全息激励性评价是在已有学校学业评价基础上的革新与综合,评价形式更加优化与多元,凸显分项等级评价、展示性评价、学分制评价,助推学生更好地发展,让评价为学生发展服务。

一、分项等级评价

小学生的年龄特点决定了他们在成长过程中具有较大的不确定性和可塑性,因此,对他们的评价不能只限于结果的评价,而应充分考虑学生的发展性。分项等级评价就是让学生在感受成功的同时,也找到自己的不足,从而确定努力方向。

(一)操作定义

分项等级评价是基于核心素养、课程标准、教材分析而形成的一个综合评价体系,重在过程表现的学生综合评价机制,体现评价的诊断、导向和激励作用,使评价过程成为促进学生学习和成长的有效途径。

彰显全息激励性评价,帮助学生有效调控自己的学习过程,使学生获得成就感,增强自信心,培养学生的合作精神。

（二）操作样例

结合学校实际情况实施学生学业分项等级评价，学业板块是从学校领域课程出发，在分学科的基础上，对细分项目进行等级评价。同时，将学业评价的大部分占比放在平时，学生平时表现的成绩占70%，要求学生更多时间关注学习过程，由过程自然得出学习结果。

通过试点调研，结合校情，学校分项等级评价领导小组制定了学生学业手册报告单（见表7-11），报告单分为"人文与社会、数学与信息、科学与技术、艺术与生活、体育与健康"五大领域课程，给予"优秀、良好、合格、待评"等级评价。其中，表格中单独设计了一列评价内容"学科特长"，这是学校实施分项等级评价的一大特色：既关注了学生共同基础，又关注了学生个性特长。

表7-11　学生学业手册报告单

领域课程	学科课程	项目	过程评价	期末评价	总评	学科特长
人文与社会	道德与法治	品行认知				
		生活礼仪				
	语文	识字写字				
		阅读				
		习作写话				
		口语交际				
		经典诵读				
		课外阅读				
		硬笔书法				
	英语	口语				
		听力				
		……				
	……	……				

学校积极倡导分项等级评价,评价既关注全体学生全面发展,又关注学生扬长发展,学校制定的学生发展目标之一有"自信",而扬长激励有助于培养学生自信,扬长方能致远。各学科组成员根据学校学生学业手册报告单制定本学科的评价标准及实施建议,最终达成整体发展和扬长发展齐步走的目标。

(三)操作实施

学科分项等级评价改变了传统的综合试卷分析方法,变笼统的抽象的量的分数评价为量和质并重的具体细致的各项学习能力的问题诊断,体现了教学的精细化和精准性。学校分项等级评价具体操作实施如下。

1. 艺术类——以美术学科为例

美术以视觉形象承载和表达人的思想观念、情感态度和审美趣味。学校美术学科分项等级评价旨在准确反映学生的学习水平和学习状态,促进学生学习,改善教师教学,全面落实美术课程目标。学校美术学科分项等级评价细则如表7-12所示。

表7-12　美术学科分项等级评价细则

二级指标	三级指标	过程评价	期末评价	总评	学科特色
美术	造型表现	本册所有造型表现板块美术作业所获得的作业评价相加,取百分比作为造型表现过程评价的相应等级评价	参加学校组织的统一期末考查,"优、良、合格"评价等级参考学校统一标准,获得相应的学分	过程评价的得分+期末评价学分=总评学分 根据总评学分给予相应的等级评价	
	……	……	……	……	

美术学科分项等级评价,充分考虑学生的学习心理,注重激励性评价,保证学生的良性发展。根据美术学科分项的特点,采用过程性评价(美术档案袋和学生作品展)与期末终结性评价(期末考查)等评价方式。让美术学科分项等级评价趋于科学合理。

2. 学科类——以数学为例

数学是研究数量关系和空间形式的科学。数学学科评价内容包括"数与代数、图形与几何、统计与概率、综合与实践"四个领域。学校数学学科分项等级评价细则如表7-13所示。

表7-13　数学学科分项等级评价细则

二级指标	三级指标	过程评价	期末评价	总评	学科特色
数学	基础知识	本册所有单元测试基础知识板块所获学力评价学分相加，取平均数作为基础知识板块过程评价的最终得分。根据最终得分给予相应的等级评价	参加西湖区组织的统一期末测试评价，"优、良、合格"评价等级参考区统一标准	过程评价的得分+期末评价学分=总评学分根据总评学分给予相应的等级评价	数学思维能力分层教学：校本课程（每周一、周二下午各1小时）开设一至六年级的数学思维选修课，对数学思维感兴趣并有一定能力的学生可以自主选课
		……	……	……	……

数学学科分项等级评价注重展现学生的应用意识与实践能力，学生在摆拼、画图、制作等操作活动中，教师关注学生的思维过程、符号、语言等多元表征，多维度描述学生数学素养发展状况及进步程度。

二、展示性评价

展示性评价是一种教育教学质量综合性评价的模式，它的诞生可以说是对传统评价模式的一次重大变革，学校在评价改革中也采用了展示性评价这一做法。

（一）操作定义

展示性评价是以学生的全面发展为目标，以教师教的过程和结果与学生学的过程和结果为评价对象,以教师和学生在教与学的过程中形成书面的、非书面的全部的教学成果与学习成果为主要评价内容,充分展示各种成果为主要形式,人人参与的全方位、多角度的评价。

(二)操作流程

学校全员展示性评价理念:每一个学生的智慧、思想、才艺、创作等都能得到展示;学校的每一个角落都是为了学生展示而设计。

学校开放所有的场所,提供平台给学生进行作品展示设计。有美术作品静态展示,有音乐才艺动态展示。学校进行美术类展示的各个场所:科学艺术楼设有学生个人作品展,儿童美术馆设有学生精品作品展,教室走廊、楼梯等设有学生常态作品展,学校各类公共场所设有学生获奖作品展。学校进行音乐类展示的各个场所:演播厅"唱奏"专场展示,体育馆"戏曲"专场展示,四季草坪"草坪"音乐会展示。

学校举行足球主题绘画创作后,将所有作品都展示出来,同学们在教师的组织下进行了观赏学习,为自己喜欢的作品投赞赏票。根据投票,给每位参展同学设置不同的奖项:最佳创意奖、最美绘画奖、积极创作奖……同学们欣赏美、评价美,也收获美的熏陶。

学校举行艺术节活动期间,尽可能提供多种平台让学生上台展示才艺,其他同学在教师的带领下有序、文明地进行观看,并给予这些小演员以公平公正的评价:最佳表演奖、最佳才艺奖、积极参与奖。

(三)操作案例

美术教学的展示评价给学生提供了更大的表现舞台,使每一个同学的表现欲望得到最大限度的满足,因此能更好地认识自我和发现自我。展示评价注重学生的主观能动性,激发学生的学习积极性,提升学生的美术能力。学校有许多的平台提供给学生展示,不论是个人、小组还是集体,都会开展不同形式的展示评价,并就评价做出以下策略研究。

1. 静态展示,展示人人

大多数艺术展览,学生多是参观者,如果让学生成为展览中的主角,展示自己的作品,在展示活动中去开展评价,这样的评价方式肯定是受大家喜爱的。在课堂中或课余时间,展示学生的作品,既可显示学生个人的绘画才能,证明他的进步和成长,更能以丰富的信息,准确地、系统地表现个人的成绩,在展览评价中获得更多的收获和成长。对于展示评价,我们常常通过以下三条途径来实现。

(1)学生个人自选作品,以使每个学生都有机会挑选出能代表自己最佳水平的作品来进行展览。这也是参与面最广、学生积极性最高的一种激励性评价。

(2)制定一定的评价标准,根据标准评选作品进行展览。

(3)由学生组成评选小组对参选作品进行评选参展。展览本身是很好的评价形式,所以不论是何种途径,都遵循了个性化的评价原则。这种评价的优点是为学生美术成绩的进步提供了十分具体的有代表性的证据,鼓励学生个性发展,同时能提高学生的自信心,有助于培养学生的想象力、鉴赏力和创造力。

【案例7-4】 足球主题绘画作品展

学校一年一度的绿城足球联赛中,足球场上的画面,一场场足球赛精彩纷呈,参赛队员们踢得热火朝天,啦啦队员们激情四射。为了让同学们在多样的足球活动中获得艺术创作的快乐,学校不同年段的学生采用不同的艺

足球比赛海报

术形式表现,有足球海报设计、足球会徽设计、精彩瞬间摄影比赛等。这是二年级的足球绘画比赛,孩子们用画笔将足球赛场中一幕幕激烈的场景和动人的故事画下来。各班同学在老师的组织下进行了参观学习,细细欣赏同学的作品,并为自己喜欢的作品投上宝贵的一票。孩子们获得了不同的奖项:最佳创意奖、最美绘画奖、积极创作奖……真是一次快乐的美术体验。

【案例7-5】 儿童美术馆作品展

学校建立儿童美术馆,除定期开展展览以外,还有许多优秀或独特的作品被美术馆长期收藏,这些收藏的作品包括以下几个方面的内容。

(1)优秀作品。在每次的展览后,会将部分优秀的作品留在馆内,作为馆藏。被收藏作品的学生会收到学校颁发的证书,也可以获得本学期的艺术课程免考,给该生以极大的鼓励和信心,同时也让学校美术馆的作品更加丰富多样。

(2)意义作品。在某些特定的节日或活动后,一些独具意义的作品也将收藏在美术馆内。如在学校10周年校庆时,学生创作的关于校园生活的绘本,这些有意义的作品在展览后也将永久地留在美术馆内收藏。

学生馆藏作品

(3)交流作品。学校与许多国际学校为友好学校,在两校交流时,互相会赠送有意义的作品和礼物,这些作品也会收藏在美术馆内,作为友好的见证。下图为国外友好学校赠送给学校的作品,目前收藏在美术馆内。

学生馆藏作品

(4)艺术家作品。美术馆还会定期邀请艺术家来学校给老师、学生做艺术方面的讲座。这些艺术家会带来他们自己的作品给学生做实物的观赏，部分作品作为礼物送给同学们和学校，它们也收藏在美术馆内，提供给同学们更为丰富的艺术欣赏。例如中国书画家、中国美术学院硕士、西泠印社(孤山)篆刻创作室、杭州书画社篆刻师、西泠印社国际文化交流中心艺术部主任姚伟荣来学校给同学们做了《篆刻美学——陶瓷印》的讲座。下图就是部分艺术家作品的照片。

艺术家作品

2. 动态展示,展示你我

在音乐教学过程中,展示性评价是一项重要的教学环节。展示性评价充分体现全面推进素质教育的精神,着眼于评价的诊断、激励和导向功能,使学生了解自己的进步,增强学习的信心和动力,促进音乐学科教学质量的不断提高。学校定期举办"草坪音乐会""戏曲专场""弹奏专场"等活动,以下是学校艺术节"校园音乐会"活动一览。

【案例7-6】 杭州绿城育华小学艺术节"校园音乐会"工作安排表

一、活动主题:We will rock you !

二、活动时间:2019 年 5 月 13 日(周一中午)12:30—13:10

三、活动地点:四季草坪或演播厅

四、主办:杭州绿城育华小学

设备支持:琴庐音乐

五、活动板块安排:

(一)前期准备(略)

(二)活动流程

1. 早上 6:00—11:30 演出设备进校园布置场地。

2. 12:30 演出开始。

3. 13:10 后清场。

(三)节目单

1. 暖场:《存在》琴庐教师乐队

2. 《小星星》梯队班

3. The best day 梯队班

4. We will rock you 梯队班

5. 《童年》教师尤克里里社团友情出演

6. 《柠檬树》跳跳糖乐队

7. 领导讲话:陈校长

8. 压轴:Girl in the mirror 跳跳糖乐队

展示性、表演性评价是音乐课程特有的一种成果型的评价方式,能充分体现音乐课程的特点,营造和谐、团结的评价氛围。通过该形式,展示学生演唱、演奏的能力,达到相互交流和相互激励的目的。在评价过程中,充分尊重学生的人格,让学生大胆地进行评价。这样不但调动了学生学习的积极性,也充分展示了学生的个性。学校音乐教学的展示评价给学生提供了更大的展示舞台,使每一位同学的表现欲望得到最大限度的满足,因此能更好地认识自我和发现自我。

三、学分制评价

学分制是通过绩点和学分衡量学生学习质量的一种综合教学管理制度,学校在拓展性课程的学习中也采用了学分制评价这一方式。

(一)操作定义

什么是学分制? 学分制是与学年制对应的教学管理制度,学年制是以学年为计量单位衡量学生学业完成情况的教学管理制度。而学分制则是把规定的毕业最低总学分作为衡量学生学习量和毕业标准的一种教学管理制度。什么是学分制评价? 学校在选修课程学习时,推行了学分制动态激励评价的方式,促使学生在自主选择课程学习的过程中,自主把握学习节奏,形成个性化的学习方式。

1. 顶层设计,完全学分与绩点学分相结合

学校选修课程学习要求学生在小学六年12个学期应修满1000学分,主要分为过程学习的学时分、结果展示的测评分和获奖发表等方面的激励加分三项,保证学生在获取学分的同时,经历了学习过程(见图7-9)。

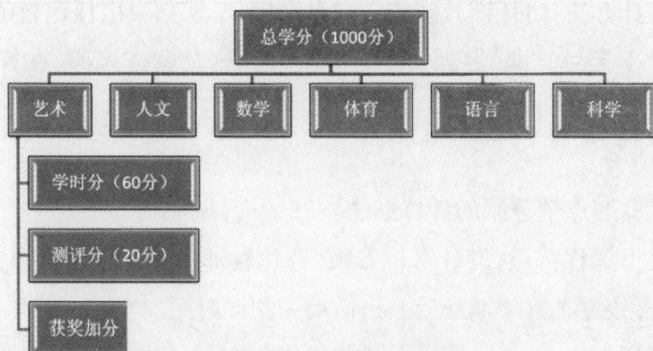

图7-9　学分构建示意图

如闵同学在2019学年第二学期"数学竞赛"选修课程学分由这三部分构成,每节课按时到课,学时分得满分60分,期末评价表现优异得满分40分,数学学科竞赛有多个项目获奖得25分,本学期累计共得学分125分(见图7-10)。

我的才艺成长——选修课

选修课程	学时分	测评分	加分项	合计
数学竞赛(三年级)	60	40	25	125

图7-10　学期选修课程学分示意图

2. 推行自学获取学分

同时,学校推行自学获取学分,鼓励学生在课外、校外和家庭等在所钟爱的方面进行自主选修,选修的时间、地点、教师、项目等均不受学校限制,在学有所得时,就报名参加学校组织的自学测评,获得相应的测试学分。这样极大地激励了学生的自主课外选修。

(二)操作流程

1. 学时分

(1)采取完整学分制的计算办法。

(2)一学期按15周共计30次课算,2学分/次,学期合计60学分。

（3）统计办法：由任课教师统一点名登记，学期结束由任课教师核算。

（4）学生无故旷课、迟到，扣除相应学时分；公假或病假，在补课后仍给予相应的学时分。

2. 测评分

（1）采取绩点学分制的计算办法。

（2）根据课程特点，设计考核方案（外聘教师由辅助管理教师负责转告，也要上交考核方案），学期最后一次活动为测评时间。

（3）测评方法：谁教谁测。分为优秀级（40分）、达标级（20分）、不达标级（0分）。其中以一个选修课程的班级总人数为基数，优秀级20%，另80%为达标级和不达标级（指导教师根据实际情况来定）。

3. 获奖得分

（1）学校和区运动会获得一、二、三名者，可计入当年"体育与健康"类选修课程的成绩。

（2）以上所说的校级展出指大型表演活动、六一儿童节、元旦等学校选出的优秀作品展览、学校美术馆收藏、学校公共场所长期展览、学校组织的学生个人作品展等，但不包含全员性的作品展示。

（3）群体节目中的主要演员、主力队员根据实际情况，可适当再加1分。

（4）校级比赛，不含备课组或任课教师自行组织的项目。

（5）目前所举行正式比赛，最高一般为省级，相关国家级、国际级比赛参照省级标准，特殊情况另行处理（见表7-14）。

表7-14　选修课加分情况汇总表

	校级	区级	市级	省级
展出加分	一件作品或一个节目记2分	一件作品或一个节目记4分	一件作品或一个节目记6分	一件作品或一个节目记8分
获奖加分	一等奖 3分 二等奖 2分 三等奖 1分	一等奖 6分 二等奖 5分 三等奖 4分	一等奖 9分 二等奖 8分 三等奖 7分	一等奖 12分 二等奖 11分 三等奖 10分

(三)评价实施案例

相比传统的教学制度而言,学分制下的学习更为主动、独立,这样,学生就不会因各种各样的要求而陷入被动境地,且学生在学习过程中能够扬长避短,让兴趣爱好融入学习,激发学生的学习积极性。学校学分制评价具体操作实施如下。

1. 设计思维学分制评价实施

设计思维作为一种有创造性的、人性化解决问题的思维模式,它更需要开放、独立的评价制度,选课制就是允许学生自己选择学习的学科及课程。学校设计思维选修课程分品级测评方案如表7-15所示。

表7-15 设计思维选修课程分品级测评方案

品级	学习时间	学习内容	测试内容	评价标准
一品	第一学期	不同类型的挑战项目: 1.创意团队文化建设 2.杭州我的家1——丝绸 3.我的挑战我做主1 4.校园遗失物大追踪(期末项目) 5.一起拥抱新年吧	1.平时项目成绩 2.期末大项目检测(综合)	优秀:90分及以上 良好:80分及以上 合格:60分及以上 总成绩=平时成绩70%+期末成绩30%
二品	第二学期	不同类型的挑战项目: 1.创意团队文化建设 2.杭州我的家2——城市诗歌 3.我的挑战我做主2 4.校园梅雨季防滑挑战 5.消暑大作战(期末项目)	1.平时项目成绩 2.期末大项目检测(综合)	优秀:90分及以上 良好:80分及以上 合格:60分及以上 总成绩=平时成绩70%+期末成绩30%

设计思维学分制评价,充分考虑学生的个性差异和具体要求,减少教学过程对学生造成的不必要束缚,促进个性发展,让设计思维学分制评价趋于科学合理(见表7-16)。

表7-16　本学期选修课成绩姓名:罗XX

课程名称	学时分	测评分	加分	总分
设计思维	60	40	20	120

2. 数学俱乐部学分制评价

数学俱乐部需掌握的知识含有较强的综合性,对学生基础的掌握提出了较高的要求。开设此课程,旨在为那些平时基础扎实的同学提供第二学习课堂,一方面期望能磨炼他们的学习意志,帮助他们树立学习的信心;另一方面也期望他们感受到学习的乐趣,体验成功。学校数学俱乐部课程学习安排如表7-17所示。

表7-17　数学俱乐部课程学习安排

学习时间	学习内容	学时	学分合计
总二学期 (二品)	紧跟日常教学进度,结合教学内容的重难点,以小组合作的形式,自主学习为主,建构基础知识结构图,学生相互出题答题,学生讲解等学法,帮助巩固基础知识,树立学习的信心	120学时	160学分
第一学期 (一品)	六上学习内容:分数的乘除法计算、位置与方向、比的基础知识、圆、百分数的基础知识和基本应用、扇形统计图、数与形的结合(新教材新增)	60学时	80学分
第二学期 (二品)	六下学习内容:负的认识、圆柱与圆锥、比例、百分数的综合应用、统计图的总复习、抽屉原理	60学时	80学分

数学俱乐部学分制评价,强调学生在学习过程中的主动性和创造性,强调学生的独立思考能力、分析判断能力、收集处理信息能力、发展新知识能力,旨在培养学生学会学习、学会发展。

第八章

依托:个性化学习的技术支持

　　传统学校教育由于受到时间、空间和教学模式的限制,难以满足泛在性、灵活性等学习要求,随着现代信息技术的快速发展,教育具有了突破时空限制、快速复制传播、知识呈现手段方式丰富多样等独特优势,正如朱永新在他的《未来学校:重新定义教育》一书中所说:"技术对教育的变革有三个层次。第一个层次是技术作为手段,这个影响在20世纪60年代就已经有了。第二个层次是改变整个教学模式,比如说慕课。第三个层次是改变教育结构。只有打破传统学校固有的结构,才可能有真正的变革发生。"学校在推进个性化学习的过程中,也努力探索如何通过依托现代技术支持学生学习。

第一节 线上"云学习"

在教育进入以创新型人才培养和学生个性化发展为核心诉求的新阶段，如何发挥技术变革教育的潜在作用，已经成为世界各国教育改革关注的焦点。随着多样化的在线资源服务和智能技术的发展，学校努力研究线上"云学习"。线上"云学习"以学习活动为逻辑起点，通过对课程内容、在线学习活动的系统化设计，以"微课导学""线上直播""线上阅读"为主要形态，使在线学习与课堂教学"无缝对接"，线上线下有机融合，促成教学效率的提升。

一、线上直播

线上直播是以网络为介质的教学方式，通过网络，学生与教师开展教学活动，从而打破了时间和空间的限制（见图8-1）。

（一）操作定义

学校利用网络的便捷性、随时性等特点，设置"在线直播教学"，会安排多学科教师在线上进行直播，每位同学都有用户名和专用密码。平时站在教室里上课的育华教师转身一变，个个都成了育华主播。在线直播为及时沟通、性格偏内向、有临时突发性问题的学生提供了一个很好的学习平台。

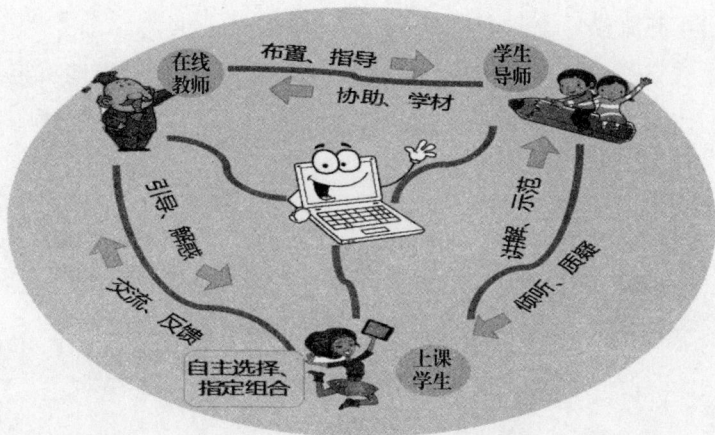

图8-1　线上直播示意图

(二)主要特征

依托网络进行的线上直播,使学生的学习方式发生了根本变化。教与学可以不受时间、空间和地点条件的限制,知识获取渠道变得灵活与多样化。

1. 时空自由

与线下上课相比,线上直播在时空上有了更大的自由性,再也不用拘泥于一个固定的班级里。只要有网络的覆盖,学生便可以通过手机、iPad、电脑等工具在线视听,极大地减少了出行在上学路上的时间,从而提高学习效率。

2. 激发兴趣

直播教学的强交互性大大激发了学生的学习兴趣,心理学家赤瑞特拉证明,人类获取信息时83%来自视觉,11%来自听觉。因此,充分调动学生的视听觉,不断予以正向刺激,采用微课导学等多媒体信息技术教学,形成图文并茂、丰富多彩的人机交互界面,能有效激发学生的学习兴趣。

3. 充分互动

线上直播模式打造的单向可视为性格内向的学生提供了一个更加宽松的环境。所谓单向可视,即在线直播时,只有学生能够看到老师,但老师是看不到学生的,在这样的情况下,学生的状态更加放松,学生可以随时在互动板上留言、提问,老师能够对学生的状态有整体的了解,并进行充分互动。

（三）实施流程

线上直播是对线下教学的一种补充式教学，为了更精准地实施个别化教学，通常我们采用以下教学实施流程（见图8-2）。

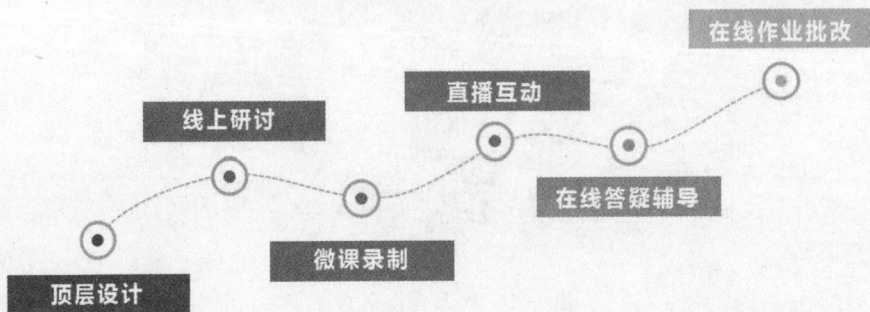

图8-2　线上直播教学实施流程

1. 线上教学顶层设计

为更好地开展线上教育教学工作，学校新建"三长"以上教学管理群（含校级领导、中层干部、年级组长、教研组长、备课组长），定期定主题开展学校教育教学工作研讨、汇报等视频会议，形成线上教学顶层设计。

设计和实施符合学生学习规律的、符合目前教学现状的有效率的教学模式。根据不同学科、不同课型、不同内容、各年级学生特点，采用交互在线直播、视频会议、微课分享等多模式线上授课方式（见图8-3）。

图8-3　多模式线上授课示意图

（1）科学："数字化＋图片"的形式增加互动频率，针对科学组多群联播的情况，没办法选择视频会议，只能用多群联播形式，为了增加互动次数，我们采用学生回复数字和图片的方式来反馈实验过程与结果。

（2）语文：低段识字重视互动朗读，学生通过语音发送至群中，读字、读词、读句、读段。在课后作业设计中，学生可以反馈朗读音频、视频，教师可以总结、反馈，掌握真实学情。

（3）数学：清晰每一个教学环节，统一暂停内容和暂停时间，连麦人数（尽量做到回答问题的小朋友不重复）。

2. 线上研讨融氛围

线上直播不仅用于学生的学习，也用于各教研组、备课组围绕学校顶层设计思路，开展组内备课研讨活动（见图8-4）。

（1）课前"周计划"集体备课。确定一周学习内容→单元备课负责人解读教材、教学目标→其余教师发表意见、集思广益→备课负责人二度修改教案课件、录制微课、练习→备课组共享资源。

（2）课后"随时随问"线上交流。上课中遇到问题、学生作业问题、线上授课工具使用问题等，教师都会在备课组群里提问、解答、互相想办法解决，增强了备课组内研究解惑的凝聚力。组级研讨高频、高质、高密度，线上直播教学期间，开展线上研讨达5000多次。

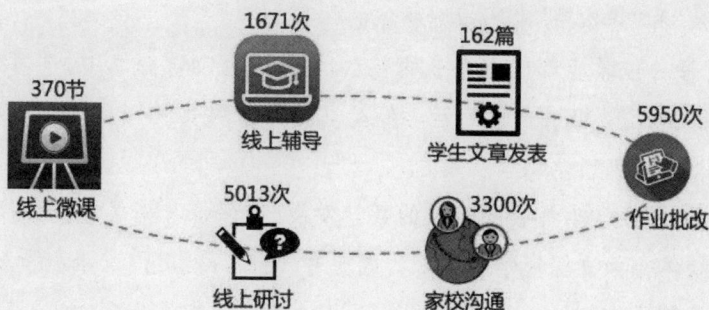

370节 线上微课
1671次 线上辅导
162篇 学生文章发表
5950次 作业批改
5013次 线上研讨
3300次 家校沟通

图8-4 线上研讨示意图

（四）实施样例

线上直播作为一种学习载体，借助网络平台，打破时空界限，将"面对面"的课堂学习交流变成一种新型学习方式。在这个过程中，教师是直播教学的组织者、管理者，学生真正实现了自主学习、探究学习。下面是学校数学线上直播教学的实施样例。

【案例8-1】 人教版五年级下册"不规则物体体积计算"

求不规则物体的体积是继长方体物体体积教学之后的一节课,从规则到不规则,完善了学生对体积计算的技能框架。教材选用了生活中"橡皮泥"和"梨"两种不规则物体为例,引导学生经历解决问题的全过程,体会"转化"的数学思想。

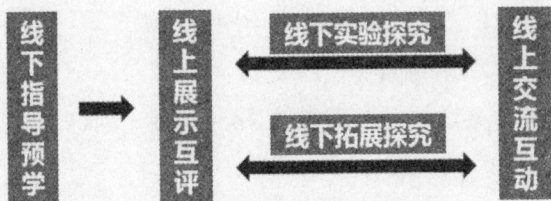

线上线下相结合教学流程图

一、目标定位

1.让每一位学生都经历充分的探究过程,在操作与实验中,理解并掌握用"转换法"和"排水法"求不规则物体的体积。

2.让每一位学生都经历充分的展示过程,在互动与分享中,学习并借鉴他人的探究方法,积累自己的活动经验。获得解决实际问题的活动经验和具体方法,提高创新意识和应用意识。

3.让每一位学生都收获个性的数学发展,在评价与拓展中,提高学习数学的兴趣,体会独立探究学习带来的成就感和自信心。

二、案例操作

(一)课前预学,充分探究

在上课前两天的线上教学时发布预学任务,教师解读预学任务。

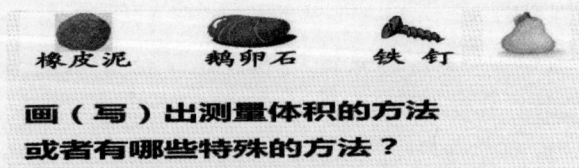

预学任务单

1.选择上图或生活中的一件不规则物体,探究怎样测量出它的体积? 需要测量出哪些必要的数据?

2.将探究过程通过列式、画图或视频记录形式上传到班级圈话题。

3.欣赏其他同学的解决方法,并对其做出点赞评价。

(二)生生互动,交流评价

学生完成预学任务后,将探究过程的记录上传到钉钉班级圈建立的"不规则物体的体积"话题中。欣赏其他同学的测量方法,给感兴趣的方法做点评,对有疑问的提出问题。

(三)线上连麦,厘清思路

通过钉钉直播,进行线上互动教学。

1.直接转化法。

师:生活中还有很多像橡皮泥、梨、石块等形状不规则的物体,怎样求它们的体积呢?

生1(连麦):橡皮泥可以把它捏成一个标准的长方体,然后量出长、宽、高,用体积公式计算。

师:把橡皮泥捏成规则的长方体,体积怎么变?

生1:体积不变。

师:是的,体积不变,这个在数学上我们称作"等积变形"。形状改变,体积仍相等。你在生活中还可以找到类似的例子吗?

……

2.排水法。

师:那么不能通过捏等方法直接转化成长方体或正方体的不规则物体,体积怎么求?

生:用排水法。

师:是的,老师从同学们的预学作业中挑选了一些测量过程的视频,我们一起来看看是如何测量不规则物体体积的?(播放制作的筛选视频)

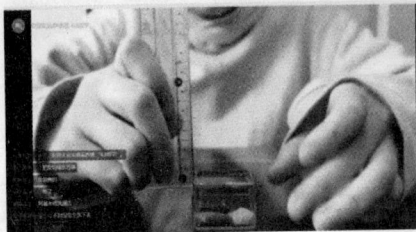

实验过程

材料：鹅软石、长方体容器、尺子、水。

过程：
1. 先倒入一部分水，量出水面高度；
2. 放入鹅软石，保证完全浸没在水面下，量出上升后水面高度；

结论：
通过体积公式计算出两次体积，相减的差就是不规则鹅软石的体积。

钉钉直播线上教学

3.组织讨论,厘清测量不规则物体体积的路径。

师:通过观看视频,你认为哪些方法是可以测量出不规则物体体积的?申请连麦,大家一起来交流。

生1:我觉得用量杯测量不规则物体体积的方法是可以的,而且是最简单的,只要用放入物体后的水位刻度减去放入物体前的水位刻度。

生2:我同意他的想法,而且刻度单位越精确越好,这样测出来的数据也越精确。

生3:我认为×××用长方体的玻璃杯测量的方法也是可以的。先量出没有放入不规则物体时长方体玻璃杯的长和宽以及水面的高度,求出水的体积。放入不规则物体后,再量出此时水面的高度,求出现在的体积,然后减去之前水的体积。

生4:我有一点要补充,测量时要从杯子里面量杯子的长、宽和水面的高。

生5:我同意他的想法,我还有一种更加简单的方法。测量的数据是一样的,就是计算方法不一样。不需要分别求放入物体前后的体积,只要求上升部分的体积就可以了。上升部分可以看作一个长方体,这个长方体的高就是前后水面的差。

师:你们听懂了吗?为什么不规则物体体积就等于上升部分水的体积?

生6:不规则物体放入玻璃杯后占据了原本水的体积,水就往上升了,阿基米德原理。乌鸦喝水的故事就是这个原理。

4.揭示本质。

师:真不错,乌鸦就是通过这个办法喝到水的,我们把它叫作排水法。

其实无论是转化橡皮泥还是排水法,它们都有一个共同点,想一想是什么?

生1:都是把不规则物体转化成规则物体的体积来求。

生2:是的,一种是直接把物体转化,另一种是把物体转化成水来计算。

师:你们真厉害!已经关注到了问题的本质,就是通过等积变形,转化成规则物体(水)。那我们在实验操作中有什么要注意的地方?

生3:不规则物体要完全浸没在水里,不能有露出水面的部分。

生4:还有测量容器的长、宽、高要从里面测量。

(四)拓展挑战,头脑风暴

师:用排水法可以测量乒乓球、冰块的体积吗?

生1:不可以,乒乓球会浮在水面上。

生2:冰块在水里会融化。

今天的作业就是挑战测量乒乓球和冰块的体积,同样把你的实验过程分享到班级圈,进行线上交流。

2 选做作业:乒乓球、冰块的体积可以怎么测?
（传到班级圈）

利用排水法可以测量乒乓球和冰块的体积吗?你有什么其他方法测量?

(五)拓展提升

线上直播课堂教学实施后,学生一边享受着网络带来的便捷,一边在直播学习中不断提升自己的综合能力。学校对全体学生做了问卷调查,结果是直播教学满意率高达100%。

1. 线下操作,让每一位学生都参与

通过预学任务、直播互动、拓展任务的方式把线上线下的教学活动相结合,让每一位学生都能不断地在线下活动中探究操作,亲历发现学习现象和提出问题的过程,以活动促思考,以思考促活动,获取活动经验,培养解决问题的能力。

2. 线上互动，让每一位学生都交流分享

教学中的师生互动、生生互动对教学效果非常重要。受疫情的影响，线上教学不能像线下教学时那样面对面地实时交流互动。线上直播充分运用了班级圈平台和直播课堂连麦、留言板等功能为每一位学生创设交流互动的机会，生生评价、师生评价反而比线下教学更及时、更频繁、更高效。

3. 翻转课堂，让每一位学生都收获成长

线上教学时间短，实时互动交流受限，翻转课堂的教学理念为疫情背景下的线上教学提供了极好的支持。先学后导，学生有较充足的时间在教师的指导下进行预学和自学，课堂上主要交流重难点问题，不少学生的独立学习能力得到了提高。实践操作，先做后理，学生积累了不少实践操作经验，锻炼了动手能力，提高了解决问题的综合应用能力。线下线上相结合，翻转课堂，让每一位学生都收获了成长。

二、线上阅读

线上阅读是指依托网络进行的阅读活动。学校在通过技术支持个性化学习的过程中，探索实施了线上阅读。

(一)操作定义

学校利用网络的便捷性、随时性等特点，设置"线上阅读中心"，每位同学都配有iPad，都有自己的用户名和专用密码，学校会安排多学科教师进行在线阅读指导、评价。同时也会邀请优秀同学分享自己录制的阅读视频。线上阅读，为时间不凑巧、有临时突发性问题的学生提供了一个很好的援助和交流平台。

(二)主要特征

1. 即时组织便利化

线上阅读基于互联网技术，可以做到随时随地阅读，学生围绕阅读故事，完成故事的听、读、录音、回答问题后，教师可以即时组织交流、评价活动，学生可以点对点选择优秀的阅读视频进行模仿练习，大大方便了教师指导阅读活动。

2. 自主阅读灵活性

线上阅读材料具有设计精美,灵活多样,有视听效果等多媒体功能,学生根据自己目前的阅读级别,可以自主、灵活地选择更高层级材料阅读,不会因某一个学生没有完成阅读考级,而影响其他学生的阅读进度。当然,没有完成某一级别阅读任务的学生,还可以利用线上阅读便捷而灵活地选择重新阅读。

3. 精准实施个别化

学生完成故事的听、读、录音、回答问题后,教师将点对点进行阅读评价和跟进指导,学生可以点对点向教师提问题,寻求教师支持,系统会生成个人的阅读报告、拼写报告。这样的个性化报告使学生能非常明了地知道自己的优势和需要改进的地方。在实施个别化指导后,学生将整体提升综合语言应用能力。

(三)实施流程

"Raz-kids"是一套电子阅读分级书,从A到Z一共分为26个级别,每个级别有100余本书,通常我们采用以下线上阅读实施流程(见图8-5)。

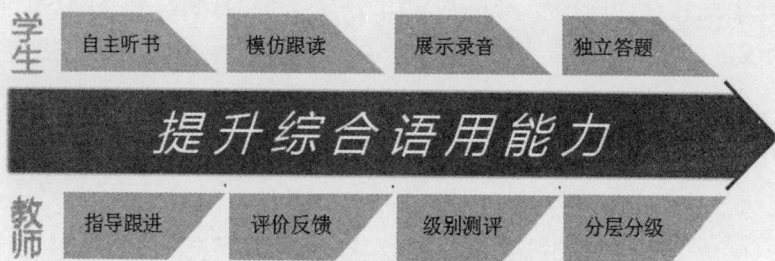

图8-5　线上阅读实施流程

学校在每个年级都大力推进了Raz-kids阅读项目,每个孩子都拥有一个独立的iPad,一套独立的分级电子书,每本书都需完成故事的听、读、录音和回答问题四个步骤,英语老师会对孩子们的朗读录音做出评价和反馈,为后续的阅读起一个指导作用。Raz-kids阅读项目是一个很好的分层式阅读,每个孩子都有自我的级别做自我的阅读,通过这种自主阅读的形式,很好地培养了学生主动阅读的好习惯,同时还扩大了词汇量,增强了文本理解能力,最终发展了综合语言应用能力。

在 Kids A-Z 阅读系统下，激励学生主动阅读，养成良好的课外阅读习惯。学校100%的学生能保持每天阅读，有良好的阅读习惯，孩子综合语言运用能力也得以提升（见图8-6）。

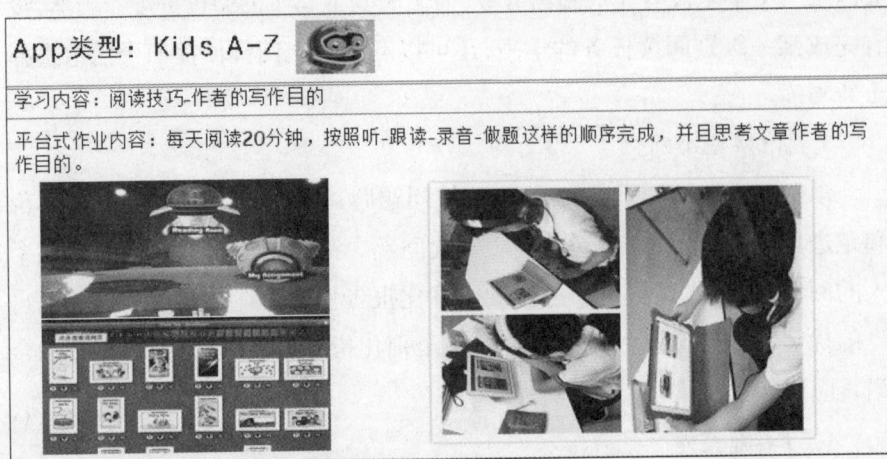

App类型：Kids A-Z

学习内容：阅读技巧·作者的写作目的

平台式作业内容：每天阅读20分钟，按照听-跟读-录音-做题这样的顺序完成，并且思考文章作者的写作目的。

图8-6　线上阅读示意图

（四）实施样例

线上阅读作为一种学习载体，借助网络平台，打破时空界限，使"面对面"的阅读、评价、指导成为一种可能。在这个过程中，教师是线上阅读的支持者、评价者，学生真正实现了自主阅读、主动展示。下面是学校英语学科线上阅读的实施样例。

【案例8-2】　Raz-kids阅读方式

1. 读前：测试摸底，初定阅读

通过 Bench Mark 测试，确定学生的级别，并且在系统里为学生设置相应的阅读书目，体现个性化以及差异化。

2. 读中：三维鼎立，扎实阅读

学生界面的 Raz-kids 系统分为三个板块：Level Up 升级阅读板块，Reading Room 完整级别阅读板块，My Assignment 个性化阅读书目板块。这三个板块形成三维鼎立，扎实培养学生的阅读习惯。

升级阅读板块里有二十几本书，学生读完就可以进行升级。完整级别阅读板块里包含该级别所有的书目，100本左右。这两个板块相辅相成，升级阅读板块可以让学生高效地进行升级，体验阅读的成就感，增强对阅读的信心。完整级别阅读板块是老师发现学生升级太快，所处级别不适合学生的阅读能力发展，学生可以在完整级别阅读板块将本级别剩下的书目读一读，直到学生有能力进入下一级别的阅读。个性化阅读书目板块是老师结合教学内容以及学生的阅读情况，个性化地给学生布置不一样的阅读书目，如学完科学五大感觉的知识，老师给学生布置相应的书籍进行拓展阅读。再如老师发现有个别学生对-ap这个语音家族单词掌握得不是很扎实，可以布置-ap语音绘本给学生进行巩固练习。

3. 读后：数据为纲，评价阅读

学生的每一次阅读操作，系统都会在后台生成数据，包括阅读时长、阅读内容、阅读步骤、阅读理解准确率。同时，学生还会上传录音，老师根据阅读流利度、单词发音准确率、语音语调的抑扬顿挫等方面进行反馈，以帮助学生提高阅读能力，养成良好的阅读习惯。

| Students | | Date | | | | | | | | |
| All students ▾ | | Last 30 Days ▾ | 08/31/2020 - 09/29/2020 | | | | | | | |

Students (37) ↑	Listen	Read	Quiz	Interactivity	Practice Recording	Logins	Stars	Login Time	Incentive Time
A	80	64	5	-	-	61	4,000	5h 57m	11m
Alba	101	66	5	-	3	62	4,600	9h 31m	1h 15m
Angel	96	109	106	-	21	51	18,290	6h 21m	-
Bean	96	77	37	-	46	61	9,560	6h 14m	1m
Chloe	41	31	-	-	-	35	1,670	3h 37m	-
De (Deleted)	-	-	-	-	-	-	-	-	-
Ellie (Deleted)	-	-	-	-	-	-	-	-	-
Ella	130	42	2	-	8	81	2,930	9h 2m	35m
Fan	184	41	25	-	13	64	4,540	8h 48m	2m
Ean	91	70	-	-	64	55	4,510	9h 3m	2m
Frank (Deleted)	-	-	-	-	-	-	-	-	-
Gavin	110	33	-	-	8	45	1,850	5h 20m	9m
Candy (Deleted)	-	-	-	-	-	-	-	-	-
Harry	131	121	15	-	28	55	5,930	9h 35m	31m
Harry W	77	66	50	-	8	81	7,420	5h 5m	20m
Harry Z	71	81	79	-	16	81	11,610	5h 40m	10m

（五）拓展提升

在优化和实施线上阅读中心指导后，我们通过对学生线上阅读情况的总结，提炼了以下三条操作策略。

1. 富有挑战性

孩子的天性是喜欢挑战,好挑战,Raz-kids是一套电子阅读分级书,从A到Z一共分为26个级别,当孩子完成故事的听、读、录音和回答问题四个步骤后,孩子会很有成就感,很自然就进入下一级阅读。对学生作业的有效反馈使教师有针对性地帮助学生提升知识的薄弱点,也能更全面地反馈学生的语言能力,这主要体现在评价的数据统计上。学生借助Kids A-Z进行每日阅读,教师在检查阅读作业时,除了关注阅读单词的发音、语调的流利度、语速的停顿、朗读情感的投入等方面外,系统会生成阅读数据,包括每日阅读时间、阅读篇数、阅读理解准确率等,会非常全面地显示全班的阅读情况。教师借助阅读数据对学生的作业进行反馈,学生能更有针对性地改正。

2. 实施激励性

当学生完成每一级听、读、录音和回答问题后,教师会根据学生的录音进行评价,评价中会奖励积分或单项奖励或小组奖励。作业反馈的趣味性能极大地激励学生自主阅读,让他们享受阅读带来的乐趣。在阅读过程中,每读完一篇文章,系统就会奖励星星,星星可以去商店兑换物品,物品可以装饰在个人空间。阅读系统是分级读物系列,学生在读完一个级别,进入下一个级别时,可以拿到升级证书作为奖励。单词拼写活动,每拼写对一个单词都会有积分。积分会有排行榜,学生乐此不疲。这样的趣味性评价让学生觉得作业不是负担,而是非常有意思的,能不断吸引着他向前探索一个个任务,能极大地提高学生的学习效率,挖掘学生的学习潜能,激发学生的学习兴趣,提升学生的综合语用能力。

3. 参与主动性

关注学生作业的差异化和个性化。系统会生成个人的阅读报告,拼写报告。通过这样的个性化报告,学生能非常明了地知道自己的优势和需要改进的地方。一段时间后,学生参加线上阅读,不用教师作为一项作业来布置,也不用家长督促,而是根据自己的阅读需求主动参加,主动申请更高级别的阅读,生怕自己的阅读级别落后于他人。

第二节 线下"微技术"

随着现代技术的发展,我们不仅通过移动网络支持学生的学习,还通过"微技术"的运用,提高学生的学习效率。

一、微课导学

"微课导学"是一种教学辅助形式。新形势下,尤其是疫情期间,微课成了主要教学工具。将"微课"与线上云教学整合,能充分发挥微课功能、功用,提高"云学习"的学习效率。

(一)微课导学的作用

1. 明确学习目标,激发学习兴趣

常规教学环节包括导入、新课学习、练习以及巩固,整个过程比较复杂,小学生鲜有耐心保持全神贯注。对此,就可发挥微课灵活、开放、个性化的特点,明确学习主题、确立学习目标,帮助学生在短时间内集中注意力,激发学生学习和探究的兴趣,进入学习状态。

2. 发展教师专业,提升教学能力

有效地制作微课,不仅要求我们具备一定的信息技术,还要深刻领会教学重难点,灵活预设教学,在教学目标的牵引下,尽可能用简洁的语言和易懂的方法解决教学问题,以此促进学生理解所学知识,让其在兴趣的驱动下积极思考。长期下来,不仅能提高教师信息化技术水平,还能提升专业能力,实现自身的全面发展。

3. 推进自主学习,引领学习高效

学生个体之间存在差异,传统"一刀切"的教学方式已不再适应学生需求,为了满足学生不同的发展需求,促进学生自主发展,可借助微课导学。一方面可以打破时空限制,为其提供良好的学习环境,促进其个性化发展;另一方面可以充分尊重学生自主权,让其根据自身需要选择学习内容,可以回顾、延伸或者查缺。因此,借助微课可以鼓励学生自主学习,提升、发展、突破自我。

(二)微课导学的原则

1. 主体性原则

教学必须以学生为中心,突出学生的主体地位,微课导学也不例外。微课导学最主要的特点是指向明确,短小精悍,使用快捷。为了突出其特点,我们必须在10分钟左右有效解决教学中的重点、难点、疑点,并且要做到直观、形象、生动。因此,我们的微课设计首先考虑到的就是学生。不同层次的学生,对学习内容的要求是不同的,所以在设计教学内容时,要考虑到学生的个体差异,方便学生自主选择学习内容,进行片段式的巩固学习,真正做到"因材施教"。

2. 针对性原则

微课导学,在形式上追求"微",在内容上追求"精",在效果上追求"妙"。由于微视频时间较短,因此微课所教授的内容一定要切入点小,有针对性。学习内容的选择一定是教材的某一重点、难点,或者教学中的某个精彩环节。因为时间限制,所以内容的设计要精,要充分展示教学的精华部分;导学的过程要妙,通过完美的设计思路,来传达清晰的知识点。学生看了,能通过微课精巧的设计、形象生动的讲解达到对知识的理解与运用,激发学习热情。

3. 趣味性原则

虽说在课堂教学中也会经常使用微课助学,但更多时候会在课堂外使用,而且大多是在学生独立自主学习的时间段。在10分钟左右的自主学习时间里,如何保证学生注意力的持续集中,保障微课学习的效率,是我们着重要考虑的。首先,微课的设计要有趣味,要引导学生多思维和探究,而不是只做一个观众;其次,微课的制作要有趣味,可以结合精彩的动画、美妙的音乐、精致的图像来吸引学生的注意力,提高他们的学习兴趣。

(三)微课导学的实施

1. 课前微课助预学

课前预学是架起教师"教"与学生"学"之间的一座重要桥梁,是学生终身受用的良好习惯。线上教学时间较短,怎样提高学习效率显得尤为重要,因此,带着任务预学是非常有效的一种方法。

【案例8-3】 数学五年级下册"2和5的倍数特征"预学微课

在预学作业卡的微课指导中,教师设置了明确的学习任务:1.阅读教材(电子教材);2.独立思考提出问题并解答(通过钉钉家校本功能上交)。预学提出的问题:第一个是"2和5的倍数有什么特征? 你是怎么知道的?";第二个是"还有哪些问题和收获?"第一个问题是这节课的重点内容——发现"2和5的倍数特征"的过程;第二个问题是了解学生预学中遇到的难点以及感兴趣的问题,作为教学的拓展点。

学生预学反馈如下:

在每节课前利用微课指导学生完成"预学作业卡"，学生通过预学可以大致了解第二天学习的内容，在预学过程中自学掌握一些较为简单的知识，清楚哪些问题是自己搞不懂的重难点。预学效果越佳，第二天线上学习就越有针对性，越有效率。

2. 课中微课展重点

在了解学情后，就可以根据重难点和学生感兴趣的点设计教学的内容。在教学中，对知识类的内容可以选择一些微课来帮助教学，尤其是一些知识重点和难点，借助微课展开详解，既能增强学生的学习兴趣，又能提高掌握的效率，还可以通过回放，不断地解决心中的疑惑，或温故而知新。

【案例8-4】 统编语文四年级下册"纳米技术就在我们身边"微课片段

⑦ 纳米技术就在我们身边

非常非常小的长度单位

② 什么是纳米技术呢？这得从纳米说起。纳米是非常非常小的长度单位，1纳米等于十亿分之一米。如果把直径为1纳米的小球放到乒乓球上，相当于把乒乓球放在地球上，可见纳米有多小。纳米技术的研究对象一般在1纳米到100纳米之间，不仅肉眼根本看不见，就是普通的光学显微镜也无能为力。这种纳米级的物质拥有许多新奇的特性，纳米技术就是研究并利用这些特性造福人类的一门学问。

如果把直径为1纳米的小球放到乒乓球上，相当于把乒乓球放在地球上。

作比较

将"直径1纳米的小球与乒乓球"和"乒乓球与地球"作比较

---

⑦ 纳米技术就在我们身边

不熟悉的事物 　　　熟悉的事物

纳米技术是20世纪90年代兴起的高新技术。如果说20世纪是微米的世纪，21世纪必将是纳米的世纪。

什么是纳米技术呢？这得从纳米说起。纳米是非常非常小的长度单位，1纳米等于十亿分之一米。如果把直径为1纳米的小球放到乒乓球上，相当于把乒乓球放在地球上，可见纳米有多小。纳米技术的研究对象一般在1纳米到100纳米之间，不仅肉眼根本看不见，就是普通的光学显微镜也无能为力。这种纳米级的物质拥有许多新奇的特性，纳米技术就是研究并利用这些特性造福人类的一门学问。

纳米技术就在我们身边。冰箱里就使用一种纳米涂层，就会具有杀菌和除臭功能，能够使食物保鲜期更长。有一种叫作"碳纳米管"的神奇材料，比钢铁结实百倍，而且异常轻，将来我们有可能坐上"碳纳米管天梯"到太空旅行。在最先进的隐形战机上，用到一种纳米吸波材料，能够把探测雷达波吸收进来，所以雷达根本看不见。

纳米技术可以让人们穿上会自动调节……

简而言之：把不熟悉的事物与熟悉的事物作比较，让人更容易明白事物特点。

低，利用超具灵敏的纳米检测技术，可以实现疾病的早期……人甚至可以通过血管直达病……需要吃药，现在一次吃药……最多需要一两天，未来的纳米随带技术，能够让药物效力缓慢释放出来，吃一次药可管一周，甚至一个月。

纳米技术将给人类的生活带来深刻的变化。在不远的将来，我们的衣食住行都会有纳米技术的影子。

乒 乓 拥 菌 臭 蔬 碳 钢 隐

纳 拥 箱 臭 蔬 碳 钢 隐
健 康 胞 疾 防 灶 需

⊙ 朗读课文，把课文中的纳米技术语词读正确。读了课文，你有什么不懂的问题？提出来和同学交流。

⊙ "纳米技术就在我们身边""纳米技术可以让人们更加健康"，选择这中一句话，结合课文和查找的资料，说说你的理解。

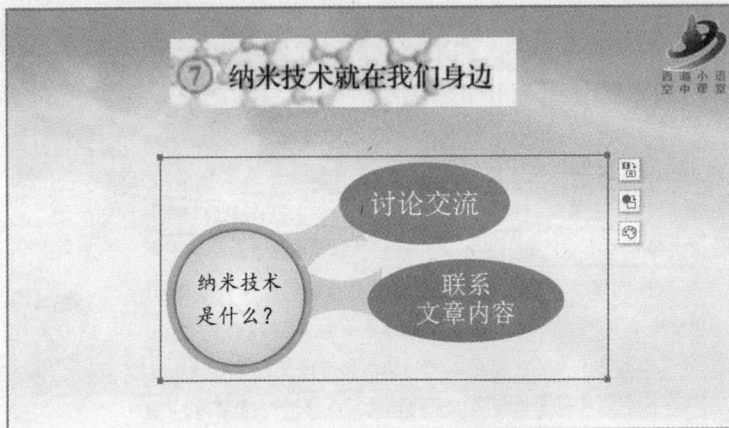

教师根据课前学生提出的有价值的问题，在微课中围绕重点问题"什么是纳米技术"展开教学。先引导学生运用前两课所学的阅读方法——遇到问题，可以先从文中找答案，聚焦课文第2自然段。然后通过画找关键句，找到"纳米是非常非常小的长度单位"。接着追问"这个长度单位到底有多小"，引导学生发现课文用了作比较的说明方法。又举一反三引导学生找到该段另一句作比较的句子，从而了解"纳米碳管"。最后通过播放学生提前录音的朗读，明确纳米的研究对象。最终让学生归纳出"纳米技术就是研究和利用一些非常非常小的纳米级物质的新奇特性，造福人类的一门学问"。

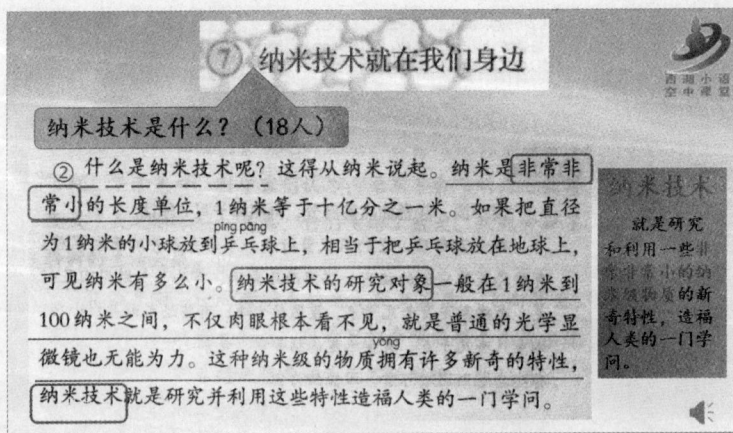

这一段微课片段,教师尊重学生认知起点,紧紧围绕学生提出的问题展开微课导学,并在微课导学中合理利用学生录音等助学手段,将另一语文要素——说明方法融入其中,不仅紧紧抓住了学生的兴趣点和注意力,还教得非常扎实。

3. 课后微课促提升

课后的微课,无论是作业的解析还是知识点的延伸,都是以学生的能力提升为本,将每节课的教学内容置于整体的知识体系中。因此在课后微课指导的设计上,除了基本的作业解析外,还可以适当补充一些延伸性、实践性的探究性学习内容。

【案例8-5】 统编语文四年级下册《白桦》作业解析微课片段

结合上图微课的播放,教师的解析分为三个环节。

第一环节:解析题目,帮助学生区分"读句子,根据拼音写词语"和一般"看拼音写词语"的区别。

教师语言:你们知道"读句子,根据拼音写词语"和一般的"看拼音写词语"的区别在哪里吗?是的,"读句子,根据拼音写词语"不仅要求我们将拼音拼读正确,还要求当遇见同音词的时候,要填入符合该语境的词语,使得语句通顺,语意连贯。

第二环节:辨析形近字,引导学生辨清"朦胧"和"蒙眬"的区别。

教师语言:méng lóng,相同读音下有多个词语,如果是一般的"看拼音写词语",无论你写哪一个méng lóng,都可以算正确。但当提供了语境后,我们就要来辨析哪一个更符合语境的意思。我们看,月字旁的"朦胧"意思是指物体的样子模糊,看不清楚,这一含义多用于文学艺术作品中。而第二个"蒙眬"的意思是指视线或者心理状态不清楚,如睡眼蒙眬。在这里,显然月字旁的朦胧更符合句子的语境。

第三环节:强调易错字,提醒学生"毛茸茸"和"洒"的正确写法。

教师语言:另外,要提醒同学们,不要想当然地生造词语。比如,毛茸茸,有些同学会写成"毛绒绒",因为绒毛我们之前学过,就会想当然地认为有"毛绒绒"。而事实上,并没有"毛绒绒"这个词语,这是一种错误的用法。最后,提醒大家潇洒的"洒"字,不要写成"酒"。把"酒"字里面的这一短横当作酒坛里的酒水,去掉它,才是"洒"字。

这一段的作业解析微课非常精彩。虽然只是一题看似简单的"读句子,根据拼音写词语",但教师抓住了关键易错点,一步步地推进解析过程。首先从题目入手,强调审题的重要性;其次在辨析形近字中渗透根据语境和词义辨析词语的方法,授之以渔;最后结合之前所学和假设法,巧妙地解析了"茸"和"洒"的易错点。学生在课后如反复回看这个微课,不仅这几个词能学得扎实,还能掌握一定的方法,学以致用。

【案例8-6】 "音乐小报的制作"微课节选

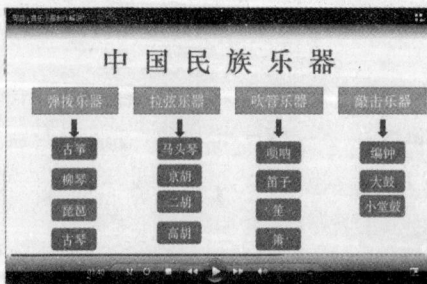

音乐老师周老师在上完"中国民族乐器"一课后,布置了一项制作音乐小报的实践性作业。学生们对制作小报已经不陌生,但音乐小报却不常做。于是,周老师就制作了一个微课视频,帮助学生解决在制作小报时遇到的困难。

该微课内容先向学生介绍了很多西洋乐器和中国民族乐器,然后引导学生比较两类乐器的异同,通过比较,让学生更深入地了解民族乐器。奠定认知基础后,周老师就开始指导音乐小报制作的详细步骤和方法,最后出示若干优秀作品,让学生在赏析中更直观地明白一份优秀音乐小报的标准,从而达到有效实践的目标。

在教学中,利用微课导学提高教学效率的案例不胜枚举。如综合实践课后的调查实践任务,教师制作微课指导学生完整的调查流程;体、音、美课程的技术要领,教师制作微课帮助学生在家中反复练习;数学中的难题解答,教师制作微课一步一步耐心地讲评,学生反复观看,层层突破……

在人们还在疑惑线上"云学习"是否有效时,微课导学已经开始证明,合理地利用微课,"云学习"也能高效。

图8-7为疫情期间,学校教师在线上云教学中利用微课指导学生制作"冠状病毒防疫战绘本"后,学生创作的作品,既可爱又鼓舞人心,很值得一看。

第八章 依托:个性化学习的技术支持

丁零零，丁零零……随着一阵铃声响起，免疫系统学校开学了！
2020年的新学期，免疫小宝贝儿们要学更多新本领，接受新挑战啦！

讲台前那位温柔的疫苗老师在黑板上写下了好多新知识，还画了一个大家从未见过的新型病毒的模样，这个小恶魔就是新型冠状病毒！

在新学期，疫苗老师给大家安排了高强度的体智能课程：弹跳攻击、反击投篮、负重游泳、花式跳水……同学们都累趴下了！
但是，疫苗老师不停地鼓励大家："天天运动，身体棒棒！"

大量运动之后，同学们迎来了期待已久的新学期美食自助大餐。
疫苗老师建议同学们在好健康大食堂要好好用餐，做到合理膳食，均衡营养，才能抵抗病毒。

下午，吃饱喝足的小家伙们跟着疫苗老师去上科学实验课。这会儿，他们要在实验室亲眼看看新型冠状病毒的活体标本，并一起探讨关于打败病毒的实验方法。实验很复杂也很有挑战性，很遗憾还没有小组想出杀死病毒的方法。疫苗老师鼓励大家再接再厉，绝不放弃，明天再加油。

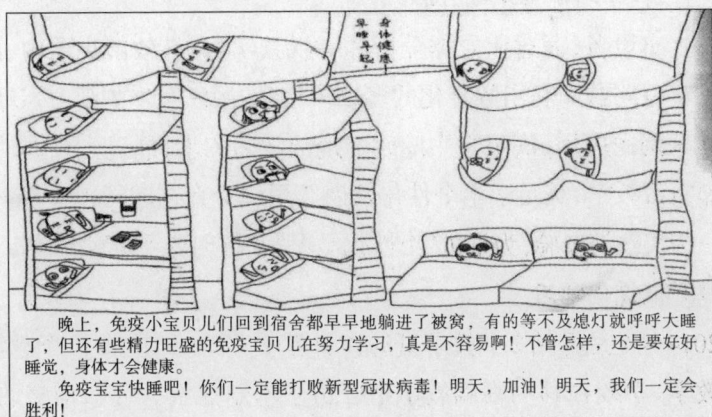

晚上，免疫小宝贝儿们回到宿舍都早早地躺进了被窝，有的等不及熄灯就呼呼大睡了，但还有些精力旺盛的免疫宝贝儿在努力学习，真是不容易啊！不管怎样，还是要好好睡觉，身体才会健康。

免疫宝宝快睡吧！你们一定能打败新型冠状病毒！明天，加油！明天，我们一定会胜利！

图8-7 "冠状病毒防疫战绘本"学生原创作品

二、iPad进课堂

互联网快速发展，移动设备大量应用，技术手段不断更新，为学校提供了不断尝试和实践的机遇。教育技术的实质是为了达到既定的教育教学目标，优化教学过程而使用的手段和工具。随着社会整体信息化进程的不断加快，教育信息化的革新也越发明显。作为一所现代型学校，为满足教育教学所需，实现了全校的无线网络覆盖，每一位学生都配备了一台iPad作为学习工具，为"个性化学习"奠定了硬件基础。通过与第三方合作，在通信软件上进行二次开发与应用,搭建具备大数据统计分析的平台,为"个性化学习"提供了软件保障。

传统教学模式有统一的教学目标、教学内容、教学进度,教学以讲授为主,学生的学习受到时间、空间的束缚。而"个性化学习"正逐步转变为以学生为学习中心,学习内容更具选择性,学习方式更具个性化。iPad作为教学辅助工具,具有携带方便的优点,一般采用电池供电模式,具备连接互联网功能,能够通过App应用传递信息、存储数据、分析汇总。iPad的应用,能够更好地服务于以学生为中心的教学模式。各类新型的授课方式和互联网的应用,使学生的学习方式发生本质上的改变,学生能够更合理地对时间和空间进行把控,让学习更为主动、高效。

引入iPad设备,通过大数据分析和音视频学习,有效解决课内、课外中所遇到的学习问题。利用数字化的多媒体教学,激发学生的学习兴趣;利用移动端互联网的应用,满足学生随时随地的学习需求;通过大数据的分析,辅助教师精致教学,满足学生个性化发展。学校一直在进行iPad教学实践,并取得一些实践的经验,为推进"个性化学习"变革创造了契机。

(一)iPad优化学习

从2014年9月开始2个教学班的iPad教学实践,到目前30个教学班实施iPad教学,学校在移动终端教学中经历了不断探索、实践、调整的过程。30个教学班,每位学生配备一台iPad,每个班级配置一个设置密码的iPad充电箱。学校信息中心专门负责管理及服务,比如,程序升级及维护,程序下载限制设置等,为顺利开展iPad教学提供了保障。

1. iPad设备自主管理

每位学生一台专属的iPad,设置专属的ID。学生打开iPad,即可找到专属自己的学习资源。这台iPad将跟随学生度过小学六年的学习时光,并且记录和保存六年的学习历程。为保证学生更专注于学习,信息中心对设备程序下载做了限制设置,并定期进行程序升级和维护。iPad是学生的学习伙伴,学生爱护它,及时给它充电,并做好每日设备自主管理。

2. iPad内容自主选择

当iPad连接互联网之后,它就是一座资源宝藏,包含学习的各方面。学生可以在iPad操作平台上查资料、绘画、写文章、录音频、录视频等,可以选择他们喜欢的方式完成学习任务,让"选择性学习"成为可能。学生除了可以选择学习方式之外,还可以选择学习伙伴,未来人才培养的一个重要方向就是培养学生的合作力、领导力。通过iPad可以建立虚拟的"学习共同体",在共同体中,学生可以选择自己的角色,参与任务的讨论和探索,最终共同完成学习任务。以英语阅读为例,教师根据阅读能力前测结果,为每一位学生提供阅读材料,学生在iPad上完成听、读、录音等任务。这样,学生每天阅读的内容、阅读的时间以及阅读之后的分享资料,都完整地记录在iPad里,学生可依据这样的大数据,调整自己的阅读方式,以找到更适合自己的阅读内容、阅读方式,实现更优质的阅读。

3. iPad促进主动学习

运用iPad之后,学生学习的主动性更强。iPad除了包含丰富的学习资源,还为学生的自主学习提供了便捷和可能。课堂上,iPad可以做到及时且个性化反馈,当学生拿到一个任务,通过自己的尝试和努力之后,通过iPad提交结果,教师可及时查阅并反馈,这样既保护学生学习的个性化隐私,也能及时了解学生的学习情况。在课外学习中,只需打开iPad,就可以完成课堂上未完成或未理解的任务,"长时间思考"会让理解更深入。

以英语单词学习为例,每周一教师将15个单词录入iPad,学生以游戏的形式完成单词的学习,iPad可以连接互联网进入在线学习,也可以线下与同学互动学习,还可以反复学习,真正让学生成为学习的主人。iPad在universal access课型(差异化辅导教学——根据学生的现阶段学习情况分组,给每组同学以不同的学习任务,有合作任务,也有独立作业;部分或者个别同学会由老师根据近期教学重点进行单独辅导)中使用频繁。iPad为学生提供了多样化的学习方式,学习历程更清晰,学习效果更显著。

(二)iPad优化教学

学校iPad教学不仅改变和优化了学生的学习方式,也同步更新了教师的教学理念,优化了教师的课堂教学方式。通过iPad移动端的教学,颠覆了传统的课堂教学模式,丰富了授课手段,重构了学习的过程。教师不再局限于课堂上的教学,可以通过移动端授课,让学生在课前进行有目的性的预先学习，教师根据学生的预学情况，接下来在课中进行有针对性的互动教学，让学生吸收内化知识要点，给予有效的辅导。而课后的复习检测和评价反馈也能够更为方便快捷。

借助于后台的大数据分析，教师能够精致教学，为每一位学生制定适合的教学内容，提出相应的教学目标。借助于移动端设备，打破了学生学习时间和空间的束缚，学生可以自主选择相应的教学内容以及学习时间、场所。从学生个体出发，满足学生的个性化需求。

1. 依据iPad大数据优化设计

iPad可以完整记录学生的学习历程，自动生成相关的学习情况报告，形成属于每一位学生的大数据。教师通过大数据，可以优化教学设计，调整教学方式，为学生提供更适合的学习指导（见图8-8）。

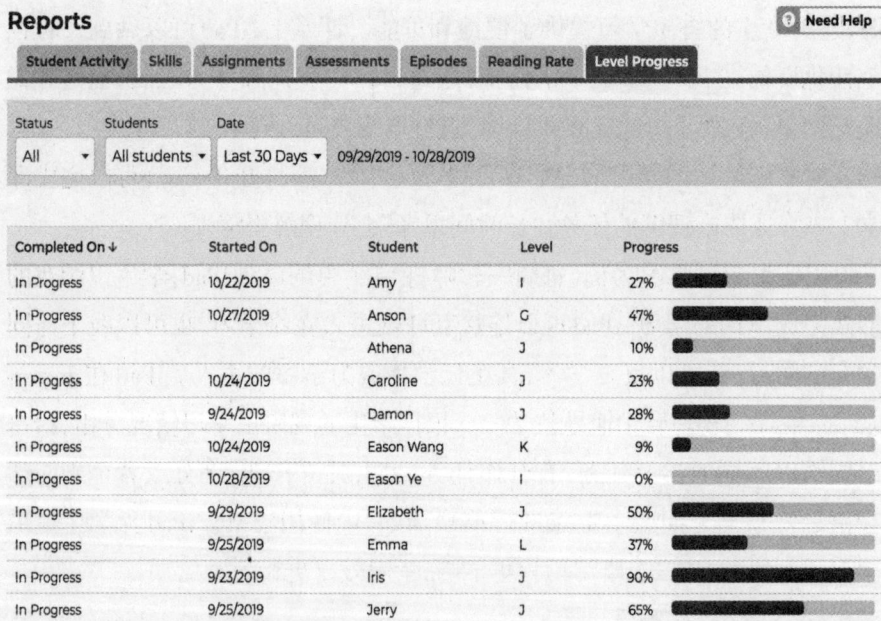

Reports ❓ Need Help

| Student Activity | Skills | Assignments | Assessments | Episodes | Reading Rate | Level Progress |

Status: All ▾　Students: All students ▾　Date: Last 30 Days ▾　09/29/2019 - 10/28/2019

Completed On ↓	Started On	Student	Level	Progress	
In Progress	10/22/2019	Amy	I	27%	
In Progress	10/27/2019	Anson	G	47%	
In Progress		Athena	J	10%	
In Progress	10/24/2019	Caroline	J	23%	
In Progress	9/24/2019	Damon	J	28%	
In Progress	10/24/2019	Eason Wang	K	9%	
In Progress	10/28/2019	Eason Ye	I	0%	
In Progress	9/29/2019	Elizabeth		50%	
In Progress	9/25/2019	Emma	L	37%	
In Progress	9/23/2019	Iris	J	90%	
In Progress	9/25/2019	Jerry	J	65%	

图8-8　学生学习进度统计

2. 借助iPad实施差异化教学

学生是有差异的，尊重学生的差异并为不同学生提供适合的学习，一直是学校的办学目标。自实施iPad教学以来，教师着力研究"差异化教学"，且已取得了一些研究成效。首先，通过iPad大数据，教师了解每位学生的差异，奠定了差异化教学的基础。其次，通过iPad可以给学生发布不同的学习任务，根据任务的完成情况及时反馈，及时调整任务的难易程度。

例如，教授剑桥版英语Unit2 *Beginning sounds*时，教师预先在Raz-kids上开始课程，引导学生通过阅读、录音参与到课程的学习中来，对教学内容进行自我学习。教师通过录音，发现一些字母的发音比较接近，如g和j、m和n等，在学生的录音中容易混淆。于是在课堂中，教师根据发现的问题，对学生容易混淆的发音进行重点讲解。学生通过教师的讲解，再次利用iPad进行反复的录音练习，以达到最佳的效果。教师根据每一位学生的前后录音情况进行对比，给予评价。这样的模式颠覆了传统的课堂教学模式，学习在课前，内化在课中，评价巩固突破时空限制，提高了学生学习的效率。

3. 依托iPad创新教学新样态

iPad进课堂之后，与教室里的希沃助手、一体机、投影仪组成了一个课堂教学互动新样态。教师走进教室，第一件事是打开iPad、一体机，然后与学生联机互动，清点人数，查阅作业并反馈。课堂上，教师通过iPad投屏，可以及时捕捉学生的学习过程，还可以录播上课的过程，供学生课后继续自学。课后，教师可以反复观察自己上课的录像，以便改进自己的教学语言、教学方式，以专业精深来打开课堂生动之窗。

(三)精选iPad软件辅助"个性化学习"

通过iPad辅助学习的软件众多，涉及各门学科，经历多年实践探索，比对各类软件的优缺点，学校从众多软件中精选App在日常教学中运用。英语及科学教学中四款App使用比较频繁，分别是Raz-kids、Class Dojo、Spelling city、Kahoot。其他学科及拓展课程中也有一些App起到良好的助学作用，比如，阅伴、配音秀（语文）；Mathboard、洋葱数学（数学）；星空地图、形色（科学）；等等。

1. 英语阅读软件Raz-kids

这是一款英语分级阅读App，最常见的使用形式是老师根据阅读能力前测结果将学生分为若干组,每组会分配一本适合该组阅读水平或者和近期学习主题相关的书,让学生独立完成听和读的任务,再根据实际情况安排相应的笔头阅读练习(可能是独立作业,也可能是小组作业)。教师根据学生学力选择相应的书分配给相应的学生阅读,更有针对性。教师可以选择和课本关联主题的书让学生阅读,教材拓展书目或者教学辅助阅读,可以帮助学生拓展相关知识。通过这样的方式,更有利于差异化辅导的开展。

运用学科为英语阅读分级练习(英语口语表达流利性训练,英语阅读理解的测试及练习);英语阅读技巧的训练(中心思想的概括,故事矛盾发展解决);英语听力的练习;科学相关知识的拓展。外教根据学生的阅读测试结果为学生设定了阅读等级,阅读等级从aa到z2,每个等级里面有上百本相应的阅读书籍。z1和z2级可以让英语学优生拓展提升。在日常教学中,外教给学生的每周学习任务中明确指出需要完成3本阅读书籍。阅读书籍的设置非常适合英语学习者,先是听原汁原味的朗读,然后是学生自己录音朗读,最后是完成阅读理解选择题。英语早读时间,学生们拿出iPad,戴上耳机,跟着原声大声朗读,模仿并练习英文发音。每天晚上Raz-kids阅读超过30分钟的学生可以获得额外的黄金时间奖励。

例如,英语课堂上,学习了有关风筝的内容。作为拓展练习,教师为学生到Raz-kids上寻找了相关内容,10本 *all about kite* 分别属于K、L、N、O、Q、R六个不同级别。课堂上,三位教师运用这六个级别的书进行差异化分组学习。学生学习效率高,有成效。

2. 英语互动软件 Class Dojo

Class Dojo是一个互动性较强的学习辅助软件,家长连接进班级后可以和自己的孩子以及教师互动。学生可以在上面通过录视频、画画的形式展示自己的作品,家长和教师可以给作品点赞或者写评论。

教师首先需要注册账号,之后选择学校,同一所学校中的所有注册教师在这里都可以相遇,教师可以添加多个班级。如果已经有添加好的班级,这个班级中的教师就可以分享给其他任课教师,也就是说,一个班级只需要创建一次,其他教师可共享管理学生。通过平台和家长沟通也很方便。

学生们可以使用这个软件录制自我介绍视频、采访视频，绘制维恩图进行展示。外教会审核学生上交的作品，审核通过以后家长就能看到自己孩子的作品。外教为学生的作品给予点评，家长也可参与互动评论和点赞。

例如，在学习了对话时运用的双引号后，老师在 Class Dojo 上布置了健康饮食的对话编写。学生设计一段健康饮食的两人对话，通过打字到 Class Dojo 上练习双引号的运用，再通过该软件的录音功能把自己编写的对话说出来，练习学生的口语表达。

课堂上，英语教师会拍摄照片和视频，及时上传到班级故事里面，家长能随时看到孩子的课堂状态和表现。学生都喜欢这个软件，一些学潜生也对这样的作业形式很感兴趣。比如，有一个比较调皮的男生，之前的手写英语或科学作业完成积极性不高，质量堪忧。教师发现他对 Dojo 上的画图任务很感兴趣，两次布置的绘图作业都按时提交了，而且完成的内容是正确的，教师及时给予表扬，增强了孩子学习的积极性，该学生进步显著。这个软件比较新颖有趣，可以全面展示学生才艺，学生特别喜欢。

3. 单词学习软件 Spelling city

Spelling city 是用来辅助英语单词学习的软件。每周一的新单词教授之后，外教会把单词输入 Spelling city 里面，选择相应的三到五个单词相关小任务，有趣味游戏，也有单词或者句子测试，学生们需要在周三之前完成。每周五进行在线单词测试，学生完成外教设置好的本周单词考试，完成后能及时看到自己的正确率，还能对错误的单词再次练习。通过不同的游戏和方式帮助学生加深对新授单词的记忆，学生的兴趣比较高。这个软件里面的学习任务布置需要教师把控。因为有的小游戏会需要比较多的时间去完成，学生在家的网络状况也会影响到完成任务的时间，所以选择适合和有效的小任务很重要。

单词学习软件 Spelling city 通过单词意思学习、单词音节辨音、单词拼写游戏、单词造句等活动，把背单词这项学生觉得无聊的学习变得生动有趣。

4. 英语竞赛软件Kahoot

这是一款趣味知识竞答App,教师可以自主设计问答题或者采用题库里现有的竞答题让学生完成。这款应用在复习课尤其是科学复习时最常被使用。学生拿着各自的iPad,输入一个6位数的挑战题PIN码,进入挑战房间,参与挑战。挑战是限时的,学生要在规定时间内,逐一作答。每题之后有即时得分排名。全部作答完毕有班内同学的排名情况,教师可以酌情给予奖励。

该应用具有趣味性、竞赛性和开放性的特点。挑战答题时,伴随俏皮的音乐,学生在相对轻松的氛围内完成答题,充满趣味。挑战答题时,学生要限时完成,并且有即时排名,激发学生参与的积极性。挑战答题不限于课堂内,学生可以在任何地方通过PIN码加入挑战;学生可以选择感兴趣的主题进行自主挑战,拓展相应的知识面;学生自主设计挑战题,供其他同学参与挑战。该软件把学习内容以做题竞赛的方式展开,学生非常喜欢。例如,Cambridge学习了恐龙的内容后,最后一节课是单元内容总结与复习,教师运用Kahoot开展知识竞赛,每题20秒钟作答,每一题后根据学生的答题正确性和答题速度进行班级排名。题目完成后,以学生的累计积分评出一、二、三等奖。学生学习积极性很高。

5. 中文阅读软件:阅伴

"阅伴"这款App是通过阅读加游戏闯关方式让学生养成良好的阅读习惯,从而爱上阅读。具体操作是自主阅读教师分配的课外书(年段必读书目与选读书目相结合),一定是纸质书,看完一定的量(比如1万字)进行闯关。每一关有15道选择题,闯关时间为2～5分钟。闯关是一个游戏概念,学生喜欢玩电子游戏的原因就是有成就感,喜欢挑战,而阅伴App满足学生心理特点,把电子工具和纸质书阅读结合,增加阅读的趣味性,提升学生成就感。有了成就感,学生会更加喜欢阅读。

每天中午午间阅读时间共30分钟,前25分钟学生静心阅读纸质书,最后5分钟用iPad登录"阅伴"学生端账号进行挑战答题,答题结束即产生班级当日排名,学生参与积极性高。为了游戏闯关成功,学生阅读纸质书时会更加用心仔细,不再囫囵吞枣。

例如,五年级下册的必读书目中有《俗世奇人》,教师在"阅伴"上布置阅读。学生完成纸质书阅读后即可参加阅读闯关活动。学生登录学生端"阅伴",选择《俗世奇人》,就出现三个关卡,每个关卡有10余道选择题,答对一定数量才能闯关成功。App会记录学生的闯关答题时间和正确率,答题结束即显示答题成果。比如,张同学答题5分20秒,正确率95.6%;潘同学答题4分零3秒,正确率80%。教师根据学生的闯关情况给予"阅芽"奖励,因"阅芽"可以抵扣错题助力闯关,所以学生都努力多得"阅芽"。

教师通过"阅伴"教师端收集数据,可以了解学生阅读课外书的进程及阅读质量。闯关正确率的呈现可以激发学生的阅读积极性。教师可以方便、科学地管理和指导班级阅读,并把信息及时反馈给家长。家长可以通过阅伴App闯关成功或者失败的情况来了解孩子的阅读情况。

6. 中文配音软件:配音秀

"快乐配音秀"也是学校语文拓展课程中的一门课,目的是为学生开启语言艺术的大门,帮助学生掌握语音表达的技巧。激发学生参与配音表演的兴趣,培养学生从仿到创的配音能力,从而提升学生语文综合素养,增长学生自信和个人魅力。

这门课程如果只是讲授配音知识而不实践,就无法落实课程目标。iPad上下载"配音秀"软件,学生边学习边实践,兴趣盎然,学习效果好。"配音秀"软件中拥有海量的影视视频素材可供选择,操作很简单。分段配音,预览配音,降低了配音的难度。学生通过iPad直接配音,可以单人完成,也可以与好友合作;可以模仿原声,也可以创意编词,为配音带来不一样的快乐体验。"配音秀"软件中的原创配音短视频社区,除了拥有众多配音爱好者之外,还云集了明星主持人、网配达人、知名配音老师,可以分享作品,相互点评,共同进步。

例如,教学"声音的频道"这一课时,让学生知道:频道只是一个比喻,指在配音的时候,我们要按角色的性格特点找到合适的声音。学生最好准备三个以上具有特色的频道,有特色的频道才是好频道。我们的每一个频道都要求有稳定的声音,要想有稳定的声音就必须多加练习。课上,让学生用配音秀软件为《海底总动员》的一个片段配音,每个人找到两个频道,承担两

275

个角色。学生尝试一人为小鱼尼莫和爸爸两个角色配音,声音夸张,特点鲜明。要求每位同学选一到两名同学的作品进行点评,孩子们能发现别人的优点,不断完善自己的作品。家长会把孩子的配音作品转发微信朋友圈,大家的点赞和点评让孩子们不断体验到成功的快乐,学习配音的积极性不断提高。

第九章

收获:个性化学习的丰硕成果

随着新一轮国家基础教育课程改革的全面实施,学校从2005年开始,以校本课程开发为切入口,对学校的课程建设进行实践探索。个性化学习的研究是承接绿城课程、绿城课堂之后的再研究,是两次变革的递进。历经数年探索,终于取得了丰硕的成果。

第一节　个性化学习带来新变化

个性化学习是从课程到课堂的再探索，其终极目标是培养理想的学生——为每一位学生提供适合的学习。在个性化学习研究实践的探索中，学生的素质能力、教师的专业素养都得到了长足的进步，学生、教师与学校三方一体共同打造了"绿城教育"的优秀品牌。

一、学生：在充满生命活力中得到了个性扬长

个性化学习是一项解码个性发展与综合提高的教育实践，其中自选化的学习内容、自主化的学习方式、自设式的学习节奏等，都充分发挥了学生学习的自主与自控，推动学生全面、健康地成长。

（一）在成长中学会了学习

德国哲学家尼采说："知道'为什么'而活的人几乎能克服一切'怎样'的问题。"为每个孩子提供最合适、均等的教育机会和发展的平台，努力实现生活即教育、社会即学校的理想状态，这是学校始终追求的办学愿景。

1. 学会了适性选学

在有限的生命旅程里，我们时时刻刻都面临着这样或那样的选择，每一次选择与经受因不可复制和不能重来而显得弥足珍贵。因此，选择是一件很奇妙的事情，在某种程度上是因为选择，才成就了人生的目的与意义。

学校为在校的每一位学生搭建了不同的课堂学习模式，学生可以从学校搭建的多个平台，通过不同的选择方式，创建适合自己的个性课表，在校的1000多名学生，每天、每周的课表都不相同。一般的学校，每位学生课表基本一致，固定的课表，固定的教室，固定的学习同伴。而学校学生的课表

则不同,学生与学生之间有固定交叉的内容,也有各自的个性选择,学生与学生之间的课表内容不尽相同。

在班级中,有选区学习,根据自身学习情况在学习支持中心、互助学习中心、自主学习中心进行自主选择;在年级中,有根据学力的语文拓展、数学兴趣等分层选学,还有根据兴趣的细化选学;在全校,根据自身特长和兴趣,对各年级打通的五大门类的数百门课程进行个性选学……定时定点开放活动的"学生工作室",以特长共组的"项目俱乐部"等,都提供了学生发展的多样化跑道,学生在不断选择和调整中逐渐学会了"适性选学"。

【案例9-1】 三(2)班李XX同学的感言

一年级刚入学时,当我看到这么多的选修课程时,竟然急哭了,因为我喜欢的太多了……后来在家长、老师的帮助下,选择了学习舞蹈。二年级在选择体育级本课程时,我就明白了,从13门体育级本课程中选择了体操,因为我喜欢那优美的动作,喜欢健美操运动员的美好身材。

各行政班的学生,虽然有些课是在同一学室里上课,但是有相当一部分课是各自选课学习,自然就导致"同班不同课表"的现象。不同的课表,正是尊重了学生不同的兴趣爱好,不同的发展方向,当他们小学毕业时,就会发现:一个班级的同学在一起,很自然地就可以召开一个精彩纷呈的毕业联欢会、毕业特长秀。

2. 学会了择优发展

奥地利心理学家维克多·弗兰克说过:"一切自由,一切真理和一切意义都依赖于个人做出并予以实施的选择。"人生的意义在于选择,学习的意义在于可以让自己能自主地选择,成长的意义在于可以让自己不断地践行和实施自己的选择,最终找到理想的自己。

毕业生的家长都有这样一个共识:XX小学的毕业生都很有主见,都知道将来向哪方面发展。家长的共识,说明了一个重要问题:学校培养目标其中的一项非常清晰——"为每一位学生提供适合的教育",学生也能在学习过

程中认识自己的优势智能,找到发展优势智能的方式方法,并不断调整和优化。

以语文学科为例,同一班级的学生,有的选择了辩论课程,有的选择了习作内容,有的选择了演讲课程,有的选择了相声语文内容……在同一学科的学习中,还能继续深化、细化地发现并学习发扬特长,找到更好的择优发展点。

学校从各方面通过各种形式为学生创设多样课堂,这些平台的搭建,促进了学生的迅速成长,同时综合素质也获得了极大的提高。不同课程内容的学习,让学生经过6年学习后,扬长发展。具有一门学科的特长生达246%以上,两门、三门以上特长生占比也很高(见表9-1)。

表9-1　特长生统计表(总数:1460)

时间	体育	音乐	美术	写作	数学思维	科学	信息	英语	手工	合计
人数	592	321	467	339	402	511	286	341	339	3598
占比	40.5%	21.9%	32%	23.2%	27.5%	35%	19.6%	23.4%	23.2%	246.3%

3. 学会了自信自学

"所有学生都应得到平等的教育机会,所有学生都可变得优秀,所有学生都可平等地享受成就和机遇,所有学生都可以在多样化的世界里获得成功。"在这种理念的指引下,让每一位学生找到自己、获得自信、明确优势、走向成功,成了共同的愿景和付诸行动的准绳。

在多种分区学习、学习自主、学习援助等学习平台的保障下,学生不用采取"你追我赶""班级同一速度"的方式进行学习和发展,能够在根据自己学习节奏的情况下进行学习,让学生在一堂课中能够享受不同的学习节奏,可以找到自己成功的跑道:节奏快的同学,可以走快一些,学宽一点;节奏慢的同学,可以走慢一点,学习时间拉长一些;一直保留着学习的快乐与自信——实现了"天生我材必有用"。

学校的办学理想愿景就是:为每一位孩子提供适合的教育。学校开设了五大门类、百余门选修课,最大的目的就是让有不同兴趣和个性特长的学生找到各自成功的"跑道"。仅从学校的体育课这一块来说,就让外校的学生羡慕不已:足球、高尔夫、橄榄球、网球、游泳、冰球、篮球、体操等体育运动课程,让每个学生都能找到自己的兴趣方向,得到个性发展。

学校目前已有50余位学生出版个人美术作品集或在绿城儿童美术馆举办个人画展,有20余名学生出版个人童话或小说,有3名学生出版个人唱片,杭州电视台少儿频道和浙江电视台少儿频道均有学校学生的出演,浙江省体工大队、陈经纶体校的后备培养苗子也有学校学生……

吴祉涵、宋思睿等同学在2019年4月获杭州市"天堂儿歌"比赛一等奖;2019年4月,邹雨臻、孙嘉妤、李思瑜等同学荣获浙江省新闻工作者协会颁发的卓越主持人奖、卓越小记者奖……

(二)在探索中学会了创新

在个性化学习中,更加关注学生在学习过程中思维方式的变化,问题解决能力的培养,使学生学会在探究中学习,为学生的终身学习奠定一个良好的基础。创新能力的培养离不开学生的主体地位和主动发展,只有让学生主动参与知识的全过程,自己经历探究活动,才能最大限度地培养学生的创新能力。

1. 敢于质疑

陆九渊曾言:"为学患无疑,疑则有进,小疑则小进,大疑则大进。"创造力来源之一就是敢于质疑。学校推动学习方式变革、引入设计思维课程等举措,都引导学生对问题和现状进行调查、访谈与质疑。

学生通过适切引导,保证项目学习更高效。在学校的设计思维课程中,就很好地体现了学习方式的变革。首先引导学生积极思考,从用户需求出发,催生敏锐的洞察力及最佳的解决方法,并能够理性地分析和找出最合适的解决方案,这是培养学生创造力的方法,而不是倾向于在技能和技术的学习上。

2020年疫情期间,学校开展了一系列线上学习支持活动,其中有一项为"抗疫小课题研究活动",学生通过小课题、小论文、小制作、小发明、演讲、编小报等多种方式对新冠病毒的发生、传播、防控过程等进行独立或合作式的研究性学习。在活动中，学生敢问、善问："病毒从哪里来？""我们小学生如何预防病毒？""口罩的前世今生与未来"……中高年级学生分小组进行抗疫小课题研究，提出了一个个基于事实性的具体问题或实践性的项目，在指导教师的协同下，通过线上合作的方式，进行了资料的收集、分析。学生的小课题、小论文、小制作就新鲜出炉啦！

敢于质疑，从引导学生敢问开始，经历了"能问、善问"的过程，最终培养了学生能够"常问"——经常问个"为什么"。敢于质疑，才能培养深层次意义上的求真精神，也符合学校"仁爱、求真"的基础理念。

2. 敢于冒险

创造力不是少数天才的专属，它是生命的征象，是人的本质。有创造力的地方，才会有活泼的生命。基于此，每个人都是一个创造者。创新就意味着冒险。学校在培养学生创造力时，就提出鼓励学生冒险。

冒险就是敢于跳出框框想问题，一定要有勇气去尝试前所未有的事情。在熟悉的环境和既定的流程中往往容易懈怠，容易变得不思进取，教师应鼓励学生面对未知的事物，敢于直面挑战，突破原有限制，大胆尝试。

学校每年一届的校园科技节，就会设计很多新奇的项目，让学生新鲜尝试，激发他们对科学、对未知的好奇与兴趣，从而打开世界另一扇神奇的窗。学校2020年的科技节主题是"育华智造"：在全球化加速的AI时代，如何让孩子突破思维的束缚，培养创造未来的硬核能力？来育华"智"造吧，绝对让你大开眼界。有低年级学生脑洞大开的各种小实验，有团队合作的科学实验项目，更有走在最前沿的AI混搭设计思维"智"造作品，绝对有想不到的巧思妙想。

冒险不是去没有任何保障措施地蛮干、瞎闹，而是培养学生在调查研究的基础上做新的"尝试"；在尝试的基础上，进行方式、策略、解决路径等方面的"调整"；在调整无法解决的前提下，可以使用"替换"；仍然无法达成创新，也可以赞成"重来"。这是培养学生"冒险"的过程，其实也是培养学生创造力的过程。

3. 敢于创新

"我们小组给老年公寓的爷爷、奶奶们设计一个不会呛到的饮水器吧！"

"我们小组给一、二年级的学生设计制作一款有趣的桌游游戏吧!"

……

这些都是学生从现实社会的问题出发,进行调查、归因、发现并做出定义的发言。

在学生进行"医护关怀项目"中,设计思维课程体现"以人为本",带着疫情是危机也是契机的教育机智,在真实情境下产生真实的想法,充分尊重学生的创意。在材料上通过各方努力,联系在材料研究方面的专业人员进行指导,或是通过自查资料进行研究,实在没有办法解决的情况下,再找材料代替去实现。然后推进"原型制作",将解决方案实体化,产出产品(可为工具类产品、艺术类作品、电子类作品等),将产品交由医护人员收集反馈,进行迭代。最后借助学校力量将产品向社会公众发布。

在这个项目中,学生们学会了使用大量的思维工具——用户画像、辐射图、鱼骨图、5W1H法等方式去梳理信息,记录问题,提高分析问题的效率,发散思维、聚合思维、批判性思维等综合性创新思维能力得到了很好的培养。

学生没有完整的物理学知识,自动化和控制方面的内容更是空白。但是,学校和教师引导学生进行项目式学习,在制作的过程中学会了相关知识,并进行原型制作的运用,更重要的是学生在学习过程中培养了"敢于创新"的精神:探究、定义、原型制作、迭代……如此,奋斗不止。2019年《钱江晚报》刊登了这样一则新闻,标题是:"'要不要向她表白?'杭州小学生发明了一个能帮你决策的垃圾桶",现摘录其中部分内容。

【案例9-2】 《钱江晚报》对学校学生的一则报道

杭州绿城育华小学五(5)中队萤火虫小队,带来了一份与众不同的开学见面礼——正在申请专利的投票垃圾桶和决策垃圾桶。一个小小的垃圾桶,也能玩出如此令人大开眼界的花样?原来这就是他们历经一个学期,在暑假还不断优化的发明。那么,这垃圾桶到底有何不同呢?

第一个想法是设计一个可移动、可折叠、可回收各种垃圾的趣味垃圾桶,并且哪里需要就放哪里。经过不断修改,生成了非常有趣的"投票垃圾桶"。垃圾桶上方有一块投票的题板,而两个垃圾入口则是对应的两个选项。

由第一个想法头脑风暴后延及第二个想法,那便是设计一个"决策垃圾桶":垃圾桶上方的题板上有两个有趣的决策问题的不同选项,当垃圾进入后,会通过碰撞、下落,掉落至任意一个选项,从而为选择困难症的用户决策一些问题。孩子们希望通过这个有趣的"决策垃圾桶",帮助人们养成正确投递垃圾的习惯。

可别小瞧了这小小的"投票垃圾桶"和"决策垃圾桶",带着这两项发明,萤火虫小队还参加了由工业设计专家和回收企业CEO出席的评审会。听了孩子们的介绍和展示,专家们纷纷表示:这项垃圾桶创意具有商业化的潜力。2019年10月底,孩子们的设计就将有样品生产完成,并投放到杭州的一些小区或商场。

个性化学习,育华"智造",根据不同孩子的差异,推出更具个性化的教育,紧随AI时代的步伐,培养孩子的深度学习力、创新力、想象力和解决复杂问题的能力。

(三)在过程中学会了合作

绿城课程积淀了近20年的建设与研究,紧紧地围绕"全球胜任力·未来领导力"进行架构,开设了众多受学生喜爱的课程。在课程中的每一个头脑风暴,每一项制作都是无法预设的,都是不断探索的过程。学校的各种学习方式中,都有一个共同的学习方式:小组合作学习。这种学习方式有效地培养了学生良好的社会交往能力和涵养良好的社交情绪(见表9-2)。

1. 培养了团队领导力

在项目学习和课程活动中的每一个项目,都需要一个团队,更需要一个团队的领头雁。学生在不同的团队组建、组织和实践过程中,便懂得了如何管理好团队,形成领导力。

表9-2　学校近两年学生各级各类团队项目比赛获奖统计

序号	获奖项目	奖次
1	浙江省体育传统学校竞赛(2018)	第二名
2	浙江省足球比赛甲组(2018)	第一名
3	浙江省足球比赛乙组(2018)	第一名
4	西湖区女子篮球比赛(2018)	第二名
5	杭州市男子篮球比赛(2019)	第二名
6	西湖区女子篮球比赛(2019)	第一名
7	浙江省儿童网球公开赛男子团体(2018)	第一名
8	浙江省儿童网球公开赛女子团体(2018)	第二名
9	西湖区艺术节音乐类团体总分(2018)	一等奖
10	西湖区艺术节美术类团体总分(2018)	一等奖
……	……	……
汇总	30项获奖,其中第一名或一等奖26项	

　　学校的兴趣成员团、特长精品团、小导师工作团等各类团队,都以学生的兴趣和自愿组合为原则组建而成。在这个团队中,成员的成长和发展都离不开一名或多名具有组织能力、领导能力的学生进行组织和引导,有更强的责任意识,积聚更多兴趣相同的学生,带领其他成员在特长方面发展得更迅速,所以在项目活动中,有能力、有责任心的学生自然而然会在团队中凸显出来,活动组织,培养和锻炼了学生的领导力。

　　学校举办的各类活动,都力求全员参与,在活动中锻炼成长每一位孩子。例如,一年一度的绿超联赛,都要经过48个班级96支男女队240场比赛,会有一批从1000多名出场队员中脱颖而出的年级足球新星在校园冉冉升起,带领着班级和学校的足球队员们迎接新的挑战。

　　2. 学会了沟通谈判力

　　在情境性真实学习、项目式探究学习中,需要根据项目组建团队或参加某团队,也需要对项目的制作方式、材料等进行遴选和确定,都需要进行沟通解决。学生经过较长时间的学习和锻炼，尽管会经历失败，但是最终都会融入其中一个团队。

在科技节中，各类项目活动都需要小组合作沟通才能很好地完成。例如，四年级的戈德堡装置大挑战，机关比孔明锁还复杂，力学和牛顿比创意。戈德堡装置更加考验团队协作，要通过一连串复杂的联动关卡去触发完成一件原本简单的装置，每一个关卡都是科学技术与艺术灵感创意的融合。孩子们合作进行客户群需求的调查，从解决生活情境中的某个问题出发，设计装置并最终完成预定任务。

"累并快乐着"最能形容学生在项目制作过程中的感受。他们投入了大量的时间忙于作品的制作，就是希望自己的作品能有成功的那一刻。但是作品并不是一蹴而就的，往往需要经历第一、第二、第三……第N次的实验，直到第N+1次成功，成功的那一刻学生欢呼雀跃，这是一种久违的开心。就是这样的动力和坚持，才会有精彩作品的诞生。

学生在参加戈德堡装置大挑战活动中，对坚持才能成功有了更多切身的体会，更体会到了沟通的重要性。

【案例9-3】 学生赵XX小组的感言

一开始要做的时候觉得有些麻烦，我们画了三种设计稿。第一周时，我们准备好了材料，可是另一个同学怎么也凑不好时间，所以我们几个人先动手制作了部分设计。当最后还有几天的时候，我们才终于凑齐了，突然我们有了一个新的想法，那时我觉得特别开心。可是后来失败了好多好多次，我们心烦意乱，我甚至想一走了之。但后来，我们一起想到了解决的方法，终于做出来了，拍视频的时候可谓开心到了极致。

在项目实施的过程中，学生围绕共同目标，学会了沟通和谈判：能"说服别人"，也善于"适当妥协"，这样才有助于团队的共同进步，才能达成团队的预期学习目标。

3.培养了社交协作力

一个项目的解决方案,少则十几种,多则几十种、上百种,如何在这些方案中选择,如何在选择方案中发出自己的声音,如何接受同伴和他组同学的意见……在活动中,会让步吗？愿意屈从吗？善于倾听吗？是否愿意妥协……个性化学习更关注的是社会交往情绪的培养。"海纳百川,有容乃大"是智者的追求,让别人愿意与你握手,这是一种生存的智慧。

例如,在智造"水公园"项目实践中,从宣传动员到设计制作再到评比展示阶段,历时约1个月,最后展出了各小组的优秀作品。水上旋转木马,水上大迷宫,神奇料理屋,360°旋转观景台,甚至还有小组加入电机,让水循环流动,实现了动态的"激流勇进"。

整个活动,同学们经历了从用户分析、作品设计、材料探讨到原型制作、作品迭代的全程,并用视频讲解或PPT的方式展现了他们的活动过程。事实上,每个作品的设计与制作都来之不易。有的作品材料更换多次只为了达到更优的效果;有的作品经历了一次次失败,没有气馁,不断改善,终于成为令人满意的作品。如制作"激流勇进",失败了三次,每一次失败,他们都去总结,提出不同的意见,小组内进行想法的碰撞和协商,在下一次制作的时候就会避免这一次的错误,最终完成了一个完美的项目。

【案例9-4】 五(3)班学生张XX在活动后的感言

这一次的"水上公园"项目,我们从讨论到设计再到买材料,最后通过设计稿来制作。每一个环节都不可或缺,如果少了一个环节,可能整个项目就达不到我们预想的效果。如果想要达到你希望的效果,你必须去构思,实践,想尽一切办法去完成,不可半途而废。最重要的就是团结的力量,"三个臭皮匠,顶个诸葛亮"。一个人是不可能做出一个完美的作品的,只有团结一致,才能成功。

诸如此类的学习实践活动,有效培养了学生的社交协作力:既敢于坚持正确的意见,又善于倾听反对意见、偏见,甚至错误意见,在倾听和交流中以理服人，达成共识。

二、教师：实现了个性化教学与优质化发展

个性化学习本着善待每一位孩子、了解每一位孩子、成就每一位孩子的美好愿望，为每一位孩子提供了选择的机会，提供高度个性化的学习体验，让每一位孩子都能找到成功的方向和方法，收获最佳的学习效果。"教学相长"，学因教而日进，教因学而益深，因为参与个性化学习研究与实施，教师的专业化成长得到了提升，视野得到了开阔。

（一）个性化教学的意识凸显

由于每个学生的生活背景、家庭环境不同，这种特定的生活和社会文化氛围导致不同的学生有不同的思维方式，所以要实现学生的个性得到充分的发展，教师在陪伴学生学习的过程中也要充分发挥自己的个性特长，展示自己的个性优势，实现教师个性化的教和学生个性化的学的和谐统一。

1. 眼里有光，心中有爱

随着时代的变化，人工智能助力学习、面向未来的教育变革、国际教育思潮等对学校教育的冲击日益加大，要求教师及时更新教育观念。个性化学习的构建与实施的过程，始终是以"育人"为宗旨，努力跳脱出教师本位主义的狭隘范畴，从学生自身发展的角度去看，实现了多学科的综合学习，真正地走向"育人"的范畴。

因此，学校教师参与个性化学习的构建与实施，其实就是对其自身传统教育教学思想的一种渐化式的颠覆，是对其进行新的人本主义教育、以生为本教育思想与理念的重新构建。正因为如此，学校在制定的长期发展规划中写道："教育要更好地面向每一位学生，面向学生的个性化发展，最需要我们关注的是攸关孩子一生幸福的成长空间，遵循规律，让儿童适性成长。教师应该掌握科学的评量标准，从较宽广的视野来给小学阶段的学习与成长定位，学会跳出成人世界习惯的成见，才能找到小学教育的方法。所以教师应该更多地学习了解儿童心理成长的规律，儿童惯有的思维模式、语言系统，应该更耐心地倾听儿童的需求，才能更好地读懂儿童。"

学校制定这样的目标，教师们也是这样做的。为了不让一个孩子掉队，

他们想尽办法。难能可贵的是,对国际学生、个性学生、特殊学生、暂时落后的学生,他们一视同仁,为每一位学生都建立成长档案,有学生成长手册、有巴普的农场、有小小爱迪生……就是要让学生感受到,你肯定能成才,只是你现在比别人走得慢一点,海鸥一开始不也比别的海鸟飞得慢吗?但能漂洋过海的却只有它;非洲草原上的尖毛草,开始不也只有一寸长吗?但经过半年的孕育,一星期就能成为草地之王。

现在,学校教师基本已达成了以下几个方面的个性化学习的理念共识:首先,教育对象更加明确了,不是教书,而是育人;其次,教学方式更加朴实了,一切以学生发展为本,以个性服务为本,不再固定教学内容生搬硬套;最后,能更加灵活地实施育人方式,不再因循守旧地生搬硬套,不再墨守成规地遵章循条,而是注重差异,关注个体,坚持多维发展。

在2020年6月《钱江晚报·小时新闻》栏目中,曾刊登了学校关于老师姜×的一则报道:《把"小刺猬"教成"香饽饽"!》。这位老师不仅拜学生为师,还时不时能亮绝活。学校像姜×这样的老师数不胜数,他们能这样做,这样想,不仅是理念,不仅是智慧,更有师爱。蒙古族有一句古谚:"爱自己的孩子是人,爱别人的孩子是神。"如果依此说类推,那么学校每一位教师都是神。但当记者玩笑着这么说时,他们都说自己只是一名普通的教师。也许,他们的确是普通的,而不普通的是发自内心的爱。

快要毕业的学生也总是舍不得离开学校,对于在一起生活学习了6年的教师特别怀念,他们总是忍不住要留下自己的感慨。

【案例9-5】 毕业班学生的感言

六年了,时光一转而过。不想毕业而感到难过,感谢母校给了我这么温暖的家,校园让我充满信心。老师就像我的"母亲"陪伴着我成长,陪伴我一起学习。希望母校还是最美的。

匆匆六年,从幼稚走向少年,感谢育华老师,是你们无私关怀和不断激励,才成就了自信满满的育华同学们。毕业了,我们不说再见!

现在,学校很多教师都变成育人方面的专家了。有些教师应邀到省内外上示范课,有些教师受邀给领雁工程班的学员进行理念培训,还有些教师给某区市的教科室主任、教研组长传授教学与管理的经验……学校已经是浙江省"领雁工程"实践培训基地、杭州师范大学的教学实习基地学校、杭州市小班化教育实验学校等,为省、市培养教师出了一把力。

2. 个性学室,处处资源

大气美丽的校园本身也是隐性的课程资源。学校走廊里几大情境主题布置,将学生优秀的书画作品悬挂于架上,将学生优秀的节目表演拍摄下来张贴于墙上,将学生优秀的手工作品摆放于作品架上,既是学生个性的展示,又是很好的装饰。整个校园都变成了会说话的作品展示区,变成了具有丰富教育教学资源的创意空间。

在这样的互动学习空间,教师在改变学室的个性创意,在不断地吸纳个性化学习的先进养料,运用个性化学习的理论知识,实施个性化学习的运用创作。在这样的场景定型后,定格为个性化学习的文化图腾,从而进一步将个性化学习研究走向深入。

步入学校的各个场馆,同样处处都是风景,都是学习资源。学生学习的教室里,不仅面积较大、采光好,而且功能齐全,教室内配备希沃一体机、直饮水、书包柜、储物柜等。秋游时,一个学生说:"如果我们的学校能像逛公园,每一间教室都不一样,那该多好啊!"是啊,如果每间教室都不一样,那不就是一道道美丽的风景吗? 教师们从绿城课程到绿城课堂再到个性化学习的研究实践中,也经历了无数次的参观与培训,校内观摩、校外学习、出国考察,见识了很多富有个性的资源教室。在教师们的个性创意下,将教室打造为教学区、教师办公与辅导区、读书与休闲活动区、学生展示区等。

有的班级按组分配,每个小组一艘"扬帆"小船,在小船里张贴着每位学生的照片,照片后面便是学生获得的小太阳,体现了个体学习的成果。同时在每艘小船上整齐地粘贴着红色五角星,又体现了小组在班级学习活动中的共同成果。个体与团队结合的评价,按月计算数量,每月班级安排一场"阳光拍卖会"来兑现获得的奖励。有的班级在四周墙壁上张贴了体现班级学生奋斗目标的勋章:阅读勋章、坚持勋章、运动勋章等。这些勋章是要从行动中来,付出努力便会得到勋章,最后班级按照勋章来评价学期的德育之星。

教师们的创意布置,让每间教室都有了别样的风景,孩子们说:"我喜欢我们的教室,像个游乐园,更像是我们的家……"

3. 发挥特长,彰显特色

学生实现个性化学习,个性化学习同样注重发挥教师个性特长的应用与教学,让每一位教师都得到个性专长的发展,这才是个性化学习所追求的高境界,真正实现了个性化教育的探索、实践以及破解,不仅对学校发展是一种很大的贡献,对学生全面发展个性特长也是一种有力的推动。

不同的教师有不同的特长,有的擅长美术,有的擅长音乐,有的擅长朗读,有的擅长书法,有的擅长运用多媒体手段。个性化学习强调各学科之间的整合,强调知识与技能、过程与方法并重,学校的多元化教学方式和多形态学教支持,都建立在教师的个性特长的发挥与融合的基础上。

以广域课程为例,该课程是一门综合性的融合项目,一项课程里面往往涉及文学、音乐、舞蹈、美术、科学、常识等多个学科知识。在广域课程的项目活动开展中,文科老师引领学生对文学的感悟与理解以及文化的融入与学习,理科老师带领学生感受项目的综合学理与技术支持,艺术老师指导学生对美的欣赏与表达,这样多学科的融合与协同教学,更有效地帮助学生建构立体的多维知识体系,更深入地进行探究与体验。

学校宽松而具有研究氛围的环境,敦促着教师们充分挖掘自身潜力,通过研究与学习,逐渐发展成为带有教师个性标签的招牌课程,整个校园呈现百花齐放的欣欣向荣之态。

(二)个性化教学生态的形成

师生间平等交流,教与学共同进步,多边互动生成,多元化评价激励,这些个性化教学生态在个性化学习中无处不在,也是实现教学相长的重要条件。

1. 平等化的师生信任

美国心理学家罗杰斯认为:成功的教学依赖于一种真诚的尊重和信任的师生关系,依赖于一种和谐安全的课堂气氛。在个性化学习中,力求创设一种民主、宽松、友好的教学氛围，使学生心理放松、精神愉悦，形成一个无拘无束的思维空间，这样就使学生思想开放，求知欲旺盛，敢想、敢问、敢说、敢做，乐于发表自己的见解，勇于大胆创新，使学生形成探求、创新的心理愿望和性格特征。学校教师思想观念开放，学习民主的教学管理方式，给学生营造一个自主学习的空间，让学生在愉快、和谐的氛围中进行学习。学生在这个开放、民主、充分尊重个性的环境和心理氛围中，创造力得到最高发展，在这样的氛围中，学生个性得到充分的张扬。

2. 人性化的教学关系

怀特海曾提出：通向智慧的唯一的道路是在知识面前享有自由。个性化学习倡导的师生关系是平等的，教与学之间是自由的。可以按照自己的能力来学，可以按照自己的方法来学，还可以按照自己的节奏来学。每个学生的学习能力不尽相同，自然在课堂上学到的知识、积累的经验也不尽相同，允许每个学生按照自己的能力来学习，这是自由的基础。

依据加德纳的多元智能理论，在课堂上，教师根据学生的智能优势选择最适合学生个体的方法。例如，五年级学生在学习解方程时，有的孩子学生用"等式的基本性质"来解，有的学生喜欢用"数量关系式"来解，有的学生喜欢用"移项"来解，还有的学生喜欢用"混合法"来解。教师认为这些方法没有好坏之分，只有擅长或不擅长，摒弃了"教师教什么，学生就学什么"的传统，而鼓励学生选择最适合自己的方法，建立自己的认知体系，这样的课堂就是个性化学习的常态课堂，充分激发学生的潜能，促进学生成长为更好的自己。

3. 多元化的教学选择

经过多年的实践和探索，学校根据不同的课程探索了五大不同的课堂教学范式，为进一步实施课程提供了保证。教师根据不同的课程类型、教学内容、教学对象，在教学方法的选择上也形成了多元的教学范式，激发了学生学习的主动性。

在学科基础课程中，教师会改变传统的课堂设计，把学生的个人体验与分析总结放在课堂首位。例如，汪老师在四年级上册语文《爬山虎的脚》的一课设计中，先对课文的语文要素进行解构，再通过分析把本课的教学目标进行重新建构,根据学生的学情进行变构,调整语文要素目标。为了使教学策略简约高效,汪老师采用比较法进行学习,在四次比较中让学生明白准确表达的要素,进而理解观察记录时也要注意准确生动,在比较中寻找到本单元文字的奥妙所在。

在学科选修课程中,教师会通过情境的引入,在现实中体会知识的变化与运用,培养了学生的实际操作能力。例如,邹老师创设"小小营销师"的情境,通过引导学生梳理利润问题的基本数学模型,体会在现实生活中,定价与销量的动态变化和制衡关系,能从多个角度去分析和解决问题,为下一步的方案设计做好铺垫。

在拓展课程中,教师会更注重学生全方位的感观体验,用细腻的沉浸式教学方式,引导学生关注话题,通过亲身实践,感受分析身心变化,最终协同共进在场景化学习中获得启发、学习动力、知识积累。

多样的教学选择,不仅让学生沉浸于教与学的自然关系中,以启迪学生主动学习意识为主导,而且师生在交流互动中共同形成了知识的增长、经历的成长与价值的提升。

(三)个性化教学的优质发展

没有教师的发展就难有学生的发展。学校教师顺应时代的变化,不断学习,不断创新,在自己的专业领域深耕细作,学习新理论、新技术、新教法,在研究性学习、项目式学习、基于移动平台的社会化学习、促进学生高层次思维的问题导向式、产品导向性学习等方面进行了较为深入的了解和研究。

1. 课堂教学分层化

个性化学习能最大限度地激发学生学习热情,增强学生可持续发展能力,同时也促使着教师改变观念和调整教学行为模式。教师通过有效地组织好对各层学生的教学,灵活地安排不同的层次策略,极大地锻炼了教师的组织调控与随机应变能力。分层教学本身引出的思考和学生在分层教学中提出来的挑战,有利于教师能力的全面提升。

例如,单老师在低中段数学"分数的初步认识"的课堂实践中"玩转分数墙"环节,根据学情的基础,按照难易程度设计了三个不同层次的练习。教师请学生根据自己的能力进行选择,然后观察分数墙,看看能有哪些发现,最后请学生交流发现所得。学生在挑战与交流中内化了所学知识，综合能力得到了提升。

再如，在"小小营销师"的店铺设计环节，落实了个性化、差异化学习，让学生根据自我认知，从店铺的不同需求出发，选择研究主题，进行小组合作，讨论并设计合理方案。学生围绕主题，自主定制方案，这是自主分层学习的更高层次。在设计方案的过程中，灵活地将折扣、利润等知识运用其中，创造性地制定营销策略，培养了学生的实践运用能力。

2. 教学设计灵动化

有一位青年教师这样说："以前我总是按照教案去上课，或者模仿名师、师傅的教案去上课，但效果却不是很理想。教师自身可以自主开发设计课程，可以根据本班学生实际水平，进行习题设计、过渡题设计、梯度题设计、拓展题设计等，从而能找到更适合本班学生的课堂教学方式，既达成必要的课堂教学目标，又能照顾学优和学困两极差异学生的差异发展。"随着个性化学习课题研究的深入，教师在课前的预习开发能力增强了，在课中的梯度问题设计能力增强了，在课后的拓展与延伸的设计能力增强了，更重要的是对学科本身的课堂教学优化设计能力增强了。

很明显，课堂学习研究之后的教师课堂设计水平明显提高；课堂教学水平的提高，也促进了优秀课例的诞生，能够进一步支持研究的深入，提升教师专业水平。

3. 研究能力精微化

首先，教师转变了教与学的方式：从被动接受型学习向主动探究型学习转变；从重复记忆型学习向深度理解型转变；从关注书本、分科式教学向整体综合式教学转变；从强调个体学习向协作知识建构和社会化学习转变。

例如，在三年级下册数学"认识面积"一课中，数学备课团队进行多重研读，将课堂操作策略定位为：在体验中学，在操作中感悟，积累学生的基本活动经验。学习的过程是一个认知过程，又是一个探索过程，使学生体验统一面积单位的必要性，使数学知识成为学生看得见、摸得着、听得到的现实，真正感受到数学的真谛与价值。

其次，转变教育教学策略：更注重激发学习者的内驱力，结合重大课题，在情境性学习(SIL)、项目式学习(PBL)、分享式学习(SHL)、产品导向性学习(POL)等方面做深入实践探索,引导学生深度学习,同时做好研究过程的案例撰写和资料积累。

产品导向学习与真实学习自然相生,学校学生研究了"为一年级同学制作玩具""如何制作保温杯"等很多项目,教师搭建了学生项目研究的平台,让学生经历用户需求调查、提出问题、头脑风暴、原型制作、测试与迭代的设计思维学习方法,特别是在小组分工后,成员之间的协作能力得到了充分的发挥。

个性化学习已经成为全体教师扎根心底的理念,成为定理。这也推动了课堂教学革新,"教"自觉让位于学生"学",常态化实施"先学后导"的方式,也提升了教师教学研究水平。教师参加"论文+课堂教学+答辩"的教改之星评比,连续两届荣获杭州教改之星金奖,一届浙江省金奖。教师在课题立项、成果(论文)、公开课等方面收获颇丰。教师在研究中提升了研究水平,每年课题立项、论文获奖和发表均居杭州市前列(见表9-3)。

表9-3　　教师获奖统计表

时间	2015年	2016年	2017年	2018年	2019年
课题立项	18	21	23	26	28
成果、论文获奖	21	39	46	52	67
公开课、评优课	29	44	56	72	91
教学类其他评比	74	83	92	101	111

许多教师都感叹,与其说绿城课堂实施的过程是为培养学生服务的,不如说是为锻炼和培养教师而服务的。现在,学校教师面对学生的困惑,解疑更智慧;面对课堂的困境,教学更机智;面对生活的困难,心态更淡定;面对教学的现状,策略更实效。

三、学校:构建了具有绿城特色的个性化学习样式

学校在"个性化学习:基于个别化的小学生深度学习路径设计与实践研

究"(编号:ZD 2018011)市重大课题引领下,深化个性化学习方式等研究,出版专著《绿城课堂:基于选择学习的小学课堂教学新范式》,举办了三届"全国小学创课博览会",成果在教育集团、城乡共同体学校实验应用,成效喜人。

(一)构建了个性化学习的校本样式

个性化学习是根据学生的不同兴趣、不同年龄、不同水平、不同需求等,建设相匹配的学习内容、指导方式、组织形式、评价机制及管理系统,以尽可能满足学生的个性需求,促进其最优化发展的学习活动。

1. 个性化学习的三维样式

自2005年提出办学愿景"为每一位学生提供适合的教育"后,学校课题组围绕"每一位学生""适合"两个关键词开展研究讨论:怎样的教育才能让不同个性、不同水平、不同需求的学生都得到发展? 整体发展中如何彰显学生的独立思考、解决问题能力? 实施个性化学习:应建构怎样的实施载体? 面向个性化发展,应匹配怎样的评价机制?

经过15年的研究实践,学校探究了个性化学习"三维一体"样式。分层分类的课程体系,保证了个性化学习的宽度;软硬件支持系统,保障了个性化学习的深度;个性化学习方式,促进了个性化学习的高度。同时,三维又和谐地统一在学校管理系统中,形成个性化学习的校园文化。

2. 个性化学习的内涵特点

个性化学习致力于实现学生"个个不一样,人人都成功"的全面发展图景,真正做到"一般发展"与"特殊发展"协调,"共同发展"与"差异发展"并举,主要有以下几大特色。

个性化。"个性化学习"首先为学生提供足够多、可选择的学习内容,是基本满足学生个性化学习需求的重要基础,学校分别从基础课程、选修课程、广域课程、线上课程等建设了个性化学习内容。其次为保障个性化学习,研究了时间、空间、组织方式等,匹配了实施的支持系统,让学校的物力、人力资源尽可能地为学习服务。

合作化。学生团坐式小组学习、小组合作探究学习、项目制学习等,不断体验实践合作学习,培养学生的社交情绪,培养学生的沟通能力、协作能力,甚至妥协和谈判能力等,从而最终培养学生的合作探究精神。学生基于各自兴趣选择不同的课程学习后,不断发展优势智能,不断强化实践创新,基于真实学习情境,引导学生敢于质疑,培养批判性思维,提升思维品质,在不断实践革新中形成创新素养。

自主化。学校为研究单位,在实施课程改革、课堂革新之后,从学生的学习方式出发,从学习内容、学习空间、学习伙伴、学习节奏等方面探索适合学生个性发展的教学革新,实现学习内容的适当自选,学习空间的有效自定,学习伙伴的积极自组,学习节奏的自设,从而达成"课表各一、人人成功"的自主学习生态。今天的学习是为了明天的能学习,在工作中、生活中学习,在社会上、创业中学习,形成终身学习的习惯,在不断的自主学习中取得成功。

深度化。个性化学习是在课程与课堂研究成果的基础上的深化研究与创新研究,所以在学习实践的过程中,要不断探索多元化的学习方式,从情境化的真实学习、单元统整式学习到项目制的探究学习、翻转式分享学习等,在学习中激发学生学习兴趣,促进学生在学习中体验成功或成长,最终引导学生从"要我学"走向"我要学"。将"教室"变为"学室",实现学习空间支持;将"一统化学习内容"变为"课程可选",实现学习内容的自主;将"齐步走"变为"自由行",实现学习节奏的支持。全方位的学教支持,让教师、学校等成为学生学习支持系统的一部分,互相融合,有效助力学习和研究。

3. 个性化学习的个性优势

一是根据学生的不同兴趣、不同年龄、不同水平、不同需求等,建设相匹配的学习内容、指导方式、组织形式、评价机制及管理系统,以尽可能地满足学生个性需求,促进其最优化发展的学习活动。

二是在学习时间和空间上挖潜力提增量,实施长短课配置,"教室"变"学室",采用长作业、项目化的学习任务等,培养学生综合解决问题的本领。

三是在学习内容上扶放有度,"学习支持中心""互助学习中心""自主学习中心"等强力学习支架,确保能关注每一位学生的实际发展起点,帮助人人取得实际学习成效,将学生在学习中的注意力、针对性、自信心与满意感提升到新的层次。

四是专注拓展学生成长空间和确立成长心态。多做评估，少做评价。成功是进步阶梯，受挫是成长良药。学会平常心，吃得起亏，经受得住磨砺，不轻易言败，咬紧牙关不放弃，提升修复力，培养了学生自我调控、自我激励的品质。

（二）学校研究成果影响范围广

个性化学习经历了多年的研究实践与积淀，已经成了学校发展的助推器，成了教师成长的好平台，成了学生成功的大舞台。在全校师生全员参与的课题研究中，形成了更为强大的学习力，呈现了更为丰硕的成果，提高了学校的知名度，创建了教育品牌。

1. 在各类教育成果评审中获得佳绩

学校坚持校龙头课题的引领作用，以龙头课题确定学校发展方向，以龙头课题推动学校研究的不断深入，以龙头课题引导教师进行细化研究，将研究触角深入各职能部门、各学科领域，形成有效的研究合力，助推学校的发展。

随着学校"立足绿城资源，打造学校教育品牌""基于学生自主、多元发展的校本课程超市的构建与实施研究""国际视野下的绿城课程的设计与实施"等大型的省、市级教育规划课题研究的推进，学校教育、教学、校本课程建设、教师培训等方面的研究也不断跟进。

2018年5月，学校的专著《绿城课堂：基于选择学习的小学课堂教学新范式》出版；6月，学校课题"个性化学习：基于个别化的小学生深度学习路径设计与实施研究"在杭州市第三届教育科研重大课题立项，从儿童的学习研究入手，不断推进学与教的革新。2020年5月，学校的规划课题"为每一位学生提供适合的学习——绿城变革：改进小学生学习方式的十年探索"获得了浙江省教科研成果三等奖。学校课题教师在参与课题研究活动的过程中，研究能力也得到长足的提升。自2017年以来这3年中，学校教师在区教育局及以上评比中，论文获奖82篇，课题立项87个，课题成果获奖64篇，其中市级及以上获奖54篇。

2. 研究成果在各地教育同行中推广

学校连续3年举办"全国小学创课博览会"，进行教育成果的推广。

第一届:2017年12月《中国教师报》与杭州教育学会共同主办了"全国小学创课博览会",对学校成果进行了推介,学校被列入《中国教师报》"全国课改2017十大样板校"。来自全国各地的教师,不远千里,心怀课堂的梦想,相聚学校,畅谈"创课":从课程建设到课堂革新,从学室打造到学习自主选择,从差异发展到学分评价……呈现的是一片更具个性化的教育蓝天,课改绿野。

第二届:2018年12月,学校把历经3年研究的杭州市重大课题成果捧出献给专家、同行——"全国小学'创课'博览会暨'绿城课堂'新书发布会"在学校第二次隆重发布。有来自山东、江苏、宁波、台州和杭州市各区、校的骨干教师,有国内专家名师、教授,还有美国、澳大利亚教师慕名前来参会。研究成果来之不易,但绿城小学以"教育即公益"的信仰,将研究成果提供给同行,不做掩藏,不假虚饰。

第三届:2019年12月,"人工智能时代的到来,快速发展的信息时代,教育充满了挑战。学校要给学生怎样的教育,要培养学生有什么样的能力和素养面对未来?"在学校举办的全国第三届"全国小学创课博览会'贯通学习'"研讨会上,来自全国各地的专家和老师齐聚学校,围绕"未来教育"展开了一场教育思想的碰撞。

2018年11月12—15日,学校研究成果受邀到珠海参加全国第三届教育创新大会,学校做了一个关于"个性化学习"的工作坊,展示了学校3年来有关课堂教学、学习方式的研究成果,受到了与会教师代表和教育专家的好评。

西湖区、杭州市教育局已经多次组织学校个性化学习成果推广大会,分别有杭州市小班化教育研讨会、杭州市教科研优秀成果推介会等,到淳安、宁波、衢州,贵州省威宁、镇远等送教讲座。

"西湖教育"公众号介绍了学校去淳安参加优秀成果推介活动,学校邹雷刚老师执教了六年级数学"圆的认识",陈啸剑校长和曾水清副校长分别做了成果报告。杭州市教科所俞晓东所长进行了点评:绿城小学的研究特点清晰,对教科研孜孜不倦的追求成就教师和学校,以科研为抓手推动学校的发展。同时,绿城小学的研究有梯度、有序列,从课程建设到课堂革新再到个性化学习，一步步向核心区块推进，找到了课题研究最重要的切入点——研究学习。随着学校的教科研稳步推进，其研究成果框架思路清晰，抓住四个变革——空间变革、内容变革、范式变革、时间变革，研究方向清晰，研究成效显著。

3. 各类社会媒体争相报道"个性化学习"

《浙江教育报》《浙江在线》《青年时报》《小学语文教师》《当代教育家》和浙江电视台、中央电视台都对学校研究进行了报道。2017年12月《中国教师报》曾以"一所小学的创课之旅"为题整版介绍了学校课革成果，并被列为中国十大课改样板校之一，为浙江省唯一一所样板校。

2019年上半年，浙江教育科技频道邀请校长面对面进行了访谈直播，对学校的办学理念和办学成果进行了正面的宣传，给予了很好的评价。2019年下半年，学校携手《浙江教育报》等教育宣传媒体，举办了第三届全国"创课"教育博览会，进行推动了学校的品牌传播广度，学校办学品牌美誉度持续提升。

（三）社会美誉度高

1. 家长满意度高

市教育局组织学校满意度调查，学生、家长的满意度连续多年为100%，从这样的数据可以感受到家长对学校一直以来严谨治学的办学方式非常认可。他们不仅把自己的大孩子放心地送到我们学校，还把二孩、三孩陆续送来，更是向身边的亲朋好友大力介绍我们个性化学习的核心所在，那就是："让每一位孩子受到适合的教育。"

家长对学校的办学，从学校的微信公众号留言可见一斑，看完学校精彩的活动，总是有很多家长会有感而发，写下这些真诚的话语，道出自己的感谢。

【案例9-6】 四位家长在孩子毕业时的感言

孩子在育华五年了！看到孩子们的成长才感到时间飞快。作为第一届双语班学生，我们憧憬着未来，看到学校孜孜不倦地努力，为孩子为社会的基础教育打下丰富多彩且坚实的基础。作为育华人,我们无比骄傲,因为我们是被爱滋养的孩子,被多样的学习环境和机会滋养的孩子,阳光、自信、友爱、勇敢,就是我们,祝福我们可敬的学校和老师,感恩你们!(泓猪猪)

英语戏剧课堂上,孩子们在老师的引领下通过语言、音乐、舞蹈等形式表演戏剧作品,这个课程不仅提高了孩子们的英语听说能力,还可以增加文化常识,提高他们对生活的感知。通过一次次演练,孩子们树立了演讲的自信,培养了团队合作精神。我们看到老师和孩子都积极主动地参与表演互动,并享受其中。这样的课程可以最大限度地激发孩子的创造性和探索欲望。期待育华在特色课程建设上带给我们的每一次惊喜。(小白)

孩子小学毕业了,作为家长,我很庆幸,他在育华小学度过了快乐的童年时期。育华的课堂集思广益,课间充满书香,课余强调运动,课外培养习惯,这六年的小学生涯,我们的孩子从幼稚慢慢走向成熟,潜移默化中增强了自信与勇气,培养了毕生的运动兴趣,懂得了爱与被爱,再次感恩!(汤邦轩爸爸)

一年年的读书节、艺术节、体育节、科技节,从不同的角度丰富着孩子们的课余生活。六年里,儿子体验过的角色有:默默无闻的观众、大声吆喝的店员、文质彬彬的朗诵者、滑稽搞笑的"骗子"、努力奔跑的田径运动员、多才多艺的演奏家、斗智斗勇的棋手、严谨细致的"小小建筑家"……正是这样的平台,培育出了自信的儿子,敢于在新中学的特长调查表上写下对自己的认可。(王之恒妈妈)

学校的各种平台锻炼、成长了众多的学生,当面临毕业的那一刻,很多孩子都会潸然泪下,不舍得离开母校,也总会让很多家长无比感慨。

2. 社会评价度优

教育研究帮助教师快速成长,促进学校深层发展。学校先后被评为杭州市小班化教育实验学校,全国语文教学十佳示范学校,浙江省新锐民办学校,浙江省教师重点基地实践学校,浙江省"领雁工程"实践培训基地,中国教育科研先进学校,杭州市首批教育国际化办学示范学校,中国教育学会小学教育专业委员会实验学校,全国青少年足球、网球运动特色学校,杭州市教育实验基地学校等。学校在杭州市乃至浙江省创出了品牌,赢得了口碑。

办学17年,毕业的学生有许多人才已在世界各地崭露头角,如已从哈佛大学毕业的郭同学,手握7所世界顶尖名校offer的陈同学,被牛津大学录取的石同学,在北大数学系就读的史同学等,都是在学校就读六年小学的学生,从小在个性化学习的浸润下成长起来。目前,清华、北大、哈佛、斯坦福、剑桥、牛津等知名大学都有育华学子。

3. 国际友校赞誉

学校与多个国际名校建立了友好关系,学校与这些国际名校之间密切交往,积极开展中外办学交流,改变以往陈旧落后的教育教学理念,每年都会选送一批骨干教师赴海外进行培训与交流,学习国外关注学生个体的个别化、差异化教学方法。

在交流活动中,一起参与的学校学生表现更让学校的良好形象享誉世界。那是一次学校前往温哥华的游学团结束游学时,一位家长感慨万千,写下了一篇长长的文章,她说:"尽管存在着巨大的文化差异,但大家都能友好、融洽地沟通,并且尝试了解各自的国家。不论是在课堂上还是课堂下,大家都表现活跃,积极参与老师组织的各种课堂活动,回家来还一时反应不过来,继续讲英语呢。孩子们在学校组织的活动中、外出参观中,体现了良好的礼貌与教养,得到了学校老师和工作人员的高度评价。孩子们在短时间里体验了加国的文明、加拿大人的友好善良。孩子们表现出的守时守法意识、团队协作意识以及感恩意识,展现自我的能力,迅速适应加拿大的生活,实在是出乎家长们的预料。"

先进的办学理念和良好的声誉,让国际友好学校纷纷来学校参观访问,美丽的校舍,谈吐优雅的老师,彬彬有礼的学生,无一不给来宾留下深刻的印象。学校的国际友好学校来我校交流,学生会深入我们的课堂一起参与学习听课,晚上住在我们的学生家里,感受中国家庭对他们的热情友好,还一起外出感受杭州的风情特色。每次来交流的学生在回国之前,都依依不舍,因为我们的学校课堂活动丰富多彩,我们的师生和他们交流甚欢,我们的家长对他们如自己孩子般照顾,让他们总是在分别时,抱着结对孩子洒下泪花。

我们的友好学校来参观学习后,十分惊羡学校的办学成果,经常会发来邮件表示感谢以及欣赏之意,日本和光小学校长北山仁美写了一封信来表达感激之情。2020年,学校复学期间听闻加拿大结对的素里学校师生们还因为疫情只能在家,学校部分师生迅速参与录制了情深意切的慰问视频,表达了远在千里之外对素里全体师生的关心和鼓励。后来,素里学校校长发来一封邮件表达感谢:

Dear Greentown friends, thank you so much for reaching out to us at Surrey Christian School. It is great to see the pictures of your students back in school. It gives us much needed hope that we will also return to school one day soon. I am also excited to see the video your students are making as it will be very helpful for us to learn from your journey with COVID 19. At Surrey Christian School we greatly value our relationship with our Greentown friends and look forward to the day when we will see you again and continue to share our learning experiences. It will great to have Greentown students back on our campus and learning with our students! I am hopeful that we will also be able to attend the annual Greentown cultural festival this coming fall because it is such a great event. In the mean time I want to wish you, your staff, and your parents and students good health and happiness until we meet again.

Yours,

David Loewen PhD

Superintendent

现在,个性化学习已经成为学校的一张金名片,学校不仅在杭州市乃至浙江省创出了品牌,赢得了口碑,而且在国际教育界中也有了一定的知名度。个性化学习让学校走出了国门,走向了世界。

第二节　绿城变革的深度思考

成效坚定了研究的信心，个性化学习最大的特点是学习的个性化，给每一位学生提供适合的教育。在个性化学习的研究与实施过程中带来了一些成绩与成效的同时，也带来了相应的思考。有关个性化学习的探索还在路上，还需要进一步深入研究。

一、三度变革的思考

个性化学习的研究是承接于"绿城课程研究、绿城课堂研究"的再研究，是变革的持续递进，三次变革和研究也给了学校深度反思和深度革新的教育思想的展望。

(一)课程变革带来内容丰富

从绿城课程到绿城课堂再到个性化学习的变革实践的持续推进、深化与转型，源于全体师生对课程、课堂、学习的不断突破、建构和创新，它的变革极大地丰富了学习的内容。

1. 基础性课程校本化

学校对基础课程进行校本化设计。校本化设计的方式有两种：第一，同级横向选修课程，即同一年级开发外延拓宽性、适度挑战性的课程内容。如五年级语文开发了对联、演讲、童话、小古文、新闻、戏剧、辩论、脱口秀等16门同级横向选学课程内容。第二，跨级纵向必修课程。一至六年级开发了相匹配的校本课程形成了体系，形成"学科＋"。

2. 拓展性课程领域化

学校的拓展性课程包括选修课程、广域课程、线上课程等内容，学校对拓展性课程设计了个性化的学习内容。

(1)选修课程：采用"顶层设计，一体建构"的策略，保证了人文与社会、数学与信息、科学与技术、艺术与生活、体育与健康等各领域的课程均衡，共开发了130余门校本化选修课程，确保满足学生选课需求。科学与技术领域开发了机器人、创客、Scratch编程、创意纸飞机、未来工程师、设计思维等28类课程，进行分层分级设计。

(2)广域课程：从"我·我们""人·自然""人文·社会"三大主题细分24个子项目，进行系列化全学科建构，各学科共同设计，发布长任务在项目周研究，进行跨学科整合学习。以二年级"荷"主题为例，语文与美术整合，学习诗文后进行诗配画；英语与科学整合，英语解说荷花的生长过程；美术与道法整合，折莲花灯、了解四川汶川地震灾情、了解莲花灯祈愿祭祀意义，为同胞祈福；班会、音乐与综合实践整合，制作莲子羹等食品后，伴着《采莲曲》，举行冷餐会；最后，制作小报或总结汇报，展示交流学习过程与学习成果。

(3)线上课程：学校开发了丰富的线上课程，开展线上学习。线上课程采用进阶设计，学完即生成相应积分，并自动导入学生成长袋。其中，英语和英美两国友好学校进行了国际同平台英语Raz-kids的线上分级阅读，学生在线上听、说、读、写，完成学习任务即获积分，实现跨国间的同学龄语言学习比较。

(二)课堂变革促进教学多维

个性化学习打破了传统的授业解惑的教学模式，历经了多年的课堂变革与实践研究，把教学方式推向了适合学生个性发展的新方向，带来了各种学习形式的变化，真正实现自主学习的理想状态。

1. 基于选择，教学适性

个性化学习呼唤教学方式从单一走向多维，走向自主合作探究，培养学生的学习素养。

(1)真实项目式：将学生置于真实情境中，在解决真实问题的过程中体验学习。Design Thinking设计思维课程、PIPER电脑课程、综合实践课程、毕业课程等课程，都采用真实项目式学习。

(2)任务驱动式：为促进个性化学习，教师往往改进教学设计，在教材基础上开发略高于教材的学材,学生以异质小组为单位合作探究。在探究中共同研究,学习新知,并在巩固中熟练运用。

(3)预学翻转式:学习就是要培养学生在学习过程中学会学习。预学翻转式学习是指学生根据预学单预习后,将预习所学的核心知识和质疑在课堂上与同学分享交流,同学之间进行平等式的观点碰撞或释疑解难,教师相机导学和拓学。其基本流程是预学→展学导学→讨论合学→拓学。

(4)行走研学式:或利用春秋游、春秋假,或融入出国交流活动,或渗透于家庭旅游,学校每学期都会针对性实施行走研学。如2017年"中日韩"三国文化交流期间,四年级的陈同学和日本、韩国友好学校学生在韩国与日本孩子一起Homestay游学时,做了一个关于春节压岁钱的调查研究,发现三国春节时都会有压岁钱,但日本孩子的压岁钱是随着年龄而增多的,而韩国一般用白纸包压岁钱……通过不断深入的研究,由此发现中、日、韩三国文化的异同。

此外,个别化教学方式还有:个人研究室的自主探索、学习支持中心的个别化辅导、线上学习、在线师生互动交流等。

2. 基于差异,教学协同

每个学生的特长发展区域和学习发展速度都存在一定的差异,我们的教学所做的就是尊重差异,根据兴趣导向和天赋差别,有目的、有计划地组织相应的课堂教学活动,引导孩子积极自觉地进行学习,让他们能趋于更好的发展水平。

"关注每一位,发展每一位",这是学校办学以来,不懈追求的课堂育人目标。每个孩子都有各自的优势与劣势,例如,在学校同一个班级中,Jerry擅长语言记忆,他的表达流畅得如滔滔江水;Jeven在课堂上默默聆听,很少主动表达;Aurora有着丰富的课外阅读量,词汇量达到了比同龄人高一个年级的水平。在学校的英语阅读课堂中,会有三个外教老师和一个助教老师做着协同教学。一节阅读课,有四个分层的小组,组内孩子水平相当,兴趣相近。学生在同一课堂上采取四种不同的方式学习,从而兼顾到不同学生的差异化需求。

差异化目标的设定不代表降低标准,只是各自的学习方式不一样,达成的学习目标要趋同,激发不同学生的长处和潜能,使不同能力的孩子都能体验到愉悦的成就感。差异化教学,不仅有兴趣重组,还有水平重组,在多位教师的协同支持课堂中,实现了对每一位学生的贴切关注,找到最合适的支撑点,充分激活学生的思维,支撑起高效课堂。协同教学是基于教学内容需要的教学策略选择,也是为了更好地实施教学个别化和促进教学有效性的一种手段。

协同教学可以基于同学科内进行,也可以是跨学科协同,还可以实现专业知识和专业技能的有效互补。例如,学校的戏剧表演课程既是一种情境性学习,其实也是一种跨界整合,跨界整合了音乐、美术、语言、文学、戏曲、化妆等多种元素,从而促进了学习的多学科融合,在运用中学习。课堂上,实现了语文教师和美术教师、音乐教师等多位教师的跨学科协同教学,针对学情进行有效的辅导。

(三)学习变革实现发展自主

学生学习成长的自主主要体现在能够在尊重学生的个性差异基础上实现"适性学习"。"还课堂给学生",能够有效地实现学生成长的自主化。给予合适的各自选择权利的学习,在尊重学生优势智能、个性差异的基础上,进行学习节奏、兴趣爱好、个性特长的自主选择,有助于学生始终保留学习的快乐,不会被拖着走、拽着行,充分发挥学生个性优势,从而达到学习成功的境界,享受学习的乐趣。

1. 时间自主,从课堂走向"课内外"

变革从时间上入手,变革传统学习中以课堂教学为主的方式,从而引导学生的学习是课内外的有机融合体:课堂是学习的一部分。以课堂展示、课堂反馈为主,能让学生在课堂中习得方法。最终,自然由课堂拓展延伸到课外;课外是课堂知识的运用、方法的体验与实践,也促使能力和素养的积极形成。

2. 空间自主,从教室走向"校内外"

变革从以教室学习为主的空间延伸到教室外的专用学室、各种专用场馆,以及校外的各种实践基地、生活空间等,还有网络空间,把学习空间不断拓宽,从而拓宽学生的学习范围,开阔学习视野,让学习成为"生活的一部分"。

3. 方式自主，从教学走向"学内外"

变革从学习方式入手，从传统的讲授式学习走向单元统整式学习、项目制学习、情境化真实学习、课堂翻转分享式学习等，从单一的教学走向以学为本——学生为本、学习为本，打破课堂内外学习的界限，实现"内外兼修，互相融合"。

二、未来发展的思考

三次变革取得了一些成绩，但反思后带来的更多的是对个性化学习的未来发展之路的思考，改进、调整有关研究与实施策略，让教育能实现更多的育人功能，培养更多适应未来社会发展的人才。

(一)基于AI时代的教育选择

学校的老家长，大数据先锋涂子沛先生说："人类文明正在发生一场大跃迁，从以文字为中心转变到以数据为中心，进入数字文明时代。要在新时代的竞争中胜出，需要新的思维、技能和工具。"AI时代已经来临，我们的教育变革要做的是让学生具备强大的信息处理能力，包括利用AI处理定量信息的能力以及发挥自身处理使命、意义、情感等定性信息的能力，让孩子们习惯于用信息化或数据化的眼光看待现实世界。

1. AI颠覆的不仅仅是技术

AI事实上就是自动地获取万事万物的数据，为人类提供一些程序化、自动化、个性化的服务。AI如果应用在教育中，会根据学生本身所掌握的知识程度和学习进度，智能地为学生规划专属的学习进度和学习路径，让学生能够按照自己的学习进度去掌握知识点。相比传统的教育，AI则有可能真正地实现"以学生为中心"的教育方式。可是真的会颠覆传统教育吗？

马云认为："人工智能也好，机器智能也好，都不是某项技术，而是一种认识和思考世界的方式，也是我们为自己的未来确定一种生活方式。"随着智能AI的不断升级，传统教育的不断优化，未来传统教育与AI技术的结合会越来越紧密，如何通过AI技术让学生真正享受个性化的教学服务，包括学情管理、家校沟通、学科规划、陪伴学习机制、学习资源库等，这样的个性化教学服务带给学生高质量的伴学，将是未来个性化学习所面临的挑战。

2. AI带来的不仅仅是思考

一直以来,教师都是通过自己的经验来判断学生是否掌握所学知识,但是,学生到底有没有掌握? 在哪些方面还存在漏洞? 随着智能AI的不断升级,传统教育会随之消失吗? 教育部等十一部门发布的《关于促进在线教育健康发展的指导意见》明确指出:"到2020年,在线教育的基础设施建设水平大幅提升,互联网、大数据、人工智能等现代信息技术在教育领域的应用更加广泛,资源和服务更加丰富,在线教育模式更加完善;到2022年,现代信息技术与教育实现深度融合,在线教育质量不断提升,资源和服务标准体系全面建立,发展环境明显改善,治理体系更加健全,网络化、数字化、个性化、终身化的教育体系初步构建,学习型社会建设取得重要进展。"

未来个性化学习面临社会挑战,机器和人类各自发挥自己的长处,机器更擅长做人类做不到的事情,人类应该做机器无法做的事情,相互补短,共同发展。人工智能无法替代的是只有人类才具有的那些能力,诸如创造力、想象力、共情感、胸怀和远见等。那么,我们的学习内容和学习方式需要不断地跟进时代,为适应社会需求而改变,要重新定义学习的概念,学习可以理解为获得信息、认识、技能、态度和价值观。

(二)基于学生扬长的教学智慧

AI技术的飞速发展潜移默化中改变着人们的思维方式和学习方式,推动着教育的变革,包括教育理念和教育方式的变化。"木桶效应"也许不一定适合未来的人才培养观念,或许以学生发展为本,充分挖掘潜能,张扬个性特长,让学生在不断的成功中体验快乐的"扬长教育"更适应未来社会人才的培养。

1. 信息时代的人才需求

有人统计过,大学本科四年毕业的时候,所学的知识75%已经过时。大数据分析师、物流分析师、AI算法工程师……这些职业都是随着社会发展出现的,也许大学就读时根本还不存在。

随着办学的积淀,时代的发展,学校在继承中不断探索创新,近两年提出了"全球胜任力和未来领导力"作为培养目标。人才培养的要求不仅仅只是一般的未来社会参与者、建设者,或者适应者、跟随者,因为我们学生的未来必定是要走向世界的，我们的培养目标包含的特质是更高层次的人才，目标指向国际化，就要有全球胜任力；目标指向"高度责任和使命担当"，能力就要指向领导力培养。所以，培养全球胜任力和未来领导力的命题早就蕴含在最早的办学目标之中。

全球胜任力，未来领导力，它应该具备哪些特质？在《为孩子重塑教育》一书中提到：决胜未来的十大能力——①学会学习；②有效沟通；③与他人建立富有成效的协作；④用创造力解决问题的能力；⑤失败管理；⑥在组织和社会中发起变革；⑦做出明智的决策；⑧设定目标，管理项目；⑨毅力和决心；⑩利用自身的激情和才华让世界更美好。

所有这些培养目标都将在我们的课程设置特别是教育教学方式中得到体现，通过不一样的课程内容，培养学生具有国际化视野，同时又对中国语言文化有深刻的了解，为学生建设通向优质国际化教育的通路打下基础；通过学习方式的创新，培养学生良好的习惯、敏捷的思维和综合的能力。

2. 信息时代的学习变革

传统的教学方式提倡"学以致用"，在学校里认真听讲，进入社会后再应用所学知识。而人工智能时代仅靠死记硬背就可以掌握的能力逐渐失去价值，对人才的新要求，则是"用以致学"，从现有知识技能学习为中心的教育方式转向以人为中心的学习方式。

（1）注重高阶思维的学习。纪录片 AlphaGo 中介绍"围棋是这个世界上历史最悠久的桌游，最简单，也最抽象。人工智能长久以来面临的一项挑战，就是击败专业围棋选手。我们在人工智能中尝试过的所有方法，都无法解决围棋问题"。因为围棋棋盘上可能的排列组合，比宇宙中的原子数还多。

信息技术高速发展的大环境已经不适合背、记、灌、机械训练等学习方式，未来的个性化学习更多地需要设计教学内容和教学方式中的高阶思维，教师教学问题的设计包括口头和书面，是能够培养学生高阶思维的最有效手段。开放性的、挑战性的、没有标准答案的、需要学生收集查询资料才能有结论的、需要学生运用他们的思维深度思考才能够回答的问题，才是激发学生高阶思维技能的好问题。

（2）强调贯通学习的方式。社会上对未来教育发展提得比较多的是跨学科模式。比如，STEM教育就是融合了科学、技术、工程、数学四个领域，其本质就是跨学科。"个性化学习"经历了课程与课堂的变革，走向的即是"贯通学习"的研究。

贯通学习，在主体精神力量的培育上，提出了更加明确的要求，学生是学习的主人，也是学校和家庭的主体力量之一，致力于培养学生的主体精神和主体品质；在学习空间上，挖潜力提增量，教室变为学室，专用教室进化为学习资源室和学习研究室，专用场馆改为项目俱乐部，线下与线上学习相结合；在学习时间上，灵活处理，长短课结合，课内外兼顾，项目化学习任务式；在学习内容上，扶放有度，设立学习支持中心、互助学习中心、自主学习中心、在线学习中心等强力学习支架；在学习评估上，专注拓展学生成长空间和确立成长心态，把自我调控、自我激励的品质作为学习评价的指标……贯通学习将是个性化学习继续深入的研究方向。

（3）创设无边界真实体验。原来的学习都发生在教室里，传统的课堂中，从学科知识方面考虑更多，很少考虑到跨界，往往忽视学生个体的情感体验。而个性化学习已经努力在学生的平台创设、课程重组和建构、评价方式等方面做了深入研究，做出了一些成绩，打破了传统教育的封闭系统，让课堂走向了开放、民主与个性。

未来，个性化学习会将教育的步子迈得更大，让无边界课堂的真实体验更深刻。打破学校的围墙，农场、田地、博物馆、科技馆甚至企业，任何可以实现高质量学习的地方都是学校。未来的学习是无处不在、没有边界、和生活密切联系的，项目式学习、探究性学习、无边界学习，越来越多元的学习方式会把正式学习和非正式学习融为一体。

随着学习方式的转型，未来完全可以将教育从作坊生产模式转向更精准的私人定制模式。学生可以利用AI技术选择最适合自己的方式进行学习，每一位学生都能享受到量身定制的教育服务。

参考文献

[1] 施良方.学习论[M].北京：人民教育出版社，1994.

[2] [美]罗伯特·斯莱文.教育心理学：理论与实践[M].姚梅林，等，译.北京：人民邮电出版社，2004.

[3] 童庆炳，陶东风.文学经典的建构、解构和重构[M].北京：北京大学出版社，2007.

[4] 高文，徐斌，艳吴刚.建构主义教育研究[M].北京：教育科学出版社，2008.

[5] 郑太年.学习：为人的发展[M].上海：上海教育出版社，2008.

[6] [美]保罗·埃根，唐·考查克.教育心理学：课堂之窗（第6版）[M].郑日昌，等，译.北京：北京大学出版社，2009.

[7] 皮连生.学与教的心理学[M].上海：华东师范大学出版社，2009.

[8] 芮仁杰.创造教育与高级思维能力培养——创造教育的深化研究和实践报告[M].上海：上海社会科学院出版社，2009.

[9] [法—瑞士]焦尔当.变构模型——学习研究的新路径[M].裴新宁，译.北京：教育科学出版社，2010.

[10] 崔允漷.校本课程开发：上海经验[M].上海：华东师范大学出版社，2011.

[11] [美]罗伯特·J.斯滕伯格，温迪·M.威廉姆斯.斯滕伯格教育心理学（原书第2版）[M].姚梅林，等，译.北京：机械工业出版社，2012.

[12] 杰罗姆·范梅里恩伯尔，保罗·基尔希纳.综合学习设计：四元素十步骤系统方法[M].盛群力，等，译.福州：福建教育出版社，2012.

[13] 陈之华.芬兰教育全球第一的秘密[M].北京:中国青年出版社,2012.

[14] [美]霍华德·加德纳.智能的结构[M].北京:人民出版社,2013.

[15] 倪牟双,邵志豪.学习方式与学习活动设计[M].天津:天津教育出版社,2013.

[16] 冯晨,曾水清.绿城课程:基于国际视野的学校课程建设与实践[M].长春:东北师范大学出版社,2013.

[17] [日]佐藤学.静悄悄的革命——课堂改变,学校就会改变[M].李季湄,译.北京:教育科学出版社,2014.

[18] 张凌燕.设计思维——右脑时代必备创新思考力[M].北京:人民邮电出版社,2015.

[19] [美]罗伯特·M.卡普拉罗,等.基于项目的SDEM学习[M].上海:上海科技教育出版社,2016.

[20] 严洁.基于初中生核心素养的学校课程构建与实施研究——上海市延安初级中学的探索与实践[M].上海:上海教育出版社,2016.

[21] 余文森.核心素养导向的课堂教学[M].上海:上海教育出版社,2017.

[22] [美]玛丽·凯·里琪.可见的学习与思维教学:让教学对学生可见,让学习对教师可见[M].北京:中国青年出版社,2017.

[23] [美]罗伯特·J.斯滕伯格,埃琳娜·L.格里戈连科.成功智力教学:提高学生学习效能与成绩(第2版)[M].宁波:宁波出版社,2017.

[24] [美]卡罗尔·德韦克.终身成长:重新定义成功的思维模式[M].楚祎楠,译.南昌:江西人民出版社,2017.

[25] 王永春.小学数学思想方法解读及教学案例[M].上海:华东师范大学出版社,2017.

[26] 鲁百年.创新设计思维[M].北京:清华大学出版社,2018.

[27] 娄华英,等.跨界学习:学校课程变革的新取向[M].上海:华东师范大学出版社,2018.

[28] [美]理查德·E.梅耶.应用学习科学——心理学大师给教师的建

议[M].盛群力,等,译.北京:中国轻工业出版社,2018.

[29] [美]亚瑟·L.科斯塔.聚焦素养:重构学习与教学[M].盛群力,审订.福州:福建教育出版社,2018.

[30] [美]约翰·斯宾塞,等.如何用设计思维创意教学[M].北京:中国青年出版社,2018.

[31] 陈啸剑,曾水清.绿城课堂:基于选择学习的小学课堂教学新范式[M].北京:现代出版社,2018.

[32] 李吉林.李吉林与情境教育[M].北京:北京师范大学出版社,2019.

[33] 马立平.小学数学的掌握和教学[M].李士锜,吴颖康,译.上海:华东师范大学出版社,2019.

[34] 北京教育科学研究院.学习方式的变革[M].北京:北京师范大学出版社,2019.

[35] [美]R.基思·索耶.剑桥学习科学手册[M].徐晓东,译.北京:教育科学出版社,2019.

[36] 邢星.还可以怎样学习[M].上海:华东师范大学出版社,2019.

[37] [美]凯·彼得森,丹尼尔·卡尼曼.体验式学习[M].周文佳,译.北京:中信出版集团,2020.

[38] 罗秀珍.维果斯基的理论要义及其教育启示[J].中国音乐教育,2003(3).

[39] 王璐.支架式对话课课堂教学结构探讨[J].广西民族学院学报(哲学社会科学版),2002(5).

[40] 朱德全,宋乃庆.建构主义的全息性概念与数学经验性教学模式[J].中国教育学刊,2003(5).

[41] 胡凡刚.建构主义理论及对教育的启示[J].当代教育论坛,2003(4).

[42] 段德斌.几种学习方式之比较[J].当代教育论坛,2003(3).

[43] 康淑敏.学习风格理论——西方研究综述[J].山东外语教学,2003(3).

［44］刘金生.改变学习方式需要关注"走空"现象[J].天津教育,2004
(12).

［45］Peg A. Ertmer,Tim J. Newby.专家型学习者:策略、自我调节和反思[J].马兰,盛群力,编译.远程教育,2004(1).

［46］王光荣.维果茨基的认知发展理论及其对教育的影响[J].西北师范大学学报(社科版),2004(11).

［47］张渝江.体验新的游戏化的学习方式[J].信息技术教育,2005(5).

［48］钟祖荣.论学习方式及其变革的规律[J].北京教育学院学报,2005
(2).

［49］高文.人是这样学习的——有关学习研究对象的拓展[J].全球教育展望,2005(11).

［50］向晶.幸福的本源追问及教育的使命[J].全球教育展望,2009(7).

［51］方红.教育中的"儿童精神"问题辨正[J].全球教育展望,2010(1).

［52］张华.学习哲学论[J].全球教育展望,2010(6).

［53］蓝文婷,熊建辉.运用具身认知理论开拓新型教育模式——访美国亚利桑那州立大学心理学系教授格林伯格[J].世界教育信息,2015(3).

［54］洛根·费奥雷拉,理查德·E.梅耶.八种生成学习策略[J].陆琦,盛群力,译.数字教育,2016(3).

［55］王祖霖.大数据时代学生评价变革研究[D].长沙:湖南大学,2016.

［56］牟智佳."人工智能＋"时代的个性化学习理论重思与开解[J].远程教育,2017(3).

［57］李煜晖,郑国民.核心素养视域下的中小学课堂教学变革[J].教育研究,2018(2).

［58］邵丽云.浅议自主合作探究学习方式[J].新智慧,2019(5).

［59］玛雅·比亚利克,查尔斯·菲德尔.21世纪的技能与元学习:学生应该学什么[J].洪一鸣,盛群力,译.开放教育研究,2019(1).

［60］克努兹·伊列雷斯.学习理论发展简史(下)[J].陈伦菊,盛群力,译.数字教育,2020(2).

后　记

　　杭州绿城育华小学自建校起，一直致力于教育科学研究，坚持以"科研先导"推动学校发展。在学校"四化一型"（优质化、科研化、国际化、特色化和现代型）的办学思路中，"科研化"就是重要思路之一。

　　学校多年来对教育科研的坚持和不断推进，取得了不少的成果。2013年8月，完成了第一部校本研究专著《绿城课程：基于国际视野的学校课程建设与实践》，由东北师范大学出版社出版。随着课程实施的深入，我们又聚焦课堂教学，从课程建设研究走向了课堂教学研究，"促进学生主动发展的绿城课堂的构建与实施研究"于2015年6月立项为杭州市第二届重大课题：在各教研组、年级组、备课组和广大教师的积极参与下，积累了大量的教学设计、案例、论文和小课题，探索了各学科的不同课堂样态，在此基础上提炼形成了学校的第二部研究专著《绿城课堂：基于选择学习的小学课堂教学新范式》，于2018年4月由中国出版集团现代出版社出版。随着课堂研究的深入，我们又将研究的目光转向对学生学习的研究，以提升教学品质，培育学生的素养。"个性化学习：基于个别化的小学生深度学习路径设计与实践研究"于2018年5月立项为杭州市第三届重大课题：该研究立足生本，关注学情，着眼于变革学习时间、空间，创新学习组织形式、学习方式，改进学习评价。研究历时3年，到本书书稿撰写完成，研究成果取得了杭州市基础教育教学成果评比一等奖。

　　本书由陈啸剑、曾水清主编；章节作者分别为，第一章：陈啸剑、曾水清；第二章、第三章：曾水清；第四章第一节、第五章第二节：郑立科；第四章第二节、第五章第一节：罗灵丽；第六章：徐严兵；第七章：汪烜中；第八章第一节：

郑立科、汪烜中;第八章第二节:谭竞;第九章:李华。盛群力教授带领博士生撰写了国内外学习发展的有关章节;学校的许多老师提供了案例。因此,本书的出版乃是全体教职工的一份智慧与汗水的献礼。

本书能够出版,殊为不易,是多位专家、学者亲临指导的结果。首先,要特别感谢在课题研究、成果提炼等一路走来对我们提供指导的专家们。感谢杭州市教育科学研究院院长俞晓东;重大课题研究首席导师、浙江大学教育学院课程与教学研究教授、博士生导师盛群力;重大课题联络员,杭州市教育科学研究院副书记、副院长沈美华。其次,要感谢在课题论证、研究过程中给予帮助的专家们。感谢浙江省教育科学研究院院长朱永祥,浙江省教育科学研究院副院长王健敏,浙江大学教育学院教授刘力,杭州市教育科学研究院副院长金卫国,杭州市西湖区教育研究院院长王曜君,杭州市西湖区教育研究院教育研究发展中心主任、特级教师王斌老师。再次,要感谢在研究过程中,指导教师进行课堂教学、学习研究的各位教学专家:杭州市基础教育研究室小学语文教研员特级教师刘荣华老师、小学数学教研员特级教师平国强老师、原杭州市中小学英语教研员吴萍老师。最后,要特别感谢浙江省督学、原杭州市教科所所长施光明先生,他不仅在课题研究时不断指导,勉励后学,更在成书的过程中,不遗余力地全过程指导和帮助,从目录的梳理到文稿的校稿,从初稿到三稿,每一稿都凝聚了他的智慧和汗水,感动于他对我们的扶持和奖掖。

围绕学生发展核心素养,根据本校学生实际,我们做了一点有益的探索,但学生的学习研究会随着时代的发展、社会的进步、未来人才的需求、技术的革新等发生变化,仍需要我们不断努力,不断探索。作为教育人,理应勇敢担当、砥砺前行,正如屈原所言:"路曼曼其修远兮,吾将上下而求索!"

作　者

2020年秋

后记

图书在版编目（CIP）数据

新时代学习：小学生个性化学习的绿城探索 / 陈啸
剑，曾水清编著. -- 北京：现代出版社，2021.8
978-7-5143-9389-7

Ⅰ. ①新… Ⅱ. ①陈… ②曾… Ⅲ. ①小学教育－教
学研究 Ⅳ. ①G622.0

中国版本图书馆 CIP 数据核字（2021）第 163416 号

作　　者：陈啸剑　曾水清
责任编辑：张　璐
出版发行：现代出版社
通讯地址：北京市安定门外安华里 504 号
邮政编码：100011
电　　话：010-64267325　64245264（传真）
网　　址：www.xdcbs.com
电子邮箱：xiandai@cnpitc.com.cn
印　　刷：杭州万星印务有限公司
开　　本：710mm×1000mm　1/16
字　　数：304 千字
印　　张：20.5
版　　次：2021 年 8 月第 1 版　　2021 年 8 月第 1 次印刷
书　　号：978-7-5143-9389-7
定　　价：51.00 元